新・教職課程演習　第14巻

初等理科教育

筑波大学特命教授　　**片平　克弘**
広島大学大学院准教授　**木下　博義**　編著

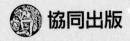
協同出版

刊行の趣旨

　教育は未来を創造する子どもたちを育む重要な営みである。それゆえ，いつの時代においても高い資質・能力を備えた教師を養成することが要請される。本『新・教職課程演習』全22巻は，こうした要請に応えることを目的として，主として教職課程受講者のために編集された演習シリーズである。

　本シリーズは，明治時代から我が国の教員養成の中核を担ってきた旧東京高等師範学校及び旧東京文理科大学の伝統を受け継ぐ筑波大学大学院人間総合科学研究科及び大学院教育研究科と，旧広島高等師範学校及び旧広島文理科大学の伝統を受け継ぐ広島大学大学院人間社会科学研究科（旧大学院教育学研究科）に所属する教員が連携して出版するものである。このような歴史と伝統を有し，教員養成に関する教育研究をリードする両大学の教員が連携協力して，我が国の教員養成の質向上を図るための教職課程の書籍を刊行するのは，歴史上初の試みである。

　本シリーズは，基礎的科目9巻，教科教育法12巻，教育実習・教職実践演習1巻の全22巻で構成されている。各巻の執筆に当たっては，学部の教職課程受講者のレポート作成や学期末試験の参考になる内容，そして教職大学院や教育系大学院の受験準備に役立つ内容，及び大学で受講する授業と学校現場での指導とのギャップを架橋する内容を目指すこととした。そのため，両大学の監修者2名と副監修者4名が，各巻の編者として各大学から原則として1名ずつ依頼し，編者が各巻のテーマに最も適任の方に執筆を依頼した。そして，各巻で具体的な質問項目（Q）を設定し，それに対する解答（A）を与えるという演習形式で執筆していただいた。いずれの巻のどのQ&Aもわかりやすく読み応えのあるものとなっている。本演習書のスタイルは，旧『講座教職課程演習』（協同出版）を踏襲するものである。

　本演習書の刊行は，顧問の野上智行先生（広島大学監事，元神戸大学長），アドバイザーの大髙泉先生（筑波大学名誉教授，常磐大学大学院人間科学研究科長）と高橋超先生（広島大学名誉教授，比治山学園理事），並びに副監修者の筑波大学人間系教授の浜田博文先生と井田仁康先生，広島大学名誉教授の深澤広明先生と広島大学大学院教授の棚橋健治先生のご理解とご支援による賜物である。また，協同出版株式会社の小貫輝雄社長には，この連携出版を強力に後押しし，辛抱強く見守っていただいた。厚くお礼申し上げたい。

2021年4月

監修者　筑波大学人間系教授　　清水　美憲
　　　　広島大学大学院教授　　小山　正孝

序文

　本書は「新・教職課程演習 第14巻」『初等理科教育』として刊行されるものである。平成29年に小学校学習指導要領が告示され令和2年度（2020年度）から全面実施となった。この改訂の指針となる中央教育審議会答申「幼稚園，小学校，中学校，高等学校及び特別支援学校の学習指導要領等の改善及び必要な方策等について」（平成28年12月21日）では，「予測困難な時代に，一人一人が未来の創り手となる」ことが示されている。

　われわれ教師は，ここで目指されている子どもをどう実現したら良いのだろうか。多くの教師は，改訂が行われる度に，学習指導要領を繰り返し見ながら，「何をどのように指導すれば良いか」を考えている。しかし，「理科を通して子どもに何を育てるのか，そのために何をどのように指導すれば良いか」という点まで深め，考えを巡らせている教師は少ないだろう。教師は，日々の授業を思案し実践し続けることが使命であるが，理科教育の立場からは，「なぜ理科を教えるのか」「理科で何を教えるのか」という教科の本質的なねらいを明確にし，授業を構想することが重要である。また，教師には予測困難な時代を踏まえ，多くの変化に応じて変えていく部分（流行）と，変えることなく継承する部分（不易）を見極めながら，新たな理科教育のあり方を敏感に捉えることが求められるだろう。

　ところで，教職を目指す大学生や大学院生，あるいは，若年層の教師が小学校理科の実践に関して悩む点は多岐に渡る。本書では，時代の要請を踏まえた上で，読者に考えてほしい60項目を選び抜いた。具体的な項目は，以下の7章に分類・整理し，収めている。7つの項目は，第1章：小学校理科の目的・目標，第2章：小学校理科の内容構成，第3章：小学校理科の指導法，第4章：小学校理科の評価法，第5章：小学校理科に固有な「見方・考え方」，第6章：小学校理科の学習上の困難点，第7章：小学校理科の教材研究の視点，である。

　まず，第1章では，小学校理科の目的・目標について，日常生活や自然科

学との接点から課題を取り上げた。第2章では，小学校理科で扱われるカリキュラム構成を，エネルギー，粒子，生命，地球の4観点から整理し，課題を示した。さらに，ここでは小学校生活科と中学校理科との接続の課題にも触れている。第3章では，22個にわたる課題を取り上げ，小学校理科の具体的な指導法を解説している。第4章では，資質・能力の評価のあり方を課題とし，今後どう対応して行けば良いかを検討している。さらに，諸外国の新たな評価方法についても取り上げている。第5章では，新たに示された小学校理科の「見方・考え方」に係る課題を取り上げている。特に，問題解決の過程で重視されている「比較」「関係付け」「条件制御」「多面的な思考」に関する課題も検討している。第6章では，問題解決的な学習の困難点や誤概念解消の困難点を課題として示している。最後に，第7章では，小学校理科の教材・教具の意義や教材開発を取り上げ，検討している。

　さて，本書の特徴は，小学校理科に関わる60の重要項目を「問い」（Question）という形で示し，それぞれについて「回答する」（Answer）という「Q&A」の形式をとっていることである。「Q&A」の形式の解説では，新たな小学校理科の指導原理や理論，実践のあり方がまとめられている。特に，「問い」（Question）の項目からは新しい時代のキーワードを読み取ることができるだろう。

　以上，本書で取り上げた項目や「Q&A」の形式は，初等理科教育の全体像を理解するために工夫したものであり，それぞれの項目を理解することに止まらず，それらを関連づけながら読み進めていただければ幸いである。

　最後に，本書の執筆にあたっては，小学校理科教育界をリードするベテランから若手までの専門家33名にご担当頂いた。改めて感謝申し上げる。

　また，本書の作成にあたっては，協同出版株式会社小貫輝雄社長に大変お世話になった。記して感謝申し上げる。

　　2021年9月

編者　片平克弘・木下博義

目次

第7章　理科の教材研究の視点

第1章
理科の目的・目標

Q1 理科教育の目的・目標論の動向について述べなさい

　「なぜ（何のために）理科を教え，学ぶのか？」こう問いかけられた時，理科教師を志す学生諸氏はどのように答えるだろうか。むろん，唯一の正解があるわけではない。中には，学校で理科を教え学ぶことは当然であり，ことさら意識したことがない，改まって考えたことがない，という声もあるだろう。しかしながら，日々の理科授業場面を切り取ってみると，そこには理科を教える教師と理科を学ぶ児童双方にとって，「教える」，「学ぶ」という行為を価値付け，根拠付ける理科教育の目的・目標が確かに存在している。ここでは，そうした理科教育の目的・目標をめぐる諸相を取り上げながら，冒頭の問いについて考える手がかりを探ってみよう。

1．理科教育の目的・目標の性格

　理科教育の目的・目標を考えていくにあたり，はじめにそれらが有するいくつかの性格を押さえておきたい。主なものとして，「階層性」並びに「歴史性と社会性」（大髙，2018）について見てみよう。

　まず，階層性である。1時限の理科授業の中では，その時間内で教師と児童が達成すべき目標が設定され，「本時の目標」や「めあて」のような形で学習指導案等に明記されることが常である。一方，この本時の目標の上位には，当該授業時間が位置付く単元の目標があり，各学年段階そして各学校段階（小・中・高）の目標があり，さらには理科という教科としての目標がある。つまり，個々の授業内容に即した具体的な目標から人間の能力・態度に関わるような教科全体の一般的抽象的な目標（「目的」と呼ばれることが多い）まで，理科教育の目標には様々な階層性が存在するのである。なお，本稿ではその峻別の難しさもあり「目的・目標」という表現を用いるが，論じるのはもっぱら理科という教科全体の目標（目的）であることに留意いただきたい。

　次に，歴史性と社会性である。理科教育という営為は，歴史的社会的な事

象である。ゆえに，その目的・目標に関しても，時代や社会を問わず不変な
ものとはならない。例えば，空間軸を日本に固定して眺めた時，明治期の理
科教育の目的・目標と現代のそれとでは，違いがあるし，時間軸を現代に固
定して眺めても，日本はじめ世界各国で謳われる理科（科学）教育の目的・
目標が一様かといえば，必ずしもそうではない。理科教育が営まれる一方で
は時代によって，他方では社会・集団・組織によって，理科教育の目的・目標
は変化し得る，つまりは歴史と社会に規定される性格を有しているのである。

2.　理科教育の目的・目標の類型と科学的リテラシー

(1)　理科教育の目的・目標の類型

　理科教育で論じられてきた目的・目標の内実は多彩であるが，代表的なも
のがいくつかある。大髙（1995）は，以下の5つの類型を示している。
①実用的科学知識の伝達：日常生活や職業生活を営んだり，国家の産業を発
　展させるのに役立つ科学の知識の伝達に重点を置き，また技術に関する
　（機械・道具等の）知識・技能も伝達することを目指す。
②科学の専門的能力の育成：児童（生徒）自身を新しい知識を求める純粋科
　学の探究者として位置付け，科学の方法の理解・体得とその探究過程を導
　くような生きて働く基本的概念の理解・習得を目指す。
③科学の鑑賞：美術や文芸に匹敵する文化の1つとして科学を捉え，それを
　「鑑賞する（appreciation）」ことを目指す。
④狭義の科学論的理解：「物理学の方法とは，説明とは，理解とは，モデルと
　は…」のように，科学の認識論的側面についての理解を目指す。「狭義」
　とあるのは，次の⑤と対比して，科学の社会的政治的側面等が問題にされ
　ていないことによる。
⑤広義の科学論的理解に基づく社会的能力の育成：社会の極めて多様な文脈
　から科学を理解し，それに基づいて科学・技術に関連した社会の現実問題
　を解決するため，社会的能力の育成を直接的自覚的に目指す。
　なお，実際の理科教育の目的・目標は，単一の類型だけから成り立ってい
るわけではなく，重点の置き方に違いはありつつも複数の類型を要素として

含みながら形作られていることに留意する必要がある。

(2) 現代理科（科学）教育の目的・目標の潮流としての科学的リテラシー

「科学的リテラシー（scientific literacy）」は，1950年代のアメリカに起源を持ち，以降，現代の理科（科学）教育の目的・目標を表す概念として世界的に広く流布してきた。科学的リテラシーは，概して「科学的な事実，概念や法則といった自然科学の成果のみならず，自然科学という人間の営み全体にかかわる，現代人すべてに不可欠な素養」（鶴岡，1998）と捉えられる。ただし，この概念もまた歴史性と社会性を帯びているゆえ，時代やそれを使用する主体によって多義性があることに，併せて注意を払わねばならない。

ここでは，OECD-PISA調査における科学的リテラシーを例に，その中身を少し詳しく見てみよう。直近のPISA2018では，科学的リテラシーを「思慮深い市民として，科学的な考えを持ち，科学に関連する諸問題に関与する能力」（国立教育政策研究所，2019）と定義している。さらに，「科学的リテラシーを身に付けた人は科学やテクノロジーに関する筋の通った議論に自ら進んで携わる」とし，それに必要な科学的能力（コンピテンシー）として「現象を科学的に説明する」，「科学的探究を評価して計画する」，「データと根拠を科学的に解釈する」の3つを示している（国立教育政策研究所，2019）。

このように，科学的リテラシーという概念がカバーする範囲は幅広い。先述の通り，確かにその意味内容は必ずしも一様ではないけれども，理科（科学）教育を，科学の概念や法則，方法の理解・習得といった「科学そのもの（in science）」の教育だけではなく，科学の多面的理解や社会的能力の育成といった「科学について（about science）」の教育も含めたトータルなものと捉え，市民として求められる科学的リテラシーの育成を目指すという基本姿勢は，共通しているといってよい。

3. 小学校理科の目標の構成要素とその特質

2017（平成29）年改訂の小学校学習指導要領では，理科の目標が次のように示されている。

> 　自然に親しみ，理科の見方・考え方を働かせ，見通しをもって観察，実験を行うことなどを通して，自然の事物・現象についての問題を科学的に解決するために必要な資質・能力を次のとおり育成することを目指す。
> (1) 自然の事物・現象についての理解を図り，観察，実験などに関する基本的な技能を身に付けるようにする。
> (2) 観察，実験などを行い，問題解決の力を養う。
> (3) 自然を愛する心情や主体的に問題解決しようとする態度を養う。

　目標は主に，「自然に対する関心・意欲の高揚，積極的な関わり」，「科学的な問題解決（探究）力と態度の育成」，「自然についての科学的な理解」，「科学的自然観の醸成」といった要素から成っている。全体を通じていえば，科学そのものに関わる知識・能力・態度の習得や育成，すなわち科学の専門的能力の育成が中心を占めている。先の科学的リテラシーと比べるとその射程は狭く，世界的な潮流との一致を見取ることは難しい。なお，上述の構成要素は，基本的に中・高の目標にも共通しているが，例えば「比較」，「関係付け」等の問題解決に関わるスキルは，中・高で高度化していく。そうした学校段階の進行に伴う要素内の内実の変化にも目を向けることが大切である。

　また，とりわけ小学校理科の目標に特徴的で，中・高との差異として際立っている要素が「自然を愛する心情の育成」である。これは，教科「理科」が誕生した明治以来，連綿と続く要素であり，特筆すべきものといえよう。

参考文献

国立教育政策研究所編（2019）『生きるための知識と技能7　OECD生徒の学習到達度調査（PISA）2018年調査国際結果報告書』明石書店.

大髙泉（1995）「理科教育の目標 ── 理科を学ぶ意義についても教える時代の到来か」『理科の教育』7月号，pp.8-11.

大髙泉（2018）「初等理科教育の目的・目標と科学的リテラシー」吉田武男監修，大髙泉編著『初等理科教育』ミネルヴァ書房，pp.21-28.

鶴岡義彦（1998）「サイエンスリテラシー」日本理科教育学会編『キーワードから探るこれからの理科教育』東洋館出版社，pp.40-45.

（遠藤優介）

Q2 小学校学習指導要領における理科の目標について述べなさい

　小学校学習指導要領（平成29年告示）における理科の目標は，教科共通で育成する資質・能力と各教科固有で育成する見方や考え方に分けることができる。そこで，まず，教科共通で育成する資質・能力，次に各教科固有で育成する見方や考え方について述べる。そして，各学年の目標の特徴について述べる。

1. 教科共通で育成する資質・能力

　今回の各教科の目標は，学校教育法，小学校教育の目標，第30条の②で「生涯にわたり学習する基盤が培われるよう，
①基礎的な知識及び技能を習得させるとともに
②これらを活用して課題を解決するために必要な思考力，判断力，表現力その他の能力をはぐくみ，
③主体的に学習に取り組む態度を養うことに
　特に意を用いなければならない。」
と明記されていることに基づいている。このため，理科の目標も①～③のそれぞれに対応させ，以下のようになった。

　自然に親しみ，理科の見方・考え方を働かせ，見通しをもって観察，実験を行うことなどを通して，自然の事物・現象についての問題を科学的に解決するために必要な資質・能力を次のとおり育成することを目指す。
(1) 自然の事物・現象についての理解を図り，観察，実験などに関する基本的な技能を身に付けるようにする。
(2) 観察，実験などを行い，問題解決の力を養う。
(3) 自然を愛する心情や主体的に問題解決しようとする態度を養う。

---

　①知識・技能は，(1) 観察，実験などに関する基本的な技能，②思考力・判断力・表現力その他の能力は，(2) 問題解決の力，③主体的に学習に取り組

む態度は，（3）自然を愛する心情や主体的に問題解決しようとする態度，の
それぞれが対応している。特に，思考力・判断力・表現力その他の能力は，理
科では問題解決の力になっていることに留意する必要がある。このため，問
題解決の各過程において思考力・判断力・表現力などが育成できるようにする
ことが問題解決の力の育成となる。

2. 各教科固有で育成する見方や考え方

　見方・考え方は，教科等の学びの過程の中において，対象をどのような視点
でとらえ，どのように思考していくのか，という対象をとらえる視点や考え方
である。理科の見方・考え方を具体的に説明すると，以下の3点で整理できる。
①理科の見方・考え方は，領域により固有性がある。つまり，エネルギー，
　粒子，生命，地球の領域など，子どもの働きかける対象に違いがある。
②対象の違いがあることから，それに対応する対象をとらえる視点がある。
　例えば，化学変化における酸化を例にすると，次のように考えられる。酸
　化は，物質に酸素が結合する現象である。このため，酸化によって物質が
　変化する。酸化前後の物質の違いは，物質に酸素が付加することによるの
　で，反応後の質量が増加するという視点でとらえることができる。
③上述のように，対象をとらえる視点を考えると，それに対応した方法とし
　ての考え方がある。酸化現象を例にすると，次のようになる。酸化前後の
　物質の違いを質量の増加という視点でとらえる。このため，酸化前後の物
　質の変化を質量の変化という視点で調べるという考え方である。そして，
　それを観察・実験で実証していくようになる。
　以上のように，理科では，見方・考え方を通して，子どもが対象あるいは
領域それぞれに固有の知識や技能，及び対象に対して働きかける方法を獲得
していくことを目指しているといえる。

3. 各学年の目標とその特徴

　各学年の目標について，（1）物質・エネルギーを列挙すると，以下のよう
になる。

（1）第3学年

①物の性質，風とゴムの力の働き，光と音の性質，磁石の性質及び電気の回路についての理解を図り，観察，実験などに関する基本的な技能を身に付けるようにする。

②物の性質，風とゴムの力の働き，光と音の性質，磁石の性質及び電気の回路について追究する中で，主に差異点や共通点を基に，問題を見いだす力を養う。

③物の性質，風とゴムの力の働き，光と音の性質，磁石の性質及び電気の回路について追究する中で，主体的に問題解決しようとする態度を養う。

（2）第4学年

①空気，水及び金属の性質，電流の働きについての理解を図り，観察，実験などに関する基本的な技能を身に付けるようにする。

②空気，水及び金属の性質，電流の働きについて追究する中で，主に既習の内容や生活経験を基に，根拠のある予想や仮説を発想する力を養う。

③空気，水及び金属の性質，電流の働きについて追究する中で，主体的に問題解決しようとする態度を養う。

（3）第5学年

①物の溶け方，振り子の運動，電流がつくる磁力についての理解を図り，観察，実験などに関する基本的な技能を身に付けるようにする。

②物の溶け方，振り子の運動，電流がつくる磁力について追究する中で，主に予想や仮説を基に，解決の方法を発想する力を養う。

③物の溶け方，振り子の運動，電流がつくる磁力について追究する中で，主体的に問題解決しようとする態度を養う。

（4）第6学年

①燃焼の仕組み，水溶液の性質，てこの規則性及び電気の性質や働きについての理解を図り，観察，実験などに関する基本的な技能を身に付けるようにする。

②燃焼の仕組み，水溶液の性質，てこの規則性及び電気の性質や働きについて追究する中で，主にそれらの仕組みや性質，規則性及び働きについて，

より妥当な考えをつくりだす力を養う。

③燃焼の仕組み，水溶液の性質，てこの規則性及び電気の性質や働きについて追究する中で，主体的に問題解決しようとする態度を養う。

（5）各学年の目標の特徴

各学年の目標の特徴は，以下の2点に整理できる。

①各学年の目標は，知識・技能，問題解決の能力，主体的に問題解決しようとする態度，というように理科の教科目標における学力の3要素に対応している。

②各学年の目標は，問題解決の力を分節化し，より具体的な能力となっている。

3年：主に差異点や共通点を基に，問題を見いだす力

4年：主に既習の内容や生活経験を基に，根拠のある予想や仮説を発想する力

5年：主に予想や仮説を基に，解決の方法を発想する力

6年：より妥当な考えをつくりだす力

4．まとめ

理科の目標は，教科目標と学年の目標の両方において，学校教育法，小学校教育の目標，第30条の②で規定された，いわゆる，学力の3要素から構成されているといえる。さらに，問題解決の能力は，問題を見いだす力，予想や仮説を発想する力，解決の方法を発想する力，より妥当な考えをつくりだす力というように，問題解決の能力を分節化し，各学年で重点を置いて育成できることを目指しているといえる。

参考文献

角屋重樹（2019）『改訂版　なぜ，理科を教えるのか ― 理科教育がわかる教科書』文溪堂.

文部科学省（2018）『小学校学習指導要領（平成29年版告示）解説　理科編』東洋館出版社.

（角屋重樹）

Q3　日常生活と理科の関係について述べなさい

1．学習指導要領改訂の要点に含まれること

　小学校学習指導要領（平成29年告示）解説　理科編（文部科学省，2018）によると，この改訂における要点として，「問題解決活動の充実」，「日常生活や社会との関連を重視する方向」が読み取れる（p.8）。前者は，育成を目指す資質・能力を育む観点に立った問題解決活動のさらなる充実を指している。後者は，理科を学ぶことの意義や有用性の実感，理科への関心を高める観点に立つものであり，各種の国際調査等で日本の児童生徒の回答結果が望ましいものではないという指摘を受けての対応である。例えば，国際数学・理科教育動向調査（TIMSS）で，「理科を勉強すると日常生活に役立つ」という設問に肯定的回答をした日本の中学2年生の割合は，2003年53%，2007年53%，2011年57%，2015年62%となっており，理科の有用性の実感に関しては決して高いとは言い切れないことがわかる。それでは，「授業において日常生活との関連を図った指導を行う」という場合，上に示した要点のうち後者だけを指すのかというと，そうではない。前者と後者の両方の要点に立って考えていくことが重要である。

2．問題解決活動の充実のために

　児童が主体的に問題解決活動を進めていくために，教師は様々な工夫をしなければならない。その1つとして，児童が問題を見いだしたり，根拠のある予想や仮説を発想したりする場合に，既習の内容や生活経験を基にすることが挙げられる。日常生活の中での児童の経験や体験を想起させ，調べようとする問題がどのような自然の事象であるかを，しっかりととらえさせていくことである。仮に，児童が見聞きしたことのない事象を提示しても，児童の関心は高まらないばかりか，そこに学習として解いていく問題が内在していることに気付くことも期待できない。もし，学級内で，児童の日常生活に

おける経験や体験に差がある場合は，それを補うように，教師が具体物や情報を適切に提示することが大切である。

　小学校学習指導要領（平成29年告示）解説　理科編（文部科学省，2018）をもとに，日常生活との関連に関する記述を抜粋してみると，表1-3-1のようになる。例えば，第4学年の「空気と水の性質」において，ボールやピンポン玉がへこんだ現象を取り上げ，元に戻すことができるかと問いかけることなどは，問題の見いだしにおいて有効である。日常生活における経験をもつ児童からの発表や情報の共有は，他の児童の考えを広げていくことに役立つであろう。

　表1-3-1では，物理や地学領域における記載が多くなっているが，決して化学や生物領域において日常生活との関連が少ないというものではない。表には含まれないものの，いずれの自然科学領域における事象も，日常生活の中で児童が目にしうるものばかりである。

　ところで，体験については，おもに生物や地学領域で見られ，人為的にコントロールすることができない事象に対しては「自然体験」，おもに物理や化学領域で見られ，人為的にコントロールしながら体験する事象に対しては「科学的な体験」という表現の区別がある（森本，2007）。人為的なコント

表1-3-1　小学校学習指導要領解説で例示された日常生活との関連の例

学年	学習内容	日常生活との関連の例
3年	光と音の性質 磁石の性質	光の反射が照明の反射板に活用されていること，スピーカーなどから音が出るとき，それが震えていること 身の回りには，磁石の性質を利用した物が多数あること
4年	空気と水の性質 金属，水，空気と温度 雨水の行方と地面の様子 天気の様子	ボールやタイヤなど，空気の性質を利用した物があること 鉄道のレールの継ぎ目，道路橋の伸縮装置，冷暖房時の空気循環の効果 排水の仕組み，自然災害との関連 窓ガラスの内側の曇り，身の回りで見られる結露
5年	物の溶け方 流れる水の働きと土地の変化，天気の変化	水や湯に物を溶かした経験 長雨や集中豪雨がもたらす川の増水による自然災害
6年	水溶液の性質 てこの規則性 電気の利用	身の回りで使用されている酸性やアルカリ性の水溶液を調べる活動 てこの規則性が利用されている様々な道具を調べること 電気の効果的な利用

ロールに関する気付きを児童が持つかどうかにかかわらず，児童が豊富な体験をもっていれば，事象への関心の高まりや問題への気付きにつながることが期待される。

3. 理科を学ぶ意義を考えるために

理科を学ぶ意義については，多くの研究者が様々な指摘をしている。例えば，鶴岡（2009）は理科教育の価値・目的を4つに大別し，①日常生活を円滑に進めるための価値，②科学・技術系職業の基礎としての価値，③民主社会の市民性を支える価値，④豊かな精神生活のための文化的価値，を挙げている。理科授業は自然のしくみを理解するためだけではなく，理科授業を通して身に付く見方や考え方が，日常生活の中で活用できることを指摘する意見がある。この意見は上記の①にあてはまり，鶴岡（2009）の解説に基づけば，衣食住等を中心とした日常生活を合理的かつ安全に送ることに寄与すること，と解釈できる。一方，岡本（2009）は，理科を学ぶことの意義を自然を学ぶことの意義ととらえて，豊かな心の育成を指摘する。そして，豊かな心を構成するものとして，自然の力強さ，大切さ，巧みさ，美しさなどへの気付きを挙げている。日常生活と理科の関連を図ることを，理科を学ぶ意義に結び付けようとするとき，それを授業でどのような具体例をもって解説するかは，教師の工夫次第であろう。

4. 理科を学ぶことの有用性を実感するために

理科を学ぶことの有用性を実感することとは，理科で学習したことを日常生活との関わりの中でとらえ直すことである。児童が自然の事象に関する確かな理解を得る上で，学習内容と日常生活における事例を結び付けて考えることは重要である。そのための方策として，ものづくりが挙げられる。例えば，第5学年の「電流がつくる磁力」では，電磁石を利用したクレーンの模型作りが例示されている。児童が電磁石を利用したクレーンの模型を作る（再現する）ことで，本物の動作原理を理解することが可能になる。これはまさに，理科学習と日常生活との結び付きを理解することにほかならない。

5. 日常生活と理科の関連をめぐって

　身の回りに多くの科学技術の成果が活かされ，生活が便利になる中で，なるべく多くの体験に裏付けられた理解が望まれるところである。しかし，中には，体験と学習内容の関係に注意する事例もある。例えば，第4学年の「金属，水，空気の性質」では，水の温まり方を扱う際，ビーカーの下部を加熱したときの水の温まり方を観察する。温められた水が上部へ移動し，上部付近が温まり，それが次第に容器全体へ広がることが考察される。かつて，家庭の風呂の大半が薪を焚いて沸かす方式であった頃，風呂の上部が温まってもよくかき回さないと全体が湯にならないことはよく経験されていた。しかし，循環湯沸かし式や給湯式の風呂が普及してきた現在，先の経験をする児童はほとんどいないと推定される。学習内容と日常生活の乖離に留意する事例もあることに注意が必要である。

参考文献

文部科学省（2018）『小学校学習指導要領（平成29年告示）解説　理科編』，東洋館出版社，p.8, 102.

森本信也（2007）「理科学習における自然体験と科学的な体験」日置光久・森本信ほか編著『シリーズ日本型理科教育　第5巻　「体験」で子どもを動かすには』東洋館出版社，pp.10-11.

岡本弥彦（2009）「理科における『豊かな心』の育成」『理科の教育』（日本理科教育学会）58（9），pp.10-13.

鶴岡義彦（2009）「科学を学ぶ価値を考える」『理科の教育』（日本理科教育学会）58（9），pp.14-16.

（人見久城）

Q4 自然科学と理科の関係について述べなさい

　理科という教科の内容構成は，物理学・化学・生物学・地学などの自然科学を拠り所としているけれども，初等教育における「理科」は，子どもたちが自然科学の内容のみを学ぶ教科といえるのであろうか。また，もし「自然科学＝理科」でないのであれば，「自然科学」と「理科」の間には，どのような違いがあるのだろうか。これらの問いについて，歴史的・文化的・教育的視座に基づく考察を通して，自然科学と理科の関係について述べていく。

1. 歴史的視座から捉えた「自然科学」と「理科」

　1872（明治5）年に頒布された「学制」により，近代学校の教育制度が始まった。この当時，「理科」という教科は存在せず，諸学の名称がそのまま教科目の名称となっており，理科（保健衛生を除く）に関係するところでは，下等小学（4年）において「窮理学輪講」，上等小学（4年）において「窮理学輪講」，「博物学」，「化学」，「生理」が教科目として設けられた。これらには，他の教科に比べて多くの時間数が充てられており，全体的なバランスから見れば，近代自然科学に傾斜した教育課程であったといえる。教科書には欧米諸国の翻訳本が用いられており，近代学校教育制度が始まった当初の時点において，「自然科学」と「（まだ出現していない）理科」との間に違いを見いだすことはできない。下って，1880（明治13）年の「改正教育令」とそれに基づく1881（明治14）年の「小学校教則綱領」の制定により，小学校は，初等科（3年），中等科（3年），高等科（2年）の3つに区分された。理科に関係するところでは，中等科と高等科において「博物」，「物理」，「化学」，「生理」が科目として設けられ，小学校の低学年にあたる初等科では理科に関する授業は行われないこととなった。これ以降，1941（昭和16）年に「自然の観察」が教えられるようになるまで，わが国では小学校低学年で理科に関する教科目が課せられない教育制度が続くこととなるのであった。

　1886（明治19）年に新しく「小学校令」が制定され，小学校は尋常小学校（4年：義務教育）と高等小学校（4年）に区分された。そして，高等小学校の教科目の中に，従来の博物，物理，化学，生理に代わって，初めて「理科」という名称の教科目が設置された。これが，新教科「理科」の誕生である。しかしながら，「理科」は設置された当初から，その性格や目標，内容等といった自らの在り方が明確になっていた訳ではなかった。堀が「…当時の教師は『理科とは何か』という疑問を抱き，種々議論があった…」（p.122）と述べているように，「理科」は当時の教育関係者にさえなじみがなく，従来の分科的な教科目を集合させたものという漠然とした認識にとどまっていた。下って，1891（明治24）年の「小学校教則大綱」において，「理科ハ通常ノ天然物及現象ノ観察ヲ精密ニシ其相互及人生ニ対スル関係ノ大要ヲ理会セシメ兼ネテ天然物ヲ愛スルノ心ヲ養フ」という理科の教授要旨が初めて規定されるに至り，教科「理科」としての立ち位置が明確になっていった。

　以上の流れを概観すると，学制時代には自然科学をそのまま教育していたが，教育令時代には博物学ではなく「博物」という天然物の知識を教えることになった。それが小学校令時代になると，自然科学の各分科としてではなく，新たに「理科」という1つの教科に統一され，そこでは天然物及び現象に関する知識が教えられることになった。この「理科」は更なる進展を経て，最終的には天然物や現象の知識ではなく，それらの観察を精密に行い，日常生活との関係性を理解させ，天然物を愛する心を養うという教授要旨に至った。この間，欧米諸国の教育学説の影響も大きく関係してきたことは論をまたないが，紙幅の都合上，その詳細は他に譲るとして，この幕開けの19年に及ぶ進展の軌跡はめざましいものであったといえよう。ここに自然科学とは異なる初等理科教育が成立した基盤を歴史的に確認することができる。

2. 文化的視座から捉えた「自然科学」と「理科」

　「自然科学」は，日本発祥のものではなく，西洋諸国にその起源があることに異論を唱える人はいないであろう。では，西洋で「自然科学」が誕生す

るまで，わが国には世界を理解するための学問（文化的道具）を何一つ持ち得ていなかったのであろうか。確かに，それまでの日本の文化に「科学」は存在しなかったけれども，「自然」という文化は伝統的に存在し継承されていた。例えば，神社や日本庭園，万葉集に編纂された和歌などを眺めると，「あるがまま，自ずから然ること」をベースとした自然観（自然への向き合い方）が随所にみられる。この日本人特有の自然への対峙の様相は，わが国が地理的にも比較的豊穣な自然環境を有していたことも相まって，厳しい自然環境下で人為的に介入することをベースとした他国の自然観とは一線を画す日本特有の文化として醸成されていったと考えられる。大正期以降の理科教育改革運動の成果も加わり，1941（昭和16）年には児童用教科書を持たない低学年理科として「自然の観察」が設置されたが，この中の根源的な哲学には日本の伝統的自然観が多く盛り込まれ，戦後の新しい初等理科教育においても脈々と継承された。このような文化的視座から「理科」を捉えると，小川が「日本の理科教育には欧米の科学教育との共通点である『自然科学』概念と少なくとも欧米の科学教育には含まれない『自然』概念という2つの要素が含まれていると考えることができる」（p.48）と論じている通り，「理科」には学問体系としての「自然科学」以外の要素が包摂されている。例えば，2017（平成29）年改訂小学校学習指導要領の理科の目標において，「自然を愛する心情」が育成を目指す資質・能力として明記されているように，日本では文化としての自然観が教育的に価値付けられているのである。ここに自然科学とは異なる理科固有の特性を文化的に確認することができる。この日本特有の風土に規定された文化遺産が，自然科学の確立された体系的知識・技能と共に教科内容として，わが国の初等理科成立期から，一部の短い期間を除いて，継承されてきた点は特筆に値するであろう。

3. 教育学的視座から捉えた「自然科学」と「理科」

　欧州諸国を一概に論じることはできないが，多くの国々では物理学，化学，博物学といった各学問体系に基づく自然科学の知識が注入的に教えられることから始まり，やがて，一般教育としての科学教育の目的や教授・学習

法が論じられるという過程を基本的にたどっていった。そして，このような
流れは，上述のように，わが国の理科教育成立の歴史においても例外ではな
かった。目の前の子どもたちの状態や地域・環境に由来する諸条件を勘案し
た時に，自然諸科学の体系的知識をそのままの形で教えることは理にかなっ
ておらず，当然ながら，教育学の一般原理や児童の認知心理学からの議論が
国内外で巻き起こった。そのような要請を踏まえながら，自然科学とは一線
を画した理科教育の基礎が，19世紀後半から20世紀初頭にかけて確立して
いった。

　大島が「初等教育の一教科たる理科は，自然科學の對象物である自然界の
物體及び其間に行はる〻現象を教育上より考察して，人生に必要なるもの，
教育的價値あるものと云ふ見地から材料を選択したものであつて，言はゞ教
育科学Educational Science又は學校科学School Scienceと稱すべきものであ
る。」(p.227)と記したように，理科は自然科学の内容を基盤としているも
のの，その全てが理科になるのではない。子どもの発達段階を考慮しなが
ら，一般教養として全ての人々が身につけていなければならない基本的な事
項を厳選し，それを中核として内容構成されたものが理科である。つまり，
教育の主たる目的が人格の完成を目指し，理科が一教科としてその一端を担
う以上，その役割を自覚し，教科理科に与えられた使命を積極的に果たさな
ければならない。国語や算数，音楽など他の教科を完全に学習したとしても
なお，人間形成の上で補えない領域が理科固有の教育的機能であり，究極的
には，それが理科という教科の存在価値にもつながる。ここに自然科学とは
異なる理科の存在意義を教育的に確認することができる。

参考文献

堀七蔵（1961）『日本の理科教育史第一』福村書店.

小川正賢（1998）『「理科」の再発見 ── 異文化としての西洋科学』農山漁
　　　村文化協会.

大島鎮治（1917）『歐米 輓近の學校教育と理科教授』東京寶文館.

（野添　生）

第2章

理科の内容構成

Q1 小学校理科のカリキュラム構成とその動向を述べなさい

1. 経験を重視する理科カリキュラム

　小学校の理科授業を思い浮かべてみよう。例えば，第3学年には，身の回りの生物について，探したり育てたりする中で，その様子や周辺の環境，成長の過程や体のつくりに着目して，比較しながら調べる活動がある。児童は，虫眼鏡などを使いながら，生物の特徴を図や絵で記録して，生物について考えたり，説明したりする。この授業は春季に行われる事が多い。その場合，児童には初めて経験する理科授業となる。そこで，児童が興味・関心をもつように，理科教師は思いを巡らし丹念に授業を構想する。

　理科教師が理科カリキュラム構成において児童の興味・関心に重きをおこうとするとき，その背後には経験カリキュラムの考えがある。1930 年代のアメリカのカリキュラム開発運動で提唱されたヴァージニア・プランをみてみよう。同プランは児童の興味の重要性に注目した初期のカリキュラムといわれている。このプランには2つの指標，すなわち，領域（スコープ）の「社会生活の主要機能」，配列（シーケンス）の「興味の中心」が用いられた。後者の系列（1943年改訂版）は，自然環境への適応と物的開拓の進展への適応（中学年），発明発見及び機械生産の人間生活に及ぼす影響（高学年）とされていた。

　経験カリキュラムの特徴を色濃く反映する，1947（昭和22）年学習指導要領理科編（試案）の第3学年をみると，「動物の生活」の単元では，生活の環境にある動物に親しみと興味を持ち，その生活の様子を正確に観察する態度を養うとされていた。観察と記録の対象には，アオムシ・ケムシ，ハチ・アリの巣が例示されていた。

　現在，理科教材の並べ方には何からの順序性があると考えられている。その根幹には配列の概念がある。理論的背景が異なるものの，興味の中心，発

達段階，ラーニング・プログレションズ（教科内容を複数学年にまたがって特定の順序で配列して指導することで，子どもの誤解を解消し，理解を深めることができるとする仮説）などの系統が配列の原理として継承されている。

（1）学問を重視するカリキュラム

1950年代後半になると，経験を重視する理科カリキュラムの課題が明らかとなった。ブルーナーは，「知的性格をそのままにたもって，発達のどの段階の子どもにも効果的に教えることができる」という仮説を提唱した。ブルーナー仮説は，子どもが自身の発見を通して科学を学ぶことができるとした点で，難しいとされていた子どもの興味と学問の系統性の両立に展望を示した。学問重視の典型例である1968（昭和43）年改訂学習指導要領をみてみよう。理科の目的は，自然に親しみ，自然の事物・現象を観察，実験などによって，論理的，客観的にとらえ，自然の認識を深めるとともに，科学的な能力と態度を育てることにあった。第3学年を例にすると，その目標には，暖かさや寒さといった要因，規則性，差異点と共通点などが取り扱われるようになった。観察と記録に終始していた，先述の経験を重視する理科カリキュラムとは様相が異なるものとなった。

ブルーナーは，子どもに科学の基本的概念を直観的思考によって把握させ，しだいに精緻化することで段階的に理解を深めると主張した。段階的な理解を深める構造化の形態として提案されたのが，スパイラル型のカリキュラムであった。スパイラル型のカリキュラムは，類似の学習内容が繰り返し登場しつつ，学年が進行するにつれて学習内容自体が高度化精緻化していく構造となっている。現在の理科カリキュラム構成でも踏襲されている形態である。

なお，「学問」という用語が使われていることから，知識伝達型の授業を想起するかもしれない。しかし，この背景には，固定的な意味合いのある「教科」に代わり，知識が常に修正されていく動態的な意味をこめて「学問」という用語が使われたといわれている。

（2）STS教育カリキュラム

学問を重視する理科カリキュラムは，教育のレリバンスの問題を露呈する

こととなった。レリバンスには，社会的（世界が直面する深刻な諸問題であり，その解決が人類の存亡にかかわるようなもの）と，個人的（事実・真実であるもの，興奮・感動を呼び起こすもの，意味・意義のあるもの）の2種類があるとされた。後者には，内容の習得自体に人間的喜びが貫くような自己報酬的な系統をそなえてなくてはいけないことがわかった。

1970年代になると，教育界では，自己や人間関係を知る学習活動や学習者の情意的側面の重要性がいわれるようになった。また，環境問題など，世界が直面している深刻な諸問題も顕在化した。問題解決のためには，PISA2018の科学的リテラシーの定義にみられるように，思慮深い市民として科学的な考えを持ち，科学に関連する諸問題に関与する能力を有し，科学や技術に関する筋の通った議論に自ら進んで携わる必要がある。科学・技術・社会の相互連関に着目したSTSカリキュラムでは，基本的な科学概念の理解を重視しつつ，科学的リテラシーの育成が目指されている。その事例として，イギリス科学教育協会が開発したSATISをみてみよう。「地球を救え」のテーマでは，エネルギー節約，ゴミの減量，水の節約，野生動物を救うなどの各パートについて，グラフによるデータの解釈や討論を行い，提案の実行が奨励されている。討論や行動化等々は，主体的な学びを実現するうえで，日本の小学校理科教育でも重要な要素となっている。

（3）文脈に基礎を置いた理科カリキュラム

文脈に基礎を置いた学習は，STS教育と重なる部分が多い。それは，この教授法では，問題と呼ばれるものが現実世界の文脈や状況において提示されるからである。PISA2018において「文脈」の意味は科学技術の理解を要する個人的，地域・国内的，地球的な諸問題であり，今日的であり歴史的なものであり，適用範囲は健康と病気，天然資源，環境の質，災害，最先端の科学とテクノロジーとされている。第6学年の理科学習内容を例にすると，生物と環境の関わりの中から，人の生活について持続可能な環境との関わり方を多面的に調べる活動が行われる。これまでの理科の学習を踏まえて，自分が環境とよりよく関わっていくためにはどのようにすればよいか，日常生活にあてはめて考察するなど，当事者意識をもった活動が展開される必要があ

る。問題（課題）に基礎を置いた学習スタイルを採用することが多く，後述のSTEM/STEAM教育カリキュラムと類似している。

（4）STEM/STEAM教育カリキュラム

　現在の世界的な科学教育改革の1つに，STEM/STEAM教育（科学・技術・工学・数学・アートに関する教育）の重視がある。STEM/STEAM教育には，エンジニアリング・デザイン・プロセスが組み込まれている。プロセスの構成要素には，「問題を定義（特定）する」，「つくる」，「改良する」などがある。問題の範囲を狭めていく過程において，問題の明瞭化が図られて，つくることを通して実感を高めて，改良を通して問題解決の質的向上を図るねらいがある。情報科学的な視点から，コンピュータの活用も推奨されている。また，各構成要素は一方向ではなく，流動性が許容されている。ただし，STEM/STEAM教育では科学的探究の過程も重視していることに留意したい。エンジニアリング・デザイン・プロセスと，科学的探究の過程とは相互補完的な関係にあるといえる。日本の小学校理科教育では，ものづくりが実施されている。資質・能力論に連なる教科横断的な学びの実現に向けて，STEM/STEAM教育は今後の展望を拓くものであり，研究の進展とともに，教科をつなぎ合わせる原理の解明が待たれている。

参考文献

ASE（野上智行・稲垣成哲訳）（1999）『SATIS8 - 14』大日本図書.

ブルーナー（佐藤三郎訳）（1963）『教育の過程』岩波書店.

ブルーナー（平光昭久訳）（1972）『教育の適切性』明治図書出版.

国立教育政策研究所（2019）『生きるための知識と技能7』明石書店.

倉沢剛（1948）『近代カリキュラム』誠文堂新光社.

（郡司賀透）

Q2 小学校理科の「エネルギー」領域の内容構成と特徴について述べなさい

1. 小学校理科の「エネルギー」領域の内容構成とは

『小学校学習指導要領（平成29年告示）』では，教えるべき4つの基本的な概念の1つに「エネルギー」概念を位置付けている。さらに，『小学校学習指導要領（平成29年告示）解説　理科編』では，この概念を「エネルギーの捉え方」，「エネルギーの変換と保存」，「エネルギー資源の有効利用」の3つに分け，各学年で学ぶ各単元を表2-2-1のように位置付けてその系統性を示している。なお，「エネルギー」領域での問題解決の過程における「理科の見方」の特徴は，自然の事物・現象を「主として量的・関係的な視点で捉える」こととしている。一方，エネルギーの定義は小学校理科では原則として扱われず，中学校第3学年で学習する仕事の概念に関連させて扱われる。

表2-2-1　小学校理科の「エネルギー」領域の内容の構成

学年	エネルギー		
	エネルギーの捉え方	エネルギーの変換と保存	エネルギー資源の有効活用
3年	**風とゴムの力の働き** ・風の力と働き ・ゴムの力の働き　**光と音の性質** ・光の反射・集光 ・光の当て方と明るさや暖かさ ・音の伝わり方と大小	**磁石の性質** ・磁石に引き付けられる物 ・異極と同極　**電気の通り道** ・電気を通すつなぎ方 ・電気を通す物	
4年		**電流の働き** ・乾電池の数とつなぎ方	
5年	**振り子の運動** ・振り子の運動	**電流がつくる磁力** ・鉄心の磁化，極の変化 ・電磁石の強さ	
6年	**てこの規則性** ・てこのつり合いの規則性 ・てこの利用	**電気の利用** ・発電，蓄電 ・電気の変換 ・電気の利用	

（『小学校学習指導要領（平成29年告示）解説　理科編』p.22の図の一部を省略したもの）

2. 各学年での「エネルギー」領域の内容とその特徴

本節では，「エネルギー」領域に関する内容の詳細について学年毎に分け，その詳細を述べる。

（1）第3学年におけるエネルギー「エネルギー」領域の内容と特徴

単元「風とゴムの力の働き」では，風の大きさやゴムの力という量を変化させた際の物が動く距離の変化に着目し，それらの力と物の移動距離という関係性に着目させた活動を行う。風が物を動かす働きをもつ現象や，ゴムを引っ張ったり伸ばしたりした後に元の形に戻ろうとするときに相手の物体が動く現象の観察・実験を行う。これらの活動をとおして，児童に風力エネルギーや弾性エネルギーの存在を認識させることが大切である。

単元「光と音の性質」では，光の強さや音の大きさを変えたときの現象の違いについての観察，実験をとおして，その特徴を学ぶ。光については，直進性や集光，反射，物に日光を当てたときの明るさや温度変化を扱う。この学びをとおして，光というエネルギーの一形態を学ぶ。小学校理科における音の学習は前学習指導要領にはなかった内容であるので，この原稿を読む大学生の年齢によっては，小学校でこの内容に触れた経験がないかもしれない。この単元では，振動により音が伝わること，音の大きさと振動の大きさに関係があることを扱う。この学びをとおして，音のエネルギーを認識させることが大切である。なお，ここでの光や音の学習の発展的な内容は，中学校理科で扱われることになる。

単元「磁石の性質」では，磁石に付く物と付かない物があること，磁石に近づけると磁化する物があること，磁石の異極同士が引き合い，同極同士が退け合うことについて学ぶ。さらに身の回りにある様々な物質と磁石との関係性に着目し比較しながら，磁石の性質についての理解を深める，磁石がもつエネルギーについて意識させることが大切である。この内容は「エネルギーの捉え方」，「エネルギーの変換と保存」の両方に関わる内容である。

単元「電気の通り道」では，乾電池と豆電球等をつないだ回路を作成し，豆電球等を動作させるための回路のつなぎ方を調べる。また，回路の一部に，身

の回りにある紙やアルミホイル等を入れたときの豆電球等の動作に着目して，電気を通す物と通さない物があることを学習する。なお，第3学年では，電気と磁力を別々の単元で扱っているが，第5学年の単元「電流がつくる磁力」における電磁石の実験をとおして，電流と磁力が互いに関係することを学習する。この内容は「エネルギーの変換と保存」の両方に関わる内容である。

（2）第4学年におけるエネルギー「エネルギー」領域の内容と特徴

単元「電流の働き」は，第3学年の単元「電気の通り道」で学んだ内容を踏まえたものである。この単元では，乾電池の向きや直列・並列つなぎのような乾電池のつなぎ方を変えたときの電流の変化を，回路における豆電球の明るさやモーターの回る速さ，検流計の示す値から理解する。ここで扱われる内容は，電気エネルギーから光や運動のエネルギーへの「エネルギーの変換と保存」に関わるものといえる。

（3）第5学年におけるエネルギー「エネルギー」領域の内容と特徴

単元「振り子の運動」では，おもりの重さや振り子の長さ，振れ幅等の条件を制御しながら，そのときの振り子の一往復する時間の変化を調べる活動を行う。これらの実験を行う際には対照実験の観点から，予測や仮設を基に「変える条件」と「変えない条件」を児童が考えて条件制御を行い，振り子の周期が振り子の長さにのみに依存することに気付かせるように配慮する必要がある。この内容は，中学校理科で学ぶ運動エネルギーや位置エネルギー，力学的エネルギー等の「エネルギーの捉え方」に関わるものである。

単元「電流がつくる磁力」は第3，4学年での電流や磁石の学習を踏まえものである。電流の大きさや向き，コイルの巻き数を変化させたときの磁力について調べる実験活動をとおして，電流の流れているコイルが鉄を磁化する働きがあること，電流の向きが変わると電磁石の極が変わること，電流の大きさや導線の巻き数と電磁石の強さが関係すること等を学ぶ。この学習は，電気エネルギーから磁気エネルギーへの「エネルギーの変換」に関わる内容といえる。また，この単元では，下位学年で別々に学んだ電気と磁力が相互に関連していることを学ぶとともに，第6学年での発電の学習に繋がっている。

（4）第6学年におけるエネルギー「エネルギー」領域の内容と特徴

　単元「てこの規則性」では，てこを働かせてつり合う場合の，支点・力点・作用点の各位置について表などを使って整理し，考察することをとおして，てこの「左側の（力点にかかるおもりの重さ）と（支点から力点までの距離）の積」とてこの「右側の（力点にかかるおもりの重さ）と（支点から力点までの距離）の積」が等しいという考えを導く活動を行う。この内容は，中学理科で学ぶ仕事の原理や，高校物理で学ぶ「力のモーメント」の学習に繋がっている。

　単元「電気の利用」では，ゼネコンを用いた発電やコンデンサーへの蓄電，さらに，コンデンサーに蓄電した電気でLEDや電子オルゴール等を動作させる等の「エネルギーの変換と保存」を学習する。第5学年で学んだ電流と磁力の関係は発電の学習に繋がっている。さらに，蓄電した電気を用いて豆電球やLEDの動作時間を比較する実験からエネルギー資源や変換の効率という，日常生活における電気の利用についての学習を行う。さらに，今回の学習指導要領から，この単元で新たにプログラミング学習が導入され，各種センサーを用いてモーターやLEDの動作を制御することにより，その仕組みを学ぶ内容が行われることになった。これらの内容から，本単元は「エネルギー資源の有効活用」の学習に位置付けられるといえる。

3.　まとめ

　以上，各学年での「エネルギー」に関する内容について述べた。注意すべき点は，はじめに述べたように，原則として「エネルギー」という用語を教科書中で扱わないことである。エネルギーの定義は中学理科で「仕事をする能力」として扱われる。小学校段階では大切にすべき視点は，エネルギーの様々な形態の存在やその変換や保存，資源に係る性質を児童に感覚的に捉えさ認識させるようにすることである。

参考文献
文部科学省（2017）『小学校学習指導要領』東洋館出版社.
文部科学省（2017）『小学校学習指導要領（平成29年告示）解説　理科編』
　　東洋館出版社.　　　　　　　　　　　　　　　　　　　（板橋夏樹）

Q3 小学校理科の「粒子」領域の内容構成と特徴について述べなさい

1.「粒子」領域の内容構成

　「粒子」領域とは，物質の構成単位である粒子に関する内容を扱い，「エネルギー」領域とあわせ，「Ａ　物質・エネルギー」という区分に属する内容領域である（文部科学省，2018）。このＡ区分の内容は，「時間，空間の尺度の小さい範囲内で直接実験を行うことにより，対象の特徴や変化に伴う現象や働きを，何度も人為的に再現させて調べることができやすいという特性をもっているものがある」とされ，「児童は，このような特性をもった対象に主体的，計画的に操作や制御を通して働きかけ，追究することにより，対象の性質や働き，規則性などについての考えを構築することができる」と示されている（文部科学省，2018）。つまり，「粒子」領域のねらいは，児童が実験を通して物質の性質や規則性などを捉えることであるといえる。

（1）第3学年の内容

　第3学年では「物と重さ」が「粒子」領域の内容となっている。ここでは，物質の性質として，物の形や体積と重さとの関係を児童が捉えることが目指されている。具体的には，児童が物の形，体積，重さという物質の基本的性質に着目し，粘土やアルミニウム箔などを用いて物の形を変えたり，砂糖や食塩などの異なる物質を同じ体積にしたりしながら，それらの重さを比較する中で，物の形や体積と重さの関係についての問題を見いだし，表現することが求められる。そして，これらの活動を通して，児童は「物は，形が変わっても重さは変わらないこと」と「物は，体積が同じでも重さは違うことがあること」を理解することが目標となっている。

（2）第4学年の内容

　第4学年では「空気と水の性質」と「金属，水，空気と温度」が「粒子」領域に該当する。まず，「空気と水の性質」については，閉じ込めた空気や

水に力を加えたときの体積や圧し返す力の変化に着目し，それらと圧す力とを関係付ける中で，既習の内容や生活経験を基に，空気と水の性質について，根拠のある予想や仮説を発想し，表現することが目指されている。そして，このような活動を通して，児童は「閉じ込めた空気を圧すと，体積は小さくなるが，圧し返す力は大きくなること」と「閉じ込めた空気は圧し縮められるが，水は圧し縮められないこと」を理解することが求められる。

次に，「金属，水，空気と温度」については，金属，水及び空気を温めたり，冷やしたりしたときの体積や状態の変化，熱の伝わり方に着目し，それらと温度の変化とを関係付ける中で，児童が「金属，水及び空気は，温めたり冷やしたりすると，それらの体積が変わるが，その程度には違いがあること」，「金属は熱せられた部分から順に温まるが，水や空気は熱せられた部分が移動して全体が温まること」，「水は，温度によって水蒸気や氷に変わること。また，水が氷になると体積が増えること」を理解することが目標とされている。

なお，どちらの内容においても，物質の状態を表す３つの「固体」，「液体」，「気体」を代表する物質として，「金属」，「水」，「空気」がそれぞれ題材に用いられている。なぜなら，それらの物質が児童にとって身近であり，実験にも比較的安全に利用できるためであると考えられる。

（3）第5学年の内容

第5学年の「物の溶け方」では，物が水に溶ける量や溶けた後の全体量に児童が着目し，水の温度や量といった条件を制御しながら，物を溶かす前後の全体の重さの変化や，物の溶ける量の温度による変化などを調べる。その際，児童は，溶けた物の行方や物の溶け方のきまりについての予想や仮説をもとに，解決の方法を発想し，表現することがねらいとされている。そして，「物が水に溶けても，水と物とを合わせた重さは変わらないこと」，「物が水に溶ける量には，限度があること」，「物が水に溶ける量は水の温度や量，溶ける物によって違うこと。また，この性質を利用して，溶けている物を取り出すことができること」を児童が理解することが求められている。

（4）第6学年の内容

第6学年では，「燃焼の仕組み」と「水溶液の性質」が「粒子」領域の内

容となっている。まず、「燃焼の仕組み」では、木片や紙などの植物体の燃焼前後での空気の性質や植物体の変化を多面的に調べる活動の中で、燃焼の仕組みについて、より妥当な考えをつくりだし、表現することがねらいとされている。そして、このような活動を通して、児童は「植物体が燃えるときには、空気中の酸素が使われて二酸化炭素ができること」を理解することが目指されている。

　次に、「水溶液の性質」については、児童が水に溶けている物や水溶液から取り出した物などに着目して、水溶液の違いや性質、働きなどを多面的に調べることがねらいとされている。そのような活動を通して、水溶液の性質について、児童がより妥当な考えをつくりだし、表現しながら、最終的に「水溶液には、酸性、アルカリ性及び中性のものがあること」、「水溶液には、気体が溶けているものがあること」、「水溶液には、金属を変化させるものがあること」を捉えることが求められている。

2. 「粒子」領域の特徴

（1）「粒子」領域を構成する４つの要素

　「粒子」領域は、さらに「粒子の存在」、「粒子の結合」、「粒子の保存性」、「粒子のもつエネルギー」の４つの要素から成り、第３～６学年の各内容において、主としてどの要素を児童が捉えられるのかが想定されている（文部科学省、2018）。例えば、「粒子のもつエネルギー」については、粒子の運動が熱によって変化することを意味しているが、小学校段階では粒子の運動を直接取り上げることはない。しかし、第４学年の「金属、水、空気と温度」において、児童が物質の温度変化と体積変化の関係を捉える際に、粒子の運動の変化をイメージしたり、図示したりすることが可能である。

（2）「粒子」に関連する児童の認識

　児童がもつ「粒子」領域に関わる誤った認識やイメージが、学習内容の正しい理解を妨げることがあり、指導の際には注意しなければならない。こういった誤概念については、別項にその詳細が示されているが、一例を挙げると、第５学年の「物の溶け方」において、物質が水に溶解して無色透明にな

ると，児童は溶けた物質の存在を感じることができず，その物質はなくなったと考えてしまう傾向がある。そのため，水に食塩を溶かすと，食塩の重さは完全に（もしくはその一部が）なくなり，水溶液の重さは水だけの重さになる（もしくは食塩の重さの一部だけ増加する）と考えてしまうのである。たとえ見えなくなっても，水溶液中に食塩は存在していることを実感させるためには，水溶液をなめてみてしょっぱさを感じたり，電子てんびんを用いて溶かした食塩の分だけ重さが増えていることを測定したりすることが重要である。このような児童の誤概念は，「見えないもの」をどのように捉えるかに起因していると考えられ，視覚的に捉えづらい粒子を，視覚以外の感覚や質量の計測などから実体的にその存在を捉えたりすることが求められる。「粒子」領域は，質的・実体的な視点で自然の事物・現象を捉えるという特徴があり（文部科学省，2018），まさにこの学習内容において，そのことが明確に表れているといえよう。

（3）「粒子」領域におけるものづくり

　「粒子」領域では，「エネルギー」領域と同様に，実験の結果から得られた物質の性質や働き，規則性などを活用したものづくりを充実させることが求められている。例えば，第4学年の「金属，水，空気と温度」では，空気の温まり方の学習を利用したソーラーバルーンや，温度による体積変化を利用した温度計の製作などが可能である。ものづくりでは，学習で得た知識を活用して理解を深めることに加えて，どんなものをつくりたいのかという児童の目的意識を明確にし，目的達成までの過程において，児童が学んだことの意義を実感できるようにすることが望まれる。

参考文献

稲田結美（2018）「初等理科教育の内容の柱②── 粒子とその認識」大髙泉編『MINERVAはじめて学ぶ教科教育④初等理科教育』ミネルヴァ書房.

文部科学省（2018）『小学校学習指導要領（平成29年告示）解説　理科編』東洋館出版社.

（稲田結美）

Q4 小学校理科の「生命」領域の内容構成と特徴について述べなさい

1. 小学校理科の「生命」領域の内容構成

　平成29年告示の小学校学習指導要領では，教えるべき4つの基本的な概念の1つとして「生命」を位置付けている。さらに，小学校学習指導要領（平成29年告示）解説　理科編では，この概念を「生物の構造と機能」，「生命の連続性」「生物と環境の関わり」の3つに分け，各学年で学ぶ各単元を表2-4-1のように位置付け，系統立てて示されている。なお，「生命」を柱とする領域での問題解決の過程における「理科の見方」の特徴は，自然の事物・現象を「主として共通性・多様性の視点で捉える」こととしている。ただし，これは

表2-4-1　小学校理科の「生命」領域の内容の構成

学年	生命		
	生物の構造と機能	生命の連続性	生物と環境の関わり
3年	**身の回りの生物** ・身の回りの生物と環境との関わり ・昆虫の成長と体のつくり ・植物の成長と体の作り		
4年	**人の体のつくりと運動** ・骨と筋肉 ・骨と筋肉の働き	**季節と生物** ・動物の活動と季節 ・植物の成長と季節	
5年		**植物の発芽，成長，結実** ・種子の中の養分 ・発芽の条件 ・成長の条件 ・植物の受粉，結実　**動物の誕生** ・卵の中の成長 ・母体内の成長	
6年	**人の体のつくりと働き** ・呼吸 ・消化・吸収 ・血液循環 ・主な臓器の存在　**植物の養分と水の通り道** ・でんぷんのでき方 ・水の通り道		**生物と環境** ・生物と水，空気との関わり ・食べ物による生物の関係（水中の小さな生き物（小5から移行）を含む） ・人と環境

（『小学校学習指導要領（平成29年告示）解説　理科編』p.24の図の一部を省略したもの）

「生命」を柱とする領域に固有のものではなく，他の3領域（エネルギー，粒子，地球）においても用いられる視点であることに留意する必要がある。

2. 各学年での「生命」領域の内容と留意点

(1) 第3学年における「生命」領域

単元「身の回りの生物」では，「身の回りの生物と環境との関わり」，「昆虫の成長と体のつくり」，「植物の成長と体のつくり」について学習する。この単元では，身の回りの生物について，成長の過程や体のつくりに着目し，それらを比較しながら，生物と環境との関わり，昆虫や植物の成長のきまりや体のつくりを調べる活動を行う。身の回りの生物と環境との関わりでは，学校で栽培している植物に加え，校庭などの身近な場所に生育している野草を取り上げる。昆虫の成長と体のつくりでは，飼育が簡単で身近に見られるものを扱う。一方，植物は栽培が簡単で身近に見られるもので，夏生一年生の双子葉植物を扱うようにする。この単元で大事なポイントは，「動物は子孫を残す」，「植物は成長する」，「植物は花から実をつける」の3点である。また，生活科の「動植物の飼育・栽培」の学習と関連付けることに留意する。

(2) 第4学年における「生命」領域

単元「人の体のつくりと運動」では，「骨と筋肉」，「骨と筋肉の働き」について学習する。この単元では，骨や筋肉のつくりと働きに着目して，人や他の動物の体のつくりと運動との関わりを調べる活動を行う。ここで扱う対象は，自分の体を中心に扱うようにし，他の動物としては，身近で安全な哺乳類，例えば，学校飼育動物を観察する。資料を使って調べるだけでなく，実際に腕を持ち上げたり，他の動物の体のつくりや体の動き，運動を観察したりする。この単元で大事なポイントは，「ヒトの体にはたくさんの骨があり，体を支え脳や内蔵を守っている」，「骨と骨は関節でつながっていて，関節で曲がるようになっている」の2点である。また，第3学年の「身の回りの生物」の学習に関連付けることに留意する。

単元「季節と生物」では，「動物の活動と季節」，「植物の成長と季節」について学習する。この単元では，動物の活動や植物の成長の様子と季節の変

化に着目して，身近な動物の活動や植物の成長と環境との関わりを調べる活動を行う。ここでは，植物の成長について，同地点で同一の対象を定期的に観察し，図や表などを用いて整理し，比較する。扱う対象としては，動物は身近で危険のない動物，植物は季節による成長の変化が明確な植物とし，それぞれ２種類以上観察するようにする。この単元で大事なポイントは，「校庭の野草は季節によって変わる」，「身の回りの野鳥や昆虫などの生活は季節によって変化する」の２点である。また，第５学年「植物の発芽，成長，結実」，「動物の誕生」の学習につながるように配慮する。

（3）第５学年における「生命」領域

単元「植物の発芽，成長，結実」では，「種子の中の養分」，「発芽の条件」，「成長の条件」，「植物の受粉，結実」について学習する。この単元では，発芽，成長及び結実の様子に着目して，それらに関わる条件を制御しながら，植物の育ち方を調べる活動を行う。発芽の条件と成長の条件については混同しやすいので，変える条件と変えない条件を区別するようにする。この単元で大事なポイントは，「植物にとって，花は子孫を残すための繁殖器官である」，「花の中のおしべの花粉がめしべにつくと子房が成長して実になる」の２点である。また，第４学年の「季節と生物」の学習に関連付けることに留意する。

単元「動物の誕生」では，「卵の中の成長」，「母体内の成長」について学習する。この単元では，卵や胎児の様子に着目して，時間の経過と関連付けて，動物の発生や成長を調べる活動を行う。魚の卵の内部の変化を観察する際には，実体顕微鏡などの観察器具を適切に操作できるようにする。母体内での成長は，直接観察することが難しいので，魚の卵の成長に関連付けて捉えるようにする。この単元で大事なポイントは，「動物は生殖器をもち受精卵をつくる」，「動物が卵や子どもを産む数は，親の生活と関係がある」の２点である。また，中学校第２分野「生物の成長と殖え方」の学習につながるように配慮する。

（4）第６学年における「生命」領域

単元「人の体のつくりと働き」では，「呼吸」，「消化」，「血液循環」，「主な臓器の存在」について学習する。この単元では，体のつくりと呼吸，消

化，排出及び腎臓の働きに着目し，生命を維持する働きを多面的に調べる活動を行う。呼気や吸気を調べる活動では，指示薬や気体検知管，気体センサーなどを利用して，酸素や二酸化炭素を測定する。消化を調べる活動ではヨウ素液によるヨウ素デンプン反応などを用いる。この単元で大事なポイントは，「ヒトは食べ物から栄養分をとる」，「ヒトは直立二足歩行をする」の2点である。また，第4学年「人の体のつくりと運動」の学習に関連付けることに留意する。

　単元「植物の養分と水の通り道」では，「でんぷんのでき方」，「水の通り道」について学習する。この単元では，植物の体のつくりと体内の水などの行方や葉で養分をつくる働きに着目して，生命を維持する働きを多面的に調べる活動を行う。ここでは，ジャガイモやインゲンマメなど葉ででんぷんがつくられる植物を扱う。さらには，児童の理解の充実を図るために，映像や模型なども活用する。この単元で大事なポイントは，「植物は光合成をし，自ら栄養分を作る」という点である。また，第3学年「身の回りの生物」の学習に関連付けることに配慮する。

　単元「生物と環境」では，「植物と水」，「食べ物による生物の関係」，「人と環境」について学習する。この単元では，生物と水，空気及び食べ物との関わりに着目して，それらを多面的に調べる活動を行う。植物と水では，水の循環や酸素，二酸化炭素の出入りを図入りで表現する。食べ物による生物の関係では，食べ物を通して生物が関わり合って生きていることを整理し，相互の関係付けを図る。人と環境では，持続可能な社会の構築という観点で扱うようにする。この単元で大事なポイントは，「生物は食物連鎖というつながりの中で生きている」という点である。また，中学校第2分野「生物と環境」の学習につながるように配慮する。

参考文献

文部科学省（2017）『小学校学習指導要領』東洋館出版社.

文部科学省（2017）『小学校学習指導要領（平成29年告示）解説　理科編』
　　　東洋館出版社.

（伊藤哲章）

Q5 小学校理科の「地球」領域の内容構成と特徴について述べなさい

1. 新学習指導要領における「地球」領域の内容構成

　小学校理科においては，「A物質・エネルギー」と「B生命・地球」に区分される。「地球」領域は，「B生命・地球」の区分に含まれている。「地球」といった科学の基本的な概念等は，更に「地球の内部と地表面の変動」，「地球の大気と水の循環」，「地球と天体の運動」に分けて考えられる。この「地球」といった科学の基本的な概念等は，知識及び技能の確実な定着を図る観点から，児童の発達の段階を踏まえ，小学校，中学校，高等学校を通じた理科の内容の構造化を図るために設けられた柱である。

2.「地球」領域の内容構成と学習項目

（1）地球の内部と地表面の変動
①雨水の行方と地面の様子（小4）
　地面の傾きによる水の流れ，土の粒の大きさと水のしみ込み方について学ぶ。今回の改訂における新規項目である。
②流れる水の働きと土地の変化（小5）
　流れる水の働き，川の上流・下流と川原の石，雨の降り方と増水について学ぶ。
③土地のつくりと変化（小6）
　土地の構成物と地層の広がり（化石を含む），地層のでき方，火山の噴火や地震による土地の変化について学ぶ。
　なお，①雨水の行方と地面の様子，②流れる水の働きと土地の変化の内容は，下記の「地球の大気と水の循環」の系統とも重複する。

（2）地球の大気と水の循環
①天気の様子（小4）

天気による1日の気温の変化，水の自然蒸発と結露について学ぶ。

②天気の変化（小5）

雲と天気の変化，天気の変化の予想について学ぶ。

（3）地球と天体の運動

①太陽と地面の様子（小3）

日陰の位置と太陽の位置の変化，地面の暖かさや湿り気の違いについて学ぶ。

②月と星（小4）

月の形と位置の変化，星の明るさ，色，星の位置の変化について学ぶ。

③月と太陽（小6）

月の位置や形と太陽の位置について学ぶ。

なお，①太陽と地面の様子の内容は，上記の「地球の大気と水の循環」の系統とも重複する。

3.「地球」領域の学習内容とねらい

（1）地球の内部と地表面の変動

①雨水の行方と地面の様子（小4）

第5学年「流れる水の働きと土地の変化」，第6学年「土地のつくりと変化」の学習につながる。ここでは，児童が，水の流れ方やしみ込み方に着目して，それらと地面の傾きや土の粒の大きさとを関係付けて，雨水の行方と地面の様子を調べる活動を通して，それらについての理解を図り，観察，実験などに関する技能を身に付けるとともに，主に既習の内容や生活経験を基に，根拠のある予想や仮説を発想する力や主体的に問題解決しようとする態度を育成することがねらいとなっている。

②流れる水の働きと土地の変化（小5）

第6学年「土地のつくりと変化」の学習につながる。ここでは，児童が，流れる水の速さや量に着目して，それらの条件を制御しながら，流れる水の働きと土地の変化を調べる活動を通して，それらについての理解を図り，観察，実験などに関する技能を身に付けるとともに，主に予想や仮説を基に，解決の方法を発想する力や主体的に問題解決しようとする態度を育成するこ

とがねらいとなっている。

③土地のつくりと変化（小6）

　中学校第2分野「大地の成り立ちと変化」の学習につながる。ここでは，児童が，土地やその中に含まれている物に着目して，土地のつくりやでき方を多面的に調べる活動を通して，土地のつくりや変化についての理解を図り，観察，実験などに関する技能を身に付けるとともに，主により妥当な考えをつくりだす力や主体的に問題解決しようとする態度を育成することがねらいとなっている。

（2）地球の大気と水の循環

①天気の様子（小4）

　第5学年「天気の変化」の学習につながる。ここでは，児童が，気温や水の行方に着目して，それらと天気の様子や水の状態変化とを関係付けて，天気や自然界の水の様子を調べる活動を通して，それらについての理解を図り，観察，実験などに関する技能を身に付けるとともに，主に既習の内容や生活経験を基に，根拠のある予想や仮説を発想する力や主体的に問題解決しようとする態度を育成することがねらいとなっている。

②天気の変化（小5）

　中学校第2分野「気象とその変化」の学習につながる。ここでは，児童が，雲の量や動きに着目して，それらと天気の変化とを関係付けて，天気の変化の仕方を調べる活動を通して，それらについての理解を図り，観察，実験などに関する技能を身に付けるとともに，主に予想や仮説を基に，解決の方法を発想する力や主体的に問題解決しようとする態度を育成することがねらいとなっている。

（3）地球と天体の運動

①太陽と地面の様子（小3）

　第4学年「天気の様子」，「月と星」の学習につながる。ここでは，児童が，日なたと日陰の様子に着目して，それらを比較しながら，太陽の位置と地面の様子を調べる活動を通して，それらについての理解を図り，観察，実験などに関する技能を身に付けるとともに，主に差異点や共通点を基に，問

題を見いだす力や主体的に問題解決しようとする態度を育成することがねらいとなっている。

②月と星（小4）

　第6学年「月と太陽」の学習につながる。ここでは，児童が，月や星の位置の変化や時間の経過に着目して，それらを関係付けて，月や星の特徴を調べる活動を通して，それらについての理解を図り，観察，実験などに関する技能を身に付けるとともに，主に既習の内容や生活経験を基に，根拠のある予想や仮説を発想する力や主体的に問題解決しようとする態度を育成することがねらいとなっている。

③月と太陽（小6）

　中学校第2分野「(6) 地球と宇宙」の学習につながる。ここでは，児童が，月と太陽の位置に着目して，これらの位置関係を多面的に調べる活動を通して，月の形の見え方と月と太陽の位置関係についての理解を図り，観察，実験などに関する技能を身に付けるとともに，主により妥当な考えをつくりだす力や主体的に問題解決しようとする態度を育成することがねらいとなっている。

4.　自然災害との関連

　第5学年「流れる水の働きと土地の変化」，「天気の変化」，第6学年「土地のつくりと変化」において，自然災害について触れることになるが，ここでは，自然災害との関連を図りながら，学習内容の理解を深めることが重要である。また，第4学年「雨水の行方と地面の様子」において，自然災害との関連を図ることが考えられる。

参考文献
文部科学省（2018）『小学校学習指導要領』東洋舘出版社.
文部科学省（2018）『小学校学習指導要領（平成29年告示）解説　理科編』
　　　東洋舘出版社.

（柳本高秀）

Q6 小学校理科におけるカリキュラム・マネジメントについて述べなさい

1. カリキュラム・マネジメントとは何か

（1）カリキュラム・マネジメントの目的

　2017（平成29）年の学習指導要領改訂に伴って，カリキュラム・マネジメントを各学校で推進することが求められることになった。このカリキュラム・マネジメントの目的は，「教育課程に基づき組織的かつ計画的に各学校の教育活動の質の向上を図っていくこと」（文部科学省，2018a）である。そして，カリキュラム・マネジメントとは，この目的に向けて次の3つを推進していくことを意味する。

①児童や学校，地域の実態を適切に把握し，教育の目的や目標の実現に必要な教育の内容等を教科等横断的な視点で組み立てる

②教育課程の実施状況を評価してその改善を図る

③教育課程の実施に必要な人的又は物的な体制を確保するとともにその改善を図る

　カリキュラム・マネジメントを推進していく際には，2017年改訂学習指導要領のポイントである「何ができるようになるか」（育成を目指す資質・能力），「何を学ぶか」（教科等を学ぶ意義と，教科等間・学校段階間のつながりを踏まえた教育課程の編成），「どのように学ぶか」（各教科等の指導計画の作成と実施，学習・指導の改善・充実）の観点が重要となる。これらのうち，例えば「何ができるようになるか」についてみれば，資質・能力の3つの柱である知識・技能の習得，思考力・表現力・判断力等の育成，学びに向かう力・人間性等の涵養を目指してカリキュラム・マネジメントを行う必要がある。また，「どのように学ぶか」については，「主体的・対話的で深い学び」を実現するという視点が重要となる。

　加えて，カリキュラム・マネジメントは教育課程の全体を見通して推進される必要があるので，各教科等のみならず，プログラミング教育，体験的活

動，キャリア教育，食育や防災教育なども視野に入れておかなければならない。小学校理科はこれらのいずれとも関連が深い。

（2）カリキュラム・マネジメントを推進する主体

　教育課程の編成の主体は各学校であり，校長が責任者となり学校の全教職員の協力の下に行われる。カリキュラム・マネジメントを行うのも当然，各学校であり，学校の教育目標の実現を目指し，地域や児童の実態を踏まえて取り組まれる。「マネジメント」という言葉だけから連想して，カリキュラム・マネジメントは管理職が行うものだと理解してはならず，自校の教育課程の編成，実施，評価及び改善に関する課題がどこにあるのかを明確にして教職員全体で共有し，組織的に取り組むことが求められる。

　小学校では基本的に学級担任がすべての教科の授業を担当することが一般的だが，理科や家庭科，音楽などの一部の教科では専科教員を配置している学校もある。必ずしも教員が特定の教科等に関する専門性を持たない場合であっても，教員それぞれが自身の担当学年や担当教科等を中心に分担しつつ，互いに連携し協力しあい，学年内での教科等の関連性や学年間の系統性等の視点から教育課程全体を見通したカリキュラム・マネジメントに組織的に取り組み，P（計画）→D（実施）→C（評価）→A（改善）のサイクルを回していくことが重要となる。

2. 小学校理科におけるカリキュラム・マネジメントで何が求められるのか

（1）小学校理科におけるカリキュラム・マネジメントの視点

　小学校理科においてカリキュラム・マネジメントを推進していく際には，理科そのものの枠組みにおける資質・能力の育成の視点でのアプローチと，理科の枠組みを超えた資質・能力の育成の視点でのアプローチが考えられる。後者に関しては，さらに次の2つの視点で考えることができる。

・言語能力，情報活用能力，問題発見・解決能力等の学習の基盤となる資質・能力の育成
・豊かな人生の実現や災害等を乗り越えて次代の社会を形成することに向けた現代的な諸課題に対応して求められる資質・能力の育成

（2）理科そのものの枠組みにおける資質・能力の育成の視点

小学校理科で育成すべき資質・能力は，「自然の事物・現象についての理解を図り，観察，実験などに関する基本的な技能を身に付けるようにする」（知識・技能），「観察，実験などを行い，問題解決の力を養う」（思考力・判断力・表現力等），「自然を愛する心情や主体的に問題解決しようとする態度を養う」（学びに向かう力，人間性等）の3点である（文部科学省，2018b）。

これらの資質・能力の育成に向けて小学校理科のカリキュラム・マネジメントを推進していく際には，小学校理科のみならず，少なくとも生活科や中学校理科との接続の視点が必要である。加えて，例えば重さ（単位），グラフ，平均値，比例・反比例のように，理科と算数科で密接に関連した学習内容があることからわかるように，算数科だけでなく社会科，家庭科，体育科，音楽科等との関連を図ることによって，理科の知識・技能の習得や習得した知識・技能の活用に関する学習効果の向上が可能になると考えられる。

（3）理科の枠組みを超えた資質・能力の育成の視点

言語能力，情報活用能力，問題発見・解決能力は，特定の教科だけで育成されるものでないことは論をまたないが，いずれの能力も小学校理科において育成すべき重要な資質・能力であることも確かである。特に問題解決能力は，従来から理科で重視されてきた能力であり，問題の発見→仮説の設定→検証方法と計画の立案→検証（理科では観察・実験等）の実施→結果の分析・考察→結論の導出→新たな問題の発見，といった探究のプロセス（サイクル）を実践できる能力を育成していくうえで理科が果たすべき役割は大きい。このような能力を，理科と社会科，算数科，国語科等と関連させて教科等横断的な視点で育成していくためのカリキュラム・マネジメントは，小学校理科にとっても重要な検討課題である。

他方，「現代的な諸課題に対応して求められる資質・能力」に目を向けると，小学校理科のカリキュラム・マネジメントにおいて検討対象となる現代的な課題には，環境，生命の尊重，防災，食，心身の健康等に関する課題が考えられる。これらの現代的課題の解決に必要な資質・能力の育成に関係する教科等と小学校理科の単元を，表2-6-1に例示する（文部科学省，2018a）。

表2-6-1　現代的課題の解決に必要な資質・能力の育成に関係する教科等と
小学校理科の単元の例

現代的課題	関係する教科等	小学校理科の単元
環境	理科, 生活, 社会, 家庭, 体育, 道徳, 総合	身の回りの生物（3年），生物と環境（6年）
生命の尊重	理科, 生活, 道徳, 特別活動	身の回りの生物（3年），季節と生物（4年），植物の発芽・成長・結実（5年），動物の誕生（5年），人の体のつくりと働き（6年），植物の養分と水の通り道（6年），生物と環境（6年）
防災	理科, 生活, 社会, 体育, 家庭, 特別活動など	流水の行方と地面の様子（4年），流れる水の働きと土地の変化（5年），天気の変化（5年），土地のつくりと変化（6年）
食	理科, 社会, 体育, 家庭, 道徳, 特別活動, 総合	人の体のつくりと運動（4年），植物の発芽・成長・結実（5年），動物の誕生（5年），人の体のつくりと働き（6年），生物と環境（6年）
心身の健康	理科, 生活, 体育, 家庭, 社会, 特別活動など	人の体のつくりと運動（4年），動物の誕生（5年），人の体のつくりと働き（6年）

（出典：文部科学省〔2018a〕pp.204-249をもとに執筆者作成）

3. カリキュラム・マネジメントに関する今後の課題

　カリキュラム・マネジメントは，ウィギンズ・マクタイ（2012）が指摘する「双子の過ち」のうちの「網羅の過ち」の解決につながる。そして，その成果は「学びの地図」として可視化されるとともに，PDCAにより絶えず更新されていくことが必要である。カリキュラム・マネジメント自体が決して自己目的化されてはならず，むしろ，例えば「重要な概念（big idea）」を軸とした教科等横断的なカリキュラムや学習指導法の開発のような，学ばれるべき「本質」とは何かをより深く探究する営みへと発展させていくことが，今後の課題となるのではないだろうか。

参考文献

ウィギンズ・G, マクタイ・J（西岡加名恵訳）（2012）『理解をもたらすカリキュラム設計 ―「逆向き設計」の理論と方法』日本標準.

文部科学省（2018a）『小学校学習指導要領（平成29年告示）解説　総則編』東洋館出版社.

文部科学省（2018b）『小学校学習指導要領（平成29年告示）解説　理科編』東洋館出版社.　　　　　　　　　　　　　　　　　　　（山崎敬人）

Q7 小学校理科と小学校生活科の関係と接続の仕方について述べなさい

1. 学習指導要領（平成29年告示）における理科と生活科の接続

　まず，小学校学習指導要領（平成29年告示）総則では，教育課程の編成において学校段階等の接続に関する項目があり，生活科に関してはつぎのとおり記載されている。「低学年における教育段階において，例えば生活科において育成する自立し生活を豊かにしていくための資質・能力が，他教科等の学習においても生かされるようにするなど，教科等間の関連を積極的に図り，幼児期の教育及び中学年以降との円滑な接続が図られるように工夫すること」。このことから，生活科は中学年以降の教科との橋渡し的な存在であることがわかる。

　また，小学校学習指導要領（平成29年告示）解説　理科編で生活科の語がみられるのは，第3学年の目標と内容のみである。まず，第3学年理科の目標の解説において，理科の学習が小学校第3学年から開始されることを踏まえ，生活科の学習との関連を考慮し，体験的な活動を多く取り入れるとともに，問題解決の過程の中で，「理科の見方・考え方」を働かせ，問題を追求していく理科の学習の仕方を身に付けることができるように配慮すると明記されている。次に内容では，①風とゴムの力の働き，②光と音の性質，③身の回り生物の3つの単元で，生活科の学習との関連性を考慮することが記載されている。

　このように小学校学習指導要領では，生活科は，どちらかといえば幼児教育との接続に重点がおかれており，小学校中学年以降への接続については記載が極めてすくない。また，理科においても体験的，感覚的な活動を意識して理科学習を進めることは記載されているが，具体的な学びのつながりは明記されていない。これは前回の小学校学習指導要領改訂においても同様であった。

2. 小学校生活の内容構成

　生活科の特質は，具体的な活動や体験を通して学ぶとともに，自分と対象との関わりを重視するということである。小学校学習指導要領（平成29年告示）では，生活科の内容として，(1) 学校と生活，(2) 家庭と生活，(3) 地域と生活，(4) 公共物や公共施設の利用，(5) 季節の変化と生活，(6) 自然や物を使った遊び，(7) 動植物の飼育・栽培，(8) 生活や出来事の伝え合い，(9) 自分の成長，の9項目をあげている。また，小学校学習指導要領（平成29年告示）解説　生活編では，内容構成の具体的視点として，ア 健康で安全な生活，イ 身近な人々との接し方，ウ 地域への愛着，エ 公共の意識とマナー，オ 生産と消費，カ 情報と交流，キ 身近な自然との触れ合い，ク 時間と季節などの11点をあげている。具体的視点とは，各内容を構成する際に必要とする視点を意味し，この視点は，前回の改訂と同様で変更はない。

3. 生活科と理科の比較

　ここでは，生活科と理科の相違点について，対象，ねらい，方法の3点から比較する。まず，小学校学習指導要領（平成29年告示）における生活科と理科の教科の目標は表2-7-1のとおりである。

表2-7-1　小学校学習指導要領における生活科及び理科の教科の目標

生活科	具体的な活動や体験を通して，身近な生活に関わる見方・考え方を生かし，自立し生活を豊かにしていくための資質・能力を次のとおり育成することを目指す。 (1) 活動や体験の過程において，自分自身，身近な人々，社会及び自然の特徴やよさ，それらの関わり等に気付くとともに，生活上必要な習慣や技能を身に付けるようにする。 (2) 身近な人々，社会及び自然を自分との関わりで捉え，自分自身や自分の生活について考え，表現することができるようにする。 (3) 身近な人々，社会及び自然に自ら働きかけ，意欲や自信をもって学んだり生活を豊かにしたりしようとする態度を養う。
理科	自然に親しみ，理科の見方・考え方を働かせ，見通しをもって観察，実験を行うことなどを通して，自然の事物・現象についての問題を科学的に解決するために必要な資質・能力を次のとおり育成することを目指す。 (1) 自然の事物・現象についての理解を図り，観察，実験などに関する基本的な技能を身に付けるようにする。 (2) 観察，実験などを行い，問題解決の力を養う。 (3) 自然を愛する心情や主体的に問題解決しようとする態度を養う。

まず，「対象」についてみると，生活科は，人・もの・ことがらを対象とし，理科は自然の事物・現象を対象とする。子どもの生活圏にあるものを対象としている点が生活科の特徴といえる。続いて，「ねらい」についてみると，生活科は，自立への基礎が最終的な目標といえる。具体的には，子どもが自分の生活を考え，より望ましい生き方が実践できるようになることを目指し，そのために必要な問題解決の資質や能力，学び方やものの考え方，主体的，創造的な探究の態度を育成することである。これは方向目標ともいえる。一方，理科は，科学的な見方・考え方，自然認識，技能・表現を身に付けることが目標といえる。これは，知識を考え生み出すことを目指し，そのために，必要な問題解決に資質や能力，学び方やものの考え方，主体的・創造的な探究の態度を育成することで，このことは到達目標ともいえる。最後に「方法」についてみると，生活科は，活動・体験が中心で，見る・調べる・作る・探す・育てる・遊ぶなどの活動・体験が中心である。これらを，子どもは言葉，絵，動作，劇などで表現する。一方，理科は，観察・実験・飼育・栽培・ものづくり・視聴覚・コンピュータなど手段や方法の側面を重視している。

4. 生活科における自然に関する内容

　つぎに，学習指導要領における生活科の自然に関する扱いをみていく。内容（6）で「遊びや遊びに使う物を工夫してつくり」と表現され，さらに「その面白さや自然の不思議さに気付き」の文言が付け加えられている。そして，自然の不思議さに面白さを実感する活動を取り入れることが強調されている。その際，「見付ける」「比べる」「たとえる」「試す」「見通す」「工夫する」などの多様な学習活動に配慮することが明記されている。「自然の不思議さ」では，「ゴムを強く引っ張ったら高く飛んだよ」と目に見えないものの働きが見えてくることが例示され，「アサガオの色水は，アサガオの花の色と同じだね」と，自然の中にきまりを見付けることも含まれる。ここでは，児童が遊びや遊びに使うものを工夫してつくることを通して，それらを実感するよう単元を構成したり学習環境を整えたりすることが大切であるとしている。

5.　生活科と理科の接続

　小学校第3学年の理科「物と重さ」「風やゴムの働き」は，生活科の学習対象として扱った場合とその扱いが似ている。学習対象として身近なものを取り上げ，体験的な活動から得られる実感を伴う理解を目指している点は，生活科，理科とも共通している。違いとしては，定性的な捉え方からより定量的な理解を進める過程が理科に多く含まれることである。これは，実感を伴う定性的な理解を進める活動から何らかの器具を用いて定量的に測定し，自分の考えに確かさを得たり，説明の根拠をもったりする活動が多くなることを意味している。

　生活科と理科を円滑に接続させるためには，つぎのことが考えられる。まず，理科だからといって急に数値化できる測定器具などを使用するのではなく，まず自分たちの定性的な判断を十分に聞き入れ合う活動を大事にする必要がある。そして，子どもたち自身で工夫した測定方法を用いた実験にまで活動を進めるようにする。例えば，風で動く風車やゴム動力で動く自動車等をつくるのと同じように，測定装置も子どもたちが考案・製作し，活用する。こうした過程から，どの部分をどのように測定すれば何が明らかになるかを深く学び取ることができる。また，様々な実験に見合う条件整備が子どもたちの発言の中に見いだされ，予想・見通しの言葉が飛び交うことが予想される。これらの様相は，自分たちが何を明らかにしたいかを示す目的やそのための方法が意識化される点において，生活科と理科の接続の要点となる。遊びの面白さを追求する中で，条件整備を意識しはじめ，違いに気付き，法則性を見いだすための測定装置の製作や測定方法のきめ出しこそ，高学年理科への橋渡しとなる。

参考文献

文部科学省（2017）『小学校学習指導要領』東洋館出版社.

文部科学省（2017）『小学校学習指導要領（平成29年告示）解説　生活編』東洋館出版社.

（伊藤哲章）

Q8 小学校理科と中学校理科の関係と接続の仕方について述べなさい

　小学校理科と中学校理科の関係と接続の仕方について「教科の目標」,「内容」,「理科の見方・考え方」の3つの系統性観点から述べる。

1.「教科の目標」における小学校理科と中学校理科の系統性

表2-8-1　2017（平成29）年改訂小学校学習指導要領　理科の「教科の目標」

　自然に親しみ，理科の見方・考え方を働かせ，見通しをもって観察，実験を行うことなどを通して，自然の事物・現象についての問題を科学的に解決するために必要な資質・能力を次のとおり育成することを目指す。
(1) 自然の事物・現象についての理解を図り，観察，実験などに関する基本的な技能を身に付けるようにする。
(2) 観察，実験などを行い，問題解決の力を養う。
(3) 自然を愛する心情や主体的に問題解決しようとする態度を養う。

表2-8-2　2017（平成29）年改訂中学校学習指導要領　理科の「教科の目標」

　自然の事物・現象に関わり，理科の見方・考え方を働かせ，見通しをもって観察，実験を行うことなどを通して，自然の事物・現象を科学的に探究するために必要な資質・能力を次のとおり育成することを目指す。
(1) 自然の事物・現象についての理解を深め，科学的に探究するために必要な観察，実験などに関する基本的な技能を身に付けるようにする。
(2) 観察，実験などを行い，科学的に探究する力を養う。
(3) 自然の事物・現象に進んで関わり，科学的に探究しようとする態度を養う。

※圏点は小学校理科と中学校理科で記述が異なる部分。筆者による。

　学習指導要領に記載されている「教科の目標」を比べると，小学校理科と中学校理科では，内容がよく似ていることがわかる。この「教科の目標」の共通部分から，理科という教科の普遍的な部分が見えてくる。また，相違部分を見ることにより，小中の系統性を捉えることができる。

（1）「教科の目標」の共通部分

　小中理科の「教科の目標」の共通部分を見ると，理科は「理科の見方・考

え方を働かせ，見通しをもって観察，実験を行うことなどを通して」「資質・能力を」「育成することを目指す」教科であることがわかる。このことについては，教科の普遍的な部分なので，小学校，中学校ともに意識して理科の授業づくりを考えていく必要がある。つまり，小学校においても中学校においても，教師は，「子どもが理科の見方・考え方を働かせることができる授業」，「子どもが見通しをもちながら観察・実験を行う授業」，「子どもが理科の資質・能力を身に付けることができる授業」になっているかを常に振り返りながら，授業づくりをしなければならないということである。

（2）「教科の目標」の相違部分

　小中学校の「教科の目標」を概観すると，相違部分は大きく2点ある。1点目は，小学校は「自然に親しむ」のに対し，中学校は「自然の事物・現象に関わる」ということである。2点目は，小学校は「問題解決」するのに対し，中学校は「科学的に探究する」ということである。

　1「自然に親しむ」と「自然の事物・現象に関わる」

　理科の学習は，自然の事物・現象に関わることから始まる。特に，小学校では，学習の対象が五感を通して体験できるものであることが多い。そのため，小学校では「自然に親しむ」という表現を使い，自然との直接的な関わりの重要性を示していると考えられる。これは，小学校の育成すべき資質・能力の（3）において，栽培や飼育などの体験を通して育てることができる「自然を愛する心情」の育成が掲げてあることからもうかがうことができる。

　2「問題解決」と「科学的に探究する」

　一般的に，理科における学習過程は，小学校では「問題解決の過程」と呼ばれ，中学校では「探究の過程」と呼ばれている。2017（平成29）年改訂中学校学習指導要領解説　理科編には，「資質・能力を育むために重視すべき学習過程のイメージ（高等学校基礎科目の例）」が載っており，小中学校においても「基本的には高等学校の例と同様の流れで学習過程を捉えることが必要である」と記載されている。このことから，基本的に小学校の「問題解決の過程」と中学校の「探究の過程」はほぼ同じものであると考えることができる。あえて「問題解決の過程」と「探究の過程」の違いは何かと考える

ならば，小学校においては，身近な自然の中から児童が自らの素朴な疑問を課題として設定し，その解決を目指すのに対して，中学校においては，課題を設定後，その解決を目指すだけでなく，その結果から法則を見いだしたり，概念化を行ったりする。この点が「問題解決の過程」と「探究の過程」の違いといえるかもしれない。

　子どもたちが主体的に理科の学習を進められるようになるためには，子どもたちが理科の学習過程を理解することが必要となる。そのため，小学校では，今，「問題解決の過程」のどの過程を行っているのかを常に児童に意識させて，「問題解決の過程」を理解させ，中学校では，小学校で身に付けた「問題解決の過程」を基に，自らが「探究の過程」に沿って学習を進めることができる力を身に付けさせておくことが大切である。

2.「内容の系統性」

　理科における内容の系統性は2017（平成29）年改訂小学校学習指導要領解説　理科編にある「内容の構成」に整理されている。理科の内容は，小中学校の理科の系統性を図るねらいから，大きく「エネルギー」，「粒子」，「生命」，「地球」の4つの基本的科学概念を柱とする領域に分け，さらにそれぞれの領域を3〜4の下位領域に分け，小中学校における学習内容がどこに位置づくかを示すことにより，小中学校の学習内容のつながりを意識して授業づくりを行えるようになっている。

　学校現場では，これらの系統性を意識して学習を進めることが重要である。系統性を意識し，小学校で学習した内容が，中学校で生かされるようになれば，小学校で学習した内容を根拠としながら仮説を立てることができるなど，科学的な思考力も育成されることが期待できる。

3.「理科の見方・考え方の系統性」

　小学校では，初めて学習の中で理科の見方・考え方を働かせることになるため，理科の見方・考え方とはどういうものなのかを意識付けることが重要である。そのため，授業案を考える際には，この学習内容で児童がどのよう

な見方・考え方を働かせれば，目指す資質・能力を育成できるのかを考え，その見方・考え方を児童が実際に働かせるためには，どのような指導が必要なのかを考えなければならない。そして，授業中は児童がどのような見方・考え方を働かせているのかを見取り，授業の最後には，児童が自分の働かせた見方・考え方をメタ認知できるように評価することが大切になる。このことによって，児童の理科の見方・考え方は少しずつ，豊かで確かなものになっていき，最終的には，自ら理科の見方・考え方を働かせてみることができるようになる。例えば，第3学年「風とゴムの力の働き」の「ゴムの力の働き」の学習では，ゴムの力で動く物を作る際に，使用するゴムの本数を増やすことによって，動きがどのように変わるかといった量的・関係的な見方や，ゴムが1本の時と3本の時を比較させるといった比較の考え方を児童が働かせることができるように授業を設計する。授業中には量的・関係的な見方や比較の考え方をはじめとして，どの児童がどのような見方・考え方を働かせているのかを見取っていく。授業の最後には，ゴムの本数という量に着目し，物の動きとの関係を比較しながら考えていた児童を評価する。そのことによって，次の「風の力の働き」の学習では，児童は風の力で動く物を作る際に「ゴムの力の働き」の学習の時に働かせていた見方・考え方を思い出し，同じような見方・考え方を働かせて学習を進めていくようになる。このように小学校で理科の見方・考え方を意識付けることによって，中学校では，小学校で学んだ理科の見方・考え方を自らが意識しながら，自在に働かせることができるようになり，理科の見方・考え方を働かせて資質・能力を育成するという理科の目標が達成されることになるのである。

参考文献

文部科学省（2018）『小学校学習指導要領（平成29年告示）』.

文部科学省（2018）『中学校学習指導要領（平成29年告示）』.

文部科学省（2018）『小学校学習指導要領（平成29年告示）解説　理科編』
　　　東洋館出版社.

文部科学省（2018）『中学校学習指導要領（平成29年告示）解説　理科編』
　　　学校図書.　　　　　　　　　　　　　　　　　　　　　　（玉木昌知）

第3章

理科の指導法

‖Q１　学習指導案の作成について述べなさい

　学習指導案とは，授業の目標，内容，授業展開などを整理した指導及び評価の計画をまとめたものであり，第三者も目を通すことを想定して書かれることが一般的である。また，学習指導案の作成を支える知識（志村，2017）として，Pedagogical Content Knowledge（PCK）がある。これは，教師が持つべき基礎知識としての包括的概念であり，学習内容の知識（content knowledge）と教授法の知識（pedagogical knowledge）を融合したものである（Shulman, 1987）。よりよい学習指導案を作成するためにも，教師は学習内容に関する知識と学習指導に関する知識を架橋し，包括的に理解しておく必要がある。

1．学習指導案作成の意義

　学習指導案の作成に際しては，単元目標や本時のねらい，子どもに獲得させたい力等を明確にしたり，つまずきを含む子どもの実態を評価・想定したりすることにより授業展開を具体化していく。また，学習指導案は，様々な研修や教育実習等の際に作成されることが多く，当該指導案に基づく授業を第三者に公開し授業後に討議をするなど，授業改善とも密接に関わる。一方，最終的に取りまとめられた学習指導案は，１単位時間における授業計画というイメージが強いかもしれない。しかし，実際には，単元レベルや年間レベルの指導計画に基づいて吟味することにより，学習指導案で対象とする授業の位置付けが初めて明確になる。したがって本稿では，学習指導案の作成について述べる前に，年間指導計画や単元計画の作成についても触れる。

2．年間指導計画の作成

　年間指導計画は，その学校の教育課程に基づき他教科との関連も考慮しながら教科毎に１年間を見通して立てられる計画である。学校では，教科指導の他にも様々な教育活動や行事が計画されているため，これらの予定を加味

して実際に授業実施可能な日程と内容が見積もられる。具体的には，単元の配列や各単元における目標，学習内容，評価規準，そして授業時数を検討する。ここでは，単元の配列，授業時数に着目して述べる。

　単元の配列は，学習指導要領に示されている内容の順序によることが多く，教科書会社の指導書も，多くが学習指導要領に準じたものになっている（畑中，2009）。しかし，季節や学校の周りを取り巻く環境によって，単元の配列を並び替えたり，1つの単元を複数の内容に分割して配置したりすることも可能である。例えば，第4学年の生命領域「季節と生物」では，季節ごとの動物の活動や植物の成長の変化を学習するため，季節の変化に合わせて動植物を観察する活動が実施できるよう，年度当初から計画しておく必要がある。

　また，理科の授業時数は，学校教育法施行規則第51条により，第3学年は90時間，第4学年から第6学年は105時間が標準時数として定められており，この時数を満たす必要がある。学校行事や不測の事態等で計画していた授業時数が変動する可能性があるため，余裕をもった時間配分が望ましい。

3. 単元計画の作成

　年間指導計画によって，単元の配列やおおよその授業時数等を決定したら，単元計画の作成を通して授業展開を検討する。その際，以下の4点を考慮することが大切である。

● 学習指導要領を分析し，指導を通して児童に身に付けさせる資質・能力や学習内容の系統性を明らかにする。

　2017（平成29）年告示の小学校学習指導要領では，指導を通して子どもに育成する資質・能力を「知識及び技能」，「思考力・判断力・表現力等」，「学びに向かう力，人間性等」の3つの柱で整理している。このため，理科においてもこれら3つの柱に基づき，各学年や単元で育成すべき資質・能力が明記されている。また，学習指導要領解説では，それらを育成する際の指導の手立てや留意点，当該単元が他学年や他の単元の学習にどのようにつながるかが詳述されているため，単元計画作成の際，参考になる。

● 単元における学習展開を検討する。

学習指導要領の分析結果や，使用している教科書における展開を参考に，実際の1時間ごとの授業の内容を考慮しながら当該単元内における学習順序を組み立てていく。その際，単元の導入となる1時間目をどのように計画するか，観察や実験に基づく問題解決をどのように取り入れるか，基礎的な操作技能の指導が必要な観察・実験器具はあるかといった複数の要素を考慮する必要がある。

● 評価規準，評価基準の設定をする。

評価規準は，子どもが達成すべき目標を示したものである。また，平成29年告示の学習指導要領では，資質・能力が3つの柱で整理されたことに伴い，指導要録における評価の観点が3観点となっている。このため，学習指導案における評価規準も3つの観点で設定し，必要に応じてその規準がどの程度達成されたかを判断するための評価基準を設定する。なお，加藤（2009）が述べているように，毎時間すべての観点を評価しようとするのではなく，当該授業の学習目標に照らして評価観点を厳選し，実際の授業における評価場面や評価方法を具体化しておくことが重要である。

● 児童の実態を把握する。

学習前の児童の実態を把握することで，教師がどのような手立てで授業を行えばよいか検討しやすくなる。実態を把握する方法として，質問紙でその内容について調査する，休み時間の児童の様子を観察する等が挙げられる。

4. 学習指導案の作成

学習指導案の形式については，共通の様式として厳密に定められたものはない。しかし，一般的には以下の内容が記載されることが多い。

1. 表題…授業実施日，学年，クラスの情報，指導者を記載する。
2. 単元名…学習指導要領，教科書に記載されている名称を単元名とする。
3. 単元目標…本単元で児童に身に付けさせる資質・能力を記載する。
4. 評価規準…3つの評価観点ごとに，児童が達成すべき目標を記載する。
5. 単元について…主に，以下に示す3つの内容から構成されている。

   ● 単元観…教材の内容や特徴，他の単元との関連性や系統性を考慮し

ながら，単元のもつ教育的価値や意義を記載する。

● 児童観…認知，技能，情意に関する児童の実態や，目指すべき児童像について，単元の学習内容と関わる視点で記載する。

● 指導観…単元観と児童観での記載内容を踏まえ，単元の指導をどのような方針で行うかなどを記載する。

6. 単元構成…本単元の学習がどのように展開されるかを整理する。各時間の学習内容や，その時間における評価観点を記載する。

7. 本時の指導

(1) 題材…本時で扱う題材を記載する。

(2) 本時の目標…本時で児童に何を身に付けさせるか，評価観点に基づき記載する。本時における評価規準，評価基準はここに記載することが多い。

(3) 準備物…実験や教示に必要な物を記載する。

(4) 本時の展開… 1単位時間でどのような流れで授業を展開するか，また，本時における教師の手立てを記載する。

なお，実際の授業は学習指導案通りに実施できるとは限らない。児童の反応に応じて，発問や指導の手立てなど臨機応変に対応する必要が生じる場合もある。その際に重要になるのは，本時の目標を教師自身が理解し，児童に育成したい資質・能力の具体的なイメージをもっていることである。このため，学習指導案の作成に際しては，当該授業を通して何を目指すのかという本質的な理解を深めておくことが大切である。

参考文献

畑中忠雄（2009）『三訂 若い先生のための理科教育概論』東洋館出版社.

加藤圭司（2009）「小学校理科における単元計画の作成」森本信也・森藤義孝編『小学校理科の指導』建帛社.

志村喬（2017）「PCK論の教科教育学的考察：社会科・地理教育の視座から」『上越教育大学研究紀要』37（1），pp.139-148.

Shulman, L. S.（1987）. Knowledge and Teaching: Foundations of The New Reform, *Harvard Educational Review,* 57（1），pp.1-22.

（堀田晃毅）

Q2 問題解決過程における問題を見いだす過程と その指導法について述べなさい

1. 授業で取り上げる「問題」

（1）授業における問題設定の重要性

　問題解決を基盤としているかどうかにかかわらず，どのような授業でも，問題をいかに設定するか，というのは極めて重要である。問題の設定は，その授業の目標設定にも直接関係している。授業を設計する際，子どもたちを目標に到達させるためにはどのような教育活動を行えばよいかを考えていくことになるが，そこで行う活動内容は，最初の問題設定に大きく依存しているからである。一方で，その問題設定は，教師の一方的な期待のみによって成り立つものではない。現実的には，子どもが興味・関心をもつようなレリバンス（学習者の身に迫るような関連性，適切性）のある問題であるか，子どもが自ら調べなければならない内容を含んでいるか，子どものレベルに合っていて子どもが思考可能であるか，等々を踏まえて問題が設定される。

（2）本質的な問題となるための要素

　それでは，どのような問題を授業で取り上げるのが適切だろうか。ウィギンズとマクタイ（2005，西岡訳：2012）によれば，本質的な問題であるかどうかは，その問題が，次のことを生じさせるかどうかにかかっているという。

①重大な観念と核となる内容について，正真正銘のレリバンスのある探究を
　引き起こす。

②深い思考，活発な話し合い，持続する探究，新しい理解，そしてまたより
　多くの問いを生じさせる。

③代替案を熟考すること，証拠を比較考量すること，自分の考えを裏づける
　こと，および答えを正当化することを生徒に求める。

④重大な観念，想定，先行する授業について，活発で継続的な再考を促す。

⑤先行する学習と個人的な経験との，意義深い関連付けを引き起こす。

⑥自然と繰り返し起こり，他の状況や教科へ転移する機会を生み出す。

2. 理科における問題解決過程ではどのような問題を扱うか

（1）理科で扱う検証可能な問題

　理科授業で扱う問題について考えてみよう。理科が対象とするのは自然の事物や現象であるが，どのような問題を設定するのが適切なのだろうか。

　最も重要なのは，その問題が，検証可能な問題である，ということである。検証可能な問題とは，言い換えれば，実際に観察や実験で確かめることができる問題，ということである。米国の中等教育段階の生物カリキュラムであるBSCSは，以前から次の点を指摘している。すなわち，科学は通常，「どのように（How）」と問うような因果の問いに答えることはできるが，「なぜ（Why）」と問うような存在に関する問いに答えることはできない，ということである。教師は，ある問題をそのまま伝えるのではなく，教育的にみて適切な形にその問題を処理し，子どもたちが何らかの方法で答え得るような問題に変換する重要な役割を有している。したがって，教師は，「なぜ」の問題を，「どのように」という検証可能な問題に変換する必要がある。

　もちろん，自然の中に潜む不思議を見つけた時，「えっ，どうして？」，「なぜだろう？」という素朴な疑問を持つのは正しいことであるし，そうした素朴な疑問は問題解決が始まるきっかけとして重要な役割を果たしている。むしろ，そうした率直な驚きを理科授業では大事にしたい。しかしながら，「なぜ（Why）」の問いをそのままの状態で問題解決しようとすると，焦点がぼやけたままの問題解決となってしまうのである。

（2）検証可能な問題の具体例

　上記の問題をもう少し具体的に考えてみよう。科学では，例えば「てこはどのようにすれば小さな力で持ち上げられるのだろうか」という問題には答えられるが，「てこはなぜ小さな力で持ち上げられるのだろうか」という問題には答えられない。「なぜ小さな力で」という問題のままでも一見良さそうに見えるが，「なぜ」という問題は，その問題が問うているものがはっきりしておらず，このままでは，何を調べれば良いのかわからない。確かに，小学校

理科の範囲を超えた話として，てこの法則性は，力のモーメントの問題とし
て議論することは可能であり，「なぜ小さな力で」という問題に答えられるの
ではないか，という反論も予想される。しかし，それも結局，「このような法
則がある」ということをまとめたにすぎず，なぜそのような法則が見られる
のか，という根本的な問題には答えていない。なぜそのような法則が，とい
う問題を突き詰めて考えようとすると，さらにその裏にはこうした法則があ
る，という因果関係を見いだしていくしかないはずである。このように，あ
る問題を解決しようとすると，結局は「どのように」の問題に帰着する。

3. 問題の見いだし方と指導法

(1) どのレベルの問題解決活動を目指すのか

　問題解決の始まりである「問題を見いだす過程」をどのように捉えるか，
そしてそれをどのように指導するかを考える前に，その問題解決過程で，子
どもたちに何を身に付けさせたいのかを吟味する必要がある。まずは目標が
定まらなければ，適切な問題を設定することはできないし，結果として，形
だけの問題解決活動になってしまう恐れがある。

　さて，目標が定まったとして，次は，問題解決活動をどのように行うのか
を考えなければならない。バンチとベルは，問題解決活動でどの程度の情報
を教師が示すかによって，探究のレベルを4つに整理した（表3-2-1）。

　この表では，最も自由度の高い「自由な探究」を除き，問題について何ら
かの情報を教師から子どもに与えている。問題の設定は，問題解決の始まり
の活動であるし，何よりも問題解決に取り組む子どもの動機づけとして非常

表3-2-1　探究のレベル

探究のレベル	問題	手順	答え
1：確認のための探究（Confirmation Inquiry）	✔	✔	✔
2：構成された探究（Structured Inquiry）	✔	✔	
3：誘導された探究（Guided Inquiry）	✔		
4：自由な探究（Open Inquiry）			

（Banchi&Bell, 2008, Fig.1を一部改変）

に重要であるが，適切な問題をはじめから子どもが見いだすというのは，かなり難易度が高い。そこで，現実的には，全ての問題解決活動を高度なレベルで行うのではなく，教師が問題を適切に示す方法を含んでもよいと考える。

（2）日常生活と理科をつなぐ問題を示す（見いだす）こと

　問題解決活動を小学校理科で行うとすれば，扱う問題が「実験室の中だけの理科」の問題とならないように注意したい。本来理科で取り上げる問題は，日常生活の中で，現実に起こる問題のはずである。文脈なしに突如教師から与えられた問題は，子どもたちにとって実験室の中だけでの話になってしまい，現実の問題として捉えられなくなってしまう。したがって，日常生活の経験から素朴な疑問を取り上げ，「どのように」の問題になるよう方向付けながら，理科で扱う内容へと問題を整理していく必要がある。この際，教師が一方的に問題を整理するのではなく，子どもたちが教師と一緒に問題を見いだした，という感覚をもてるように，適切に発問を展開していく。

　そうはいっても，自由研究に代表される問題解決活動のように，やはり最終的には子どもが自ら問題を見いだせるようになるのが理想である。そのためには，問題解決の練習だけではなく，疑問が生まれるような材料を集めなければならない。例えば，子どもたちには，発見した不思議を日常的にノートに書きためさせておくと，そこから問題を見いだしやすくなる。この場合も教師は，見いだされた問題が「どのように」の形になり，問題解決が可能となるように指導していく。どのレベルの問題解決にも共通するのは，問題が学習者にとって自分事であり，検証可能な問題である，ということである。

参考文献

Biological Science Curriculum Study（BSCS）（2009），*The Biology Teacher's Handbook 4th Edition,* NSTA Press.

H. Banchi & R. Bell（2008），*The Many Levels of Inquiry, in Science and Children,* Vol. 46, No. 12, 26-29, National Science Teachers Association.

G. Wiggins & J. McTighe（2005），*Understanding by Design,*（西岡加名恵訳）（2012）『理解をもたらすカリキュラム設計 ──「逆向き設計」の理論と方法』，日本標準.　　　　　　　　　　　　　　（石﨑友規）

Q3 問題解決過程における予想や仮説を発想する過程とその指導法について述べなさい

1. 理科の問題解決過程における「予想や仮説」とは何か

　理科の問題解決過程における「予想や仮説」とは何かを考える時，学習指導要領解説理科編でも用いられている「予想や仮説」と，ひとくくりにされている言葉がもつ意味を考えなくてはならない。理科の問題解決においては，予想や仮説の設定は欠かすことができないが，予想と仮説の区別は非常に曖昧なままになっているからだ。詳細については本シリーズ中学校編の第3章「理科の探究的な学習における仮説設定の指導法について述べよ」を参照していただきたい。少なくとも，実験結果の予想とは言っても，実験結果の仮説とは言わないという程度の区別は必要だが，児童がある問題を解決するために実施する実験や，観察，調査の前にもつ考えや見通しの総称を「予想や仮説」とひとくくりにして表現しているという理解で十分である。ここでは，小学校理科における問題解決過程で，いかに「予想や仮説」を児童に発想させるかに焦点化して述べる。

2. 予想や仮説を発想する過程とその指導法の具体的事例

　小学校理科の授業は教科書にある実験や観察などによって見られる自然の事物・現象を，事実として知ることが中心で，その事実が生起する原因やしくみを問わないところが，原因やしくみを問う中等理科との違いである。教科書の一つひとつの内容を詳細に検討したり，教科書の内容から発展させた内容を扱ったりすれば，意外に仮説設定が必要な場面はある。それでは具体的な事例を通して考えてみよう。

【事例1】小学校3年　「もののかたちとおもさ」

　小学校3年生「もののかたちとおもさ」で，ものの形を変えても重さは変わらないことを粘土を使って実験したとき，重さがほんの少し減ったとしよ

う。教科書には，重さは変わらないと書いてあるのになぜ軽くなったのか，児童は疑問に思うだろう。このようなとき，教師は仮説設定の好機と捉え，「どうして軽くなったのかなぁ？みんなはどう思う？」と児童に仮説設定を促すことが大切だ。児童から「はかりが正確じゃないからかも」，「手のひらや爪の中にくっついた粘土の分，軽くなったのかも」などの考えが出てくる。0.01ｇまで測れる電子てんびんを使っているのなら同じものを何度か乗せて重さを量ると，僅かだが乗せ方によって値が違うことがわかる。このとき教師は「たしかにはかりの精度には限界があって，乗せ方で値がすこし違っていますね。良いことに気が付きました。」と，簡単に調べられる代替仮説はつぶしたうえで，「でも，さっきの実験で減った量はもっと大きいですね。ということは手にくっついた説かもしれませんね。どうやって調べたら良いかグループで考えてみてください」のように，手のひらや爪の中にくっついた粘土の分軽くなったという考えに「手にくっついた説」のようにラベリングして，仮説であることを児童に示すとともに，どうすればその仮説を検証できるのか，児童に実験方法の立案を促す指導が必要だ。ビニール袋に入れて粘土を変形させ，袋ごと測るや，ビニール手袋をして粘土を変形させ，手袋も一緒に測るなどの案が出るかもしれない。いろいろな展開が予想される。

【事例２】小学校３年　「かぜやゴムのはたらき」

　模型の車に，ゴムを引っかけたり，車に帆をつけて風をぶつけて車を走らせ，「風やゴムの力で車を動かすことができる。風がつよいほど，ゴムを大きく引き伸ばすほど，車は遠くまで走る」ことを教科書では学習するようになっている。

　帆の大きさを変えて，同じ風なら帆が大きい方が車は遠くまで走ることを調べさせる実験キットもある。帆の大きさが大きいほど遠くまで走るのかは，一概には言えない。例えば，「先生，帆が小さい方が車は遠くまで走るよ」と児童Ａが報告したとしよう。このような場面では，教師は「どうやって調べたの？もう一回先生に見せてくれるかな」と児童Ａが発見した事実を

再現させることが大切だ。そうして事実を発見した児童の話の意図や意味を完全に理解し，3年生に問題解決が可能かどうかを判断し，解決可能であり，理科の本質に関連する問題であると判断できたら，児童に「予想や仮説」を発想させる好機と捉え，児童全員を児童Aの周りに集めたうえで，児童Aに発見したことを再現させ，「なぜ帆が小さい方が遠くまで走ったのかなぁ？」と仮説設定を促すと良い。児童からは，「重くなったから（重さ説）」，「風のせい（風説）」などが出る。自分の考えに近いのはどれか3つの選択肢「ア重さ説」，「イ風説」，「ウその他」から選ばせ，自分の立場をはっきりさせた後，小グループでなぜそう思ったのか対話させると良い。このとき「その他」が選択肢に入っていることは重要だ。「複合説」など，いろいろな可能性があるからだ。実際に車が走る距離を決めている要因は多様であり，どのような状況で実験したのかによって結果が異なる。だからこそ，児童と「予想や仮説」の設定を伴う問題解決をするときには，目の前で実際に観察した事実について考える必要があるのだ。

　また，グループで対話させると，児童の素朴な自然観がつぎつぎに言語化される。例えば，重さ説を支持する児童が，「重いものって動かしにくいでしょ。B子ちゃん，風のせいって言ったけど，風って車の後ろから吹くよね。前からの風なんて吹いてないでしょ。」，風説を支持する児童Bが「自転車に乗っているとき，速く走ると前から風が吹いているように感じるでしょ。あの風のこと」という説明を聞いてグループのメンバーが「あーっ，あの風か」と相手の話の意味を理解する。「前から風が吹いている時って，進みにくいでしょ」という説明を聞いて，重さ説を支持する児童の考えが揺さぶられる。グループトークが終わった後，考えが変わった人とその理由を表明させ，各自が支持する最終仮説を挙手などで確認したあと，教師は「どの仮説が正しいのかどのように調べたら良いかな」のように，児童に実験方法の立案を促すと良い。小学校3年生ではなかなか思いつかないときは，教師が考えのひとつとして，「帆の重さを変えないで，大きさだけ小さくする方法ってないのかなぁ」のように助言してあげることも，時には必要である。帆を折りたためば良いという考えが出てくるはずだ。重さ説，風説それぞれが仮

に正しいとすると，車が走る距離はどうなるのかの予想を立て，見通しを共有したあと実験をすれば，この条件下では風説が車の走る距離を小さくした主な原因であることがわかる。その後の展開は色々考えられるが，筆者の場合は教科書外であるが，「空気に重さはあるのか」の問題解決に発展させた。

3.　予想や仮説を発想させる問いや発想の過程

　前述の具体的事例を通して，小学校3年生でも教師の指導があれば，予想や仮説を立てながら問題解決が可能であることがわかるであろう。2つの事例は「なぜ」のような因果の説明を求める問いであったが，「なぜ（why）」の問い以外でも，たとえば，小学校4年「水がふっとうしている時に出てくる泡の正体は何か」や，小学校6年「試験管の中の透明な水溶液の正体は何か」などの「何か（what）」の問いでも，「予想や仮説」を児童に発想させることはできる。探していくと，教科書の内容であっても，予想だけでなく，原因やしくみの説明である仮説を設定できる内容は意外に多い。また，結果を予想させ，予想した理由を仮説としてラベリングし，その検証実験をあらたに立案させるという過程も，「予想や仮説」を発想する過程として有効である。

参考文献
小林和雄（2019）『真正の深い学びへの誘い』晃洋書房.

（小林和雄）

Q4 問題解決過程における解決方法を発想する過程とその指導法について述べなさい

1. 問題解決過程における解決方法を発想する過程

　小学校理科において，問題解決過程における解決方法を発想する過程について，小学校学習指導要領（平成29年告示）解説 理科編（文部科学省〔以下，文科省〕，2018）をもとに考えてみる。

　児童が自然の事物・現象に親しむ中で興味・関心をもち，そこから問題を見いだし，予想や仮説を基に観察，実験などを行い，結果を整理し，その結果を基に結論を導きだすといった問題解決の過程の中で，問題解決の力が育成される（文科省，2018）。

　小学校理科では，観察，実験などを含んだ問題解決の活動が行われるが，問題解決の活動は，図3-4-1で示される「資質・能力の育成のために重視すべき学習過程等」（中央教育審議会，2016）の各段階を通して行われる。本節では，この「資質・能力の育成のために重視すべき学習過程等」を問題解決過程と捉える。

　図3-4-1で示された問題解決過程において，解決方法を発想する過程は，自然事象に対する気付き→問題の見いだし→予想・仮説の設定→検証計画の立案が該当する。つまり，自然事象に対して気付き，その自然事象に問題を見いだし,その問題を解決するために，予想や仮説を設定し，検証計画を立案する過程が問題解決過程における解決方法を発想する過程である。

　また，小学校では，学年を通して育成を目指す問題解決の力を示しており，問題解決過程における解決方法を発想する過程は，第5学年で中心的に

自然事象に対する気付き → 問題の見いだし → 予想・仮説の設定 → 検証計画の立案→ 観察・実験の実施 → 結果の整理 → 考察や結論の導出

図3-4-1　資質・能力の育成のために重視すべき学習過程等（中央教育審議会, 2016）

育成するものであり，小学校理科で育成を目指す資質・能力の1つである「思考力，判断力，表現力等」の中で，「(条件を制御しながら調べる活動を通して) 自然の事物・現象について追究する中で，予想や仮説を基に，解決の方法を発想し，表現すること」として位置付けられている（文科省，2018）。この第5学年で育成が目指されている，主に予想や仮説を基に，解決の方法を発想するといった問題解決の力を育成するためには，自然の事物・現象に影響を与えると考える要因を予想し，どの要因が影響を与えるかを調べる際に，これらの条件を制御するといった考え方を用いることが大切であることが示されている（文科省，2018）。つまり，問題解決過程における解決方法を発想する過程において，条件を制御することを位置付け，観察，実験を計画させるとともに，その発想の過程について表現させる指導を行うことが求められている。

　「条件を制御する」とは，自然の事物・現象に影響を与えると考えられる要因について，どの要因が影響を与えるかを調べる際に，変化させる要因と変化させない要因を区別するということであり，具体的には，解決したい問題について，解決の方法を発想する際に，制御すべき要因と制御しない要因を区別しながら計画的に観察，実験などを行うことが考えられる（文科省，2018）。つまり，変化させない要因の条件（同じにする条件：制御する条件）を同じにして，変化させる要因（調べる条件）とその要因により変化すること（調べること）の因果関係で捉えることである。自然の事物・現象について，変化させる原因として考えられる要因（調べる条件）は独立変数と呼ばれ，その要因により変化すること（調べること）は従属変数と呼ばれる。

　観察，実験を行う際，変化させない要因（同じにする条件：制御する条件）については変化をさせず，変化させる原因として考えられる要因（調べる条件）である1つの独立変数のみを変化させることにより，条件を制御して計画的に観察，実験を行い，観察，実験の結果（調べたこと）を得る必要がある。

2.　問題解決過程における解決方法を発想する過程とその指導法の事例

　小学校理科の第5学年における問題解決過程における解決方法を発想する

過程の指導法について，「エネルギー」領域の「振り子の運動」を事例として取り上げる。

「振り子の運動」の規則性を調べるために，振り子が1往復する時間が，どのような条件と関係しているかについて考える授業を構想してみよう。

まず，振り子を揺らして，振り子の揺れが，一定の時間で繰り返されることから，振り子が1往復する時間が同じであることに気付かせる指導を行う。

次に，振り子が1往復する時間が何に関係しているのかについて，児童から予想を引き出す指導では，観察，実験を自由に試行させながら，振り子が1往復する時間を変化させる要因について考えさせ，調べる条件を決める指導を行う。その際，予想した条件とその理由についても表現させる指導も行う。

観察，実験の計画では，調べる条件が2つ以上ある場合には，2つ以上の条件を同時に変えて観察，実験を行うと，どの条件により振り子が1往復する時間が変わったのかが不明となるため，調べる条件は1つにするという指導が大切である。

以上をまとめると，振り子が1往復する時間について，調べる条件として，変化させる原因として考えられる要因として考えられる振り子の長さ，おもりの重さ，振れ幅などの条件（調べる条件）の1つのみを変化させ，変化させない要因の条件（同じにする条件）を同じにして，振り子が1往復する時間（調べること）を調べる観察，実験を計画させるとともに，その発想の過程について表現させる指導を行う。

① 自然事象に対する気付き

児童に，振り子を揺らし，振り子が1往復する時間が一定であることに気付かせる。

② 問題の見いだし

児童に，振り子が1往復する時間が，何によって変わるのかといった疑問をもたせる。

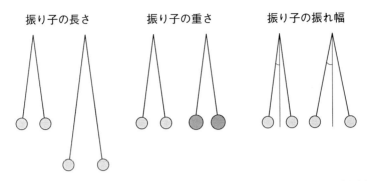

振り子の長さ　　　振り子の重さ　　　振り子の振れ幅

図3-4-2　調べる条件　　　　　　（筆者作成）

③　予想・仮説の設定

　児童から，振り子が1往復する時間が，図3-4-2に示したように，振り子の長さ，おもりの重さ，振れ幅によって変わるのではないかといった予想を引き出す。

④　検証計画の立案

　振り子が1往復する時間を変える条件として児童が予想した，振り子の長さ，おもりの重さ，振れ幅といった調べる条件の1つのみを変化させ，その他の条件を同じにして，振り子が1往復する時間を調べる観察，実験を計画させるとともに，その発想の過程について表現させる指導を行う。

参考文献

中央教育審議会（2016）『幼稚園，小学校，中学校，高等学校及び特別支
　　　援学校の学習指導要領等の改善及び必要な方策等について（答
　　　申）』別添資料（2／3）.

文部科学省（2018）『小学校学習指導要領（平成29年告示）解説 理科編』
　　　東洋館出版社.

霜田光一・森本信也ほか（2020）『みんなと学ぶ 小学校理科5年』学校図書.

養老孟司・角屋重樹ほか（2020）『未来をひらく 小学理科5』教育出版.

（内海志典）

Q5 問題解決過程におけるより妥当な考えをつくりだす過程とその指導法について述べなさい

1．理科におけるより妥当な考えをつくりだすことの意義

（1）自然の事物・現象の性質や規則性などの理解の涵養

　平成29年告示小学校学習指導要領解説理科編によれば，「より妥当な考えをつくりだす」こととは，自分が既にもっている考えを検討し，より科学的なものに変容させることである。児童は，学校で学習する前に，日常経験等から，自然の事物・現象についての自分なりの考えを既に有していると言われる。しかしながら，その考えは，科学的に妥当ではない場合も多い。例えば，電池の＋極から電球までの電流の大きさは，電球から－極までの電流よりも大きいという誤概念がある。このように児童が既に保持する誤概念や，あるいは正しいながら体系化されていない考えを，より科学的に正しいものにすること，あるいは科学の体系に関係付けることが，「より妥当な考えをつくりだす」ことであり，理科における意義である。

　授業において，児童は，自ら自然の事物・現象に働きかけ，問題を解決していくことにより，自然の事物・現象の性質や規則性などを把握する。その際，児童は，問題解決の過程を通して，あらかじめもっている自然の事物・現象についてのイメージや素朴な考えなどを，観察・実験などの結果と突き合わせ，関係付けることで，より妥当性の高いものに更新していく。このことは，自然の事物・現象について，より深く理解することにつながる。

（2）問題解決能力の育成

　児童が，自然の事物・現象に親しむ中で興味・関心をもち，そこから問題を見いだし，予想や仮説を基に観察，実験などを行い，結果を整理し，その結果を基に結論を導きだすといった問題解決学習が重視されている。問題解決過程の中で，児童の問題解決能力を育成することが目指されているのである。小学校理科では，学年を通して育成を目指す問題解決の力が次のように

示されている。

①3年：差異点や共通点を基に，問題を見いだすといった問題解決能力
②4年：既習の内容や生活経験を基に，根拠のある予想や仮説を発想すると
　　いった問題解決能力
③5年：予想や仮説を基に，解決の方法を発想するといった問題解決能力
④6年：より妥当な考えを作りだすといった問題解決能力

　このように，「より妥当な考えをつくりだす」ことは，児童の問題解決能力の育成において意義があり，第6学年を中心に育成が求められている。学習指導要領解説では，「より妥当な考えをつくりだす」力を育成するためには，自然の事物・現象を多面的に考えることが大切であるとされる。

2．より妥当な考えをつくりだす過程

　いずれの問題解決過程も，より妥当な考えをつくりだすために重要であるが，具体例として，以下の3つの問題解決過程を取り上げる。

（1）予想・仮説設定
　ある変化の結果を予想したり，事象の仕組みを考えたりする過程である。日常の経験や既習内容から類推することで，予想した理由や仮説について，より妥当な考えをつくりだすことが求められる。理由を述べることなしに，予想する児童もいるだろうが，理由を考えるよう意識を向けさせることで，予想・仮説設定の能力を向上させる機会となる。

（2）考察
　実験結果等を踏まえ，事象に関する考えを練り上げる過程である。当初の予想や仮説と全く異なる結果が得られることで，妥当な考えが作りだされることもあれば，実験することで得られる情報を含めることで，より妥当な考えが作りだされることもある。また，実験方法の妥当性について検討することによって，より妥当な考えとすることも可能となる。

（3）表現・伝達
　実験活動等の成果を他者に伝える過程である。他者を意識して成果をまと

めることで，発表内容を客観的に見直す機会となり，考えがより妥当なものになることが期待される。また，発表に対する質問や意見への応答を考えることも，より妥当な考えをつくりだす契機となり得る。

3. 指導方法

　平成29年告示小学校学習指導要領では，「主体的・対話的で深い学び」の実現が重視され，この観点から指導を改善することが求められている。平成29年告示小学校学習指導要領解説　理科編では，以下のように，主体的な学び，対話的な学びの観点からの指導改善の視点が示されている（下線は，筆者）。

【主体的な学び】

①自然の事物・現象から問題を見いだし，見通しをもって観察，実験などを行っているか。

②観察，実験の結果を基に考察を行い，より妥当な考えをつくりだしているか。

③自らの学習活動を振り返って，意味付けたり，得られた知識や技能を基に，次の問題を発見したり，新たな視点で自然の事物・現象を捉えようとしたりしているか。

【対話的な学び】

①問題の設定や検証計画の立案，観察，実験の結果の処理，考察の場面などでは，あらかじめ個人で考え，その後，意見交換したり，根拠を基にして議論したりして，自分の考えをより妥当なものにする学習となっているか。

　上記では，科学の探究の過程において，児童に，より妥当な考えを作りださせることが，主体的・対話的な学びを実現させる1つの視点として示されていることが窺える。逆に言えば，主体的・対話的な学びの実現に資するように，より妥当な考えを作りだす過程を指導することが求められている。そのためには，教師が，より妥当な考えを教えるのではなく，児童自身の思考

によって，より妥当な考えに至らせるよう，指導する必要がある。具体的には，実験結果から妥当な考えを得るだけではなく，児童自身が従前の考えを再構成するように指導することが重要となるだろう。

4. 中学校との接続

　平成29年告示中学校学習指導要領解説　理科編では，例えば，「課題に対して実験方法や考察が妥当であるか検討したり，新たな問題を見いだしたりするなど探究の過程を振り返らせる」とあり，小学校で，科学の内容についてのより妥当な考えが求められていたのに対し，中学校では，科学の方法についての妥当性の検討までもが求められる。小学校から中学校への学びの接続を考慮すれば，小学校での指導において，科学の方法の検討から，より妥当な考えに迫る指導もまた重要となるだろう。

参考文献

文部科学省（2018）『小学校学習指導要領（平成29年告示）解説　理科編』
　　　東洋館出版社.
文部科学省（2018）『中学校学習指導要領（平成29年告示）解説　理科編』
　　　学校図書株式会社.

（大嶌竜午）

Q6 理科における観察・実験の指導法について述べなさい

1. 理科における観察・実験の定義

　観察や実験という言葉は,「観察・実験」のように, セットで使われることが多い。これは, 観察と実験が, どちらも五感を通して自然を認識する活動という点で共通しているためである。その一方で, 植物の成長について調べる活動では観察という言葉が, そして物が水に溶ける量の限界について調べる活動では実験という言葉が使われるなど, 両者は区別されて使われている。これらを区別する基準は, 人為的操作の程度である。すなわち, 自然認識の際に, 人為的操作の程度が小さいものは観察と呼ばれ, 条件を制御するなどして人為的操作の程度が大きいものは実験と呼ばれる。なお, 観察活動, 実験活動という用語は, 例えば, 実験計画や考察など, 観察・実験に関わる一連の活動を含むのであるが, 日常においては, 観察・実験と観察活動・実験活動という用語は, 厳密には区別されずに使用されている場合が多い。

2. 学習指導要領における観察・実験の意義

　平成29年告示小学校学習指導要領解説理科編において, 観察, 実験などを行うことの意義について以下のように記述されている。なお,「観察, 実験など」の「など」には, 自然の性質や規則性を適用したものづくりや, 栽培, 飼育の活動が含まれる。

> 　理科の観察, 実験などの活動は, 児童が自ら目的, 問題意識をもって意図的に自然の事物・現象に働きかけていく活動である。そこでは, 児童は自らの予想や仮説に基づいて, 観察, 実験などの計画や方法を工夫して考えることになる。観察, 実験などの計画や方法は, 予想や仮説を自然の事物・現象で検討するための手続き・手段であり, 理科における重要な検討の形式として考えることができる。

　「児童が自ら目的, 問題意識をもって意図的に」という記述から, 観察・実

験の教育的意義として，児童の主体性を育む意義を見て取れる。また，「観察，実験などの計画や方法は，（中略）理科における重要な検討の形式」という記述から，観察・実験を通じてデータを得るだけではなく，理科あるいは科学特有の思考様式を習得させる意義を見て取ることができる。

　小学校学習指導要領の理科の目標には，育成する資質・能力として以下の3点が示されている。

①自然の事物・現象についての理解を図り，観察，実験などに関する基本的な技能を身に付けるようにする。

②観察，実験などを行い，問題解決の力を養う。

③自然を愛する心情や主体的に問題解決しようとする態度を養う。

　①②には，観察・実験の文言が含まれており，観察・実験に直接的に関わる記述である。小学校学習指導要領解説では，①の「観察，実験などに関する技能」について，「器具や機器などを目的に応じて工夫して扱う」こと，「観察，実験の過程やそこから得られた結果を適切に記録すること」と記載されている。例えば，顕微鏡の操作や結果の記述などの技能である。観察・実験の技能は問題解決能力の一つと位置付けられ，それらを育成することが観察・実験の意義として挙げられているのである。一方，②においては，認知的な技能に焦点が当てられていると言える。例えば，育成すべき具体的な問題解決の力として，学年ごとに以下のように設定されている。

①第3学年：主に差異点や共通点を基に，問題を見いだす

②第4学年：主に既習の内容や生活経験を基に，根拠のある予想や仮説を発想する

③第5学年：主に予想や仮説を基に，解決の方法を発想する

④第6学年：主により妥当な考えをつくりだす

　これら問題解決の力は，問題を見いだし，予想や仮説を基に観察，実験などを行い，結果を整理し，その結果を基に結論を導きだすといった問題解決の過程の中で，育成されるという。すなわち，児童主体の一連の観察・実験活動を行うことで，問題解決の力を育成する文脈としての問題解決の過程を作りだすという，観察・実験の意義が示されているのである。

以上のように，学習指導要領では，観察・実験の意義として，実験結果を得ることによる自然事象についての理解の涵養（かんよう）や操作技能の育成に加え，実験活動を行うことで，児童の主体性を育み，また問題解決能力を育成する文脈としての問題解決の過程を生み出すことが，示されていると解釈できる。

3. 観察・実験活動において見通しをもたせることの意義

　平成10年改訂学習指導要領における小学校の理科の目標から，「…見通しをもって観察，実験などを行い…」というように，「見通しをもって」という文言が，観察・実験の前に加筆された。このことは，観察・実験を受動的に取り組むのではなく，目的や自分なりの考えをもって主体的に観察・実験活動に取り組むことの大切さが強調されているといえる。平成29年度学習指導要領には，見通しをもつことを，「児童が自然に親しむことによって見いだした問題に対して，予想や仮説をもち，それらを基にして観察，実験などの解決の方法を発想すること」としている。また，児童が見通しをもつことの意義について，以下のように記述されている（①から④までの区分けは筆者）。

①児童は，既習の内容や生活経験を基にしながら，問題の解決を図るための根拠のある予想や仮説，さらには，それを確かめるための観察，実験の方法を発想することになる。これは，児童が自分で発想した予想や仮説，そして，それらを確かめるために発想した解決の方法で観察，実験などを行うということであり，このようにして得られた観察，実験の結果においても，自らの活動としての認識をもつことになる。このことにより，観察，実験は児童自らの主体的な問題解決の活動となるのである。

②また，児童が見通しをもつことにより，予想や仮説と観察，実験の結果の一致，不一致が明確になる。両者が一致した場合には，児童は予想や仮説を確認したことになる。一方，両者が一致しない場合には，児童は予想や仮説，又はそれらを基にして発想した解決の方法を振り返り，それらを見直し，再検討を加えることになる。いずれの場合でも，予想や仮説又は解決の方法の妥当性を検討したという意味において意義があり，価値がある

ものである。

③このような過程を通して，児童は，自らの考えを大切にしながらも，他者の考えや意見を受け入れ，様々な視点から自らの考えを柔軟に見直し，その妥当性を検討する態度を身に付けることになると考えられる。

④なお，児童がもつ見通しは一律ではなく，児童の発達や状況によってその精緻さなどが異なるものであることから，十分配慮する必要がある。

　以上のように，見通しをもつことの意義として，①からは，第一に，児童自らの主体的な問題解決活動にできることが示されている。②からは，第二に，予想や仮説と観察・実験の結果の一致，不一致を明確にすることができること，第三に，予想や仮説と観察・実験の結果の検討により，予想や仮説又は解決の方法の妥当性を検討することができることが示されている。③からは，第四に，学習態度を形成できることが示されている。

4. 観察・実験の指導法

　理科に観察・実験を取り入れることで，自然の事物・現象の理解や観察・実験に関する基本的な技能の習得だけではなく，問題解決能力や学習態度の育成までもが求められている。このように，観察・実験活動の教育的意義に対する期待は大きいと言えるものの，児童を観察・実験活動に取り組ませればすべて達成できるのではない。観察・実験を含む授業の計画に当たっては，当該授業において焦点を当てる観察・実験活動の意義を明確にし，その達成にむけた手立てを意図的にとることによってのみ，効果的な観察・実験の指導とすることができるのである。

参考文献

文部科学省（2018）『小学校学習指導要領（平成29年告示）解説　理科編』東洋館出版社.

（大嶌竜午）

Q7 理科における栽培・飼育の指導法について述べなさい

1．小学校における栽培・飼育活動

（1）栽培・飼育活動の特色

　小学校で栽培活動と飼育活動を行う場合，両者はその世話のための労力や活動を通して生じる興味・関心の観点や育成される生命観が異なっている。そのため，栽培・飼育活動を通して，科学的な生命観を養い，生物を愛護する態度を育成するためには，両方の活動を行うことが重要である。植物と動物の生命活動の違いは，成長過程に伴う変化にも違いをもたらす。植物は動き回ることがなく，種まき後は，水やり，施肥，雑草とりなどを断続的に必要に応じて行えばよい。また，植物は，発芽時期の変化は顕著であるが，あとは比較的ゆったりと成長，開花，結実する。このため，温度，水分，肥料などが植物の発芽条件，成長条件に及ぼす影響を調べたり，種子をまいて何日目に発芽するのか，芽の伸長する速さはどれくらいなのか，といった定量的な観察がしやすい。このような観察は，植物の形態・生態の定性的な観察と合わせて行う必要がある。一方，動物は，飼育する場所，設備に費用を要し，餌を与えたり，飼育場所の掃除など，世話をするのに労力を必要とする場合が多い。このため，休暇期間中の世話を含め，より綿密な飼育計画が必要となる。例えば，水槽で魚を飼う場合，水草，小エビ，巻貝を加えることによって，酸素の供給，食べ残しの餌や排出物の処理などが可能で，安定した生態系をつくる工夫も有効である。また，比較的飼育の容易なものとして，昆虫があげられる。

　昆虫を飼育する利点としては，「子ども自身が主体となって世話をしやすい」，「短い飼育期間で誕生から死までを観察できる」，「広い飼育空間を必要としない」，「毛などアレルギーの心配がない」，「排泄物の臭いがすくない」，「費用があまりかからない」などがある。

　栽培・飼育活動を行い，長期間にわたって世話をしながら継続的に観察す

ることは，生物に特有な生命現象を科学的に理解させるだけでなく，生物に親しみ，生物を愛護する態度を養うのに大変適した活動といえる。

（2）小学校学習指導要領における栽培・飼育活動

　小学校学習指導要領（平成29年告示）の理科の目標では，「(1) 自然の事物・現象についての理解を図り，観察，実験などに関する基本的な技能を身に付けるようにする。(2) 観察，実験などを行い，問題解決の力を養うこと」としている。この「観察，飼育など」の「など」に，栽培，飼育の活動が含まれる。続いて「(3) 自然を愛する心情や主体的に問題解決しようとする態度を養うこと」とあり，ここでは，植物の栽培や昆虫の飼育といった体験活動を通して，その成長を喜んだり，昆虫の活動の不思議さや面白さを感じたりし，ひいては生物を愛護しようとする態度を育むことがねらいとされている。

　つぎに小学校学習指導要領（平成29年告示）解説　理科編における，栽培と飼育に関する語をみていく。解説では，大別すると4箇所で，栽培・飼育に関する記載がみられる。第一は，身の回りの生物の観察においてである。第3学年の「身の回りの生物」で観察，実験などに関する技術を身に付けることが明記されている。ここでは，「①生物は色，形，大きななどの姿に違いがあり，周辺の環境と関わって生きていること」，「②昆虫の育ち方には一定の順序があり，成虫の体は頭，胸，腹からできていること」，「③植物の育ち方には一定の順序があり，その体は根，茎及び葉からできていること」以上の3点のねらいを達成するために，植物の栽培，動物の飼育を行うことになっている。①では，学校で栽培している植物に加え，キク科などの野草が紹介されている。また，生物と環境の関わりがよくわかる植物として，アブラナ科やミカン科の植物，同じく動物として，身近な昆虫やダンゴムシなどの節足動物があげられている。第二は，学校飼育動物の観察においてである。第4学年の「ヒトの体のつくりと運動」で，自分の体を動かしたり他の動物が運動しているところを観察し，体の動きと筋肉の関係を調べることになっている。ここでは，身近で安全な哺乳類として学校飼育動物を観察することが例示されている。第三は，道徳科との関連においてである。道徳科では，栽培や飼育などの体験活動を通して自然を愛する心情を育てるこ

とで，生命を尊重し，自然環境の保全に寄与する態度の育成につながるとしている。第四は，体験的な活動の充実においてである。野外での学習活動で，生物の飼育・栽培活動を通して自然に直接関わることが重要とされている。ただし，野外で生物を採取する際は，必要最低限にとどめるなど，生態系の維持に配慮することが望まれている。

2. 飼育活動の分類

現在の学校での動物飼育は，形態と目的から，ペット飼育，理科飼育，家畜飼育，展示飼育の4つに分類できる。ペット飼育は，文字通り家庭でペットとして飼育されている動物を飼育することである。生命尊重の心を育み，生物を愛護する態度を育むには動物と触れ合うことのできるペット飼育が効果的な方法である。教室内飼育では，モルモット，ハムスター，小鳥等，飼育舎飼育ではウサギ，ニワトリ，チャボ等が飼育に適している。理科飼育は，生物の体のつくりと働き，成長や発生などを科学的に体系的に学ぶための飼育である。観察や飼育管理が容易な，ザリガニ，カエル，カイコ，メダカ，チョウなどが飼育されている。家畜飼育は，ペット飼育や理科飼育から得られた良い効果が，環境教育などへと発展する教育的効果が期待できる体験飼育である。この飼育は，地域住民や専門家との連携のもとに行わなければならない。展示飼育は，クジャク，キンケイ，オナガなどの珍しい鑑賞用の動物を飼育することであるが，手間と費用をかけて学校で飼育する意義はあまり認められない。この場合は，動物園の活用を考えたい。

3. 小学校における栽培・飼育活動の具体例

（1）栽培活動の具体例

ここでは，小学校での栽培活動の具体例を学年ごとにとりあげる。まず，第3学年では，単元「植物の成虫と体のつくり」で，ヒマワリ，ホウセンカ，オクラ，マリーゴールドなどを栽培する。種を春にまき，その後植え替えをして，夏に花を観察し，秋に種取りをする。また，単元「こん虫をそだてよう」でモンシロチョウを卵から観察するために，前年度の3月頃にキャ

ベツの苗を植えておくと良い。第4学年では，単元「季節と植物の成長」でヘチマ，ヒョウタン，ツルレイシを栽培する。種を春にまき，その後植え替えをして，夏に花を観察し，秋に実を収穫して種取りをする。第5学年では，単元「花のつくり」でアブラナの種を6月頃に採種する（前年度の秋に種をまいておく）。また，単元「植物の成長の条件」ではインゲンマメを，単元「実のでき方」では，ヘチマ，ツルレイシ，アサガオを栽培する。種を春にまき，夏以降に花を観察し，秋に採種する。第6学年では，単元「水の通り道」でホウセンカを，単元「日光とでんぷん」では，インゲンマメとジャガイモを栽培する。ジャガイモは，前年度の3月にたねいもを植え付けておく。ただし，いずれの教材も地域の実情にあわせて選ぶ必要がある。

（2）飼育活動の具体例

　ここでは，小学校の飼育活動の具体例を学年ごとにあげる。まず，第3学年の単元「こん虫をそだてよう」では，モンシロチョウを飼育する。モンシロチョウは鉢植えのキャベツにあみをかけて，その中で育ててもよい。単元「こん虫をしらべよう」では，シオカラトンボ，ショウリョウバッタなどを観察する。トンボの幼虫（ヤゴ）を飼う場合は，餌としてアカムシやイトミミズを与える。第4学年では，季節と生き物の単元で，ナナホシテントウ，オオカマキリ，ツバメ，ヒキガエル，カブトムシなどを観察する。中でも，ヒキガエル，カブトムシは，実情に合わせて継続的に飼育する。第5学年では，単元「生命のつながり」でメダカや水中の小さな生き物を飼育する。メダカを新規で飼育を始める場合には，水槽が安定するまで時間がかかるので，早めに準備するとよい。第6学年の単元「生物どうしの関わり」ではダンゴムシを飼育する。また，単元「体のつくりとはたらき」では，メダカやウサギを観察する。ウサギの飼育は難しいので，映像なども活用したい。ただし，植物と同様に，いずれの教材も地域の実情にあわせて選ぶ必要がある。

参考文献

文部科学省（2017）『小学校学習指導要領』東洋館出版社.

文部科学省（2017）『小学校学習指導要領（平成29年告示）解説　理科編』東洋館出版社.　　　　　　　　　　　　　　　　　　　（伊藤哲章）

Q8　プログラミング学習とその指導について述べなさい

1．プログラミング学習の意義

（1）教育内容の意義

　今日，様々な電子機器の普及，ソフトウェアやアプリケーションの発達によって，デジタル分野においても「ものづくり」は随分と身近になったといえるだろう。従来からものづくりは学習指導要領や教科書でも扱われてきたが，これをデジタル分野に拡張すると必要になってくるのが「プログラミング」である。

　社会のレベルではAIの発展，スマート家電や自動運転等様々なIT技術の普及により，これらの先端技術を担う人材がますます重要になると考えられ，各国でプログラミングを含めたSTEM教育（Science, Technology, Engineering, Mathematicsの包括的な教育）を推進する動きもみられる。このように，プログラミングはこれからの情報化社会におけるものづくりにおいて，不可欠な教育内容であるといえる。

（2）資質・能力の育成への意義

　2017（平成29）年改訂小学校学習指導要領よりプログラミング学習が導入された。プログラミング学習では自分の考えたプログラムに対して即時応答が得られ，また修正も容易に行えるため，トライ＆エラーを通した思考の深まりが期待できる。文部科学省（2020）「小学校プログラミング教育の手引（第三版）」では，「プログラミング的思考」を，情報技術を効果的に活用しながら論理的・創造的に思考し課題を発見・解決していくために必要な思考であるとしており，「順序立てて考える」，「アイデアを生み出す」といった力の育成が期待できる。また，プログラミングを取り入れることで各教科内容の理解を促す効果や，プログラミングを含む学習内容への関心を高める効果なども期待できる。このように，プログラミング学習は，今日の教育課程に求められる資質・能力の育成に対して，有効な手段となりうると考えられる。

2. プログラミング学習の教材と指導例

(1) プログラミング教材の種類

　プログラミング教材はそれぞれに特性があり，機能や価格も様々である。目標に対してどの教材が適しているのか，十分に見極める必要がある。プログラミング教材は「アンプラグド」，「ソフトウェア」，「ロボット・ブロック」，「マイコン」等に分類できる（中央教育研究所，2018）。

　「アンプラグド」はコンピュータを使わずにプログラミング的思考を学ぶ教材の総称である。紙やカードに書かれた指示に従って，児童が実際に身体を動かす等の活動がこれにあたり，安価で実践できるというメリットがある。一方で，前述の小学校プログラミング教育の手引では，「プログラミング教育全体において児童がコンピュータをほとんど用いないということは望ましくない」とされているため，6年間のカリキュラムの中で，後述の教材とうまく組み合わせていくことが求められる。

　「ソフトウェア」はコンピュータやタブレット端末上でプログラミングを行い，画面内でキャラクター等のオブジェクトを動作させる教材である。アンプラグドと違って実際に情報機器を用いるため「プログラミングをしている」という実感は持たせやすいと考えられる。また，ソフトウェア自体は無料で利用できるものも多く存在し，学校に機器さえあれば導入しやすいのが特徴である。

　「ロボット・ブロック」は各種センサーや，LEDや電源等の出力器を備えたロボットやブロックを，それらと接続された電子機器を用いて制御する教材である。また，電子機器で作成したプログラムをマイコンユニットに転送し，同じくセンサーや出力器を制御する教材が「マイコン」である。センサーには光の強さや物体との距離，温度等，様々な入力に対応した物が存在し，電流の出力や回路のONとOFFの切り替えができる物なども存在することから，小学校学習指導要領（平成29年告示）解説　理科編に示された「実際に目的に合わせてセンサーを使い，モーターの動きや発光ダイオードの点灯を制御するなどといったプログラミングを体験」することに適していると

考えられる。一方で教材は基本的に有料である点に留意したい。

（2）プログラミング学習の指導例

　プログラミング学習の指導を行うに当たっては，単元ごとの指導目標との関係を明確にし，プログラミングそのものを目的化してしまわないように注意する必要がある。例として，学習指導要領にてプログラミング活用例が示された，第6学年「電気の利用」単元での指導計画を考えてみよう。この単元では「電気は，つくりだしたり蓄えたりすることができること」，「電気は，光，音，熱，運動などに変換することができること」，「身の回りには，電気の性質や働きを利用した道具があること」について理解することが求められており，プログラミングの活用例は第3次に関わって示されていると理解できる。また，育むべき資質・能力として第6学年の主要テーマである「より妥当な考えをつくりだす力」が挙げられている。さらに第6学年の「物質・エネルギー領域」では，2種類以上のものづくりを行うものとされている。これらより，第3次の課題として「電気をより上手に利用するためにはどうすればよいのか」を設定し，その手段として各種センサーやプログラミングについて学習するとともに，センサーやプログラミングを用いたものづくりを行わせるという指導計画が考えられる。なお，ここでの教材は，前述の「ロボット・ブロック」教材，もしくは「マイコン」教材を想定している。

　具体の指導計画例は以下の通りである。まず第3次導入時にセンサーやプログラミングに着目させる方法としては，例えば人間が手動でつけたり消したりするライトと，夜間に自動で点灯するライトを比較することで，後者の仕組みに疑問を持たせる方法などが考えられる。

　次に，展開部分に入っていくのだが，ここでのプログラミング教材の用い方として，「ある目的に向けて論理的にプログラミングしていく活動」と「教材の機能を生かして，創造的に製作する活動」に分けられると考えられる。活動の目的や順序は指導者のねらいや児童の実態によって異なってくるが，本稿ではまず前者によってプログラミング教材に習熟させた後に，後者によって創造的にものづくりを行わせる展開を採用したい。

　前述の導入の後に，児童の考えを発表させながら「明るさを感じ取って」

や「あらかじめ設定された」等，センサーやプログラミングに関連する発言を集約していき，「こんな教材があるのだけれど，このライトを再現できるかな」という投げかけとともに，プログラミング教材を提示するとよい。その後，実際にプログラミングや動作確認を行わせていき，夜間点灯ライトを再現させていく。完成したら次いで「夜間に人が近づいた時だけ点灯させるには？」「30秒後に自動で消えるようにするには？」等と追加発問を個別または全体に与えていくとよい。これにより児童は目的に対して論理的に思考しながら，プログラミング教材の基本的な機能を順次理解していくことができると考えられる。なお，採用する教材にもよるが，同じ目的であってもプログラムの中身は児童によって異なる場合がある。この場合，それぞれの作成したプログラムをスクリーン等に示して比較するなどし，よりシンプルで誤作動がなく，理にかなったプログラム（すなわち，より妥当なプログラム）はどれか考えさせてもよい。

　最後に，習得したプログラミング技術を用いて創造的にものづくりを行う活動を行わせる。この際，例えば「ライトの他に，センサーやプログラミングを利用した道具はあるかな」等と発問し，いくつかの事例（例えば自動ドア，自動ブレーキ等）を列挙したうえで，「プログラミング教材を用いて，便利な道具を作成してみよう」と学習目標を定めるとよい。この際，身近な生活に関連したオリジナルの道具（例えば，温度が高くなると動き出す扇風機，暗くなると子守歌を流す機械等）を推奨するが，思いつかない場合はあらかじめ挙げた事例の内容を再現するのでもよいこととし，児童の選択の余地を残すようにするとよい。また，アイデアを出すこととプログラムを考えることが目標であるため，作成するのはまずプログラムからとし，時間や材料がない場合は設計図のみを作成させることも考えられる。いずれの場合でも，児童同士で作品やアイデア，プログラムの内容を共有する機会を十分に設け，対話的な学びを促すことも重要である。

参考文献

中央教育研究所（2018）『研究報告　小学校プログラミング教育ガイド』
　　中央教育研究所.　　　　　　　　　　　　　　　（山中真悟）

Q9 理科における言語活動とその指導について述べなさい

1. 中央教育審議会答申・学習指導要領における言語活動への着目

　「言語活動の充実」は，2008（平成20）年1月の中央教育審議会答申における教育内容に関する主な改善事項の一つとしてとりあげられ，各教科等を貫く重要な改善の視点として示されたものである。同答申では「子どもたちの思考力・判断力・表現力等をはぐくむためには，レポートの作成や論述といった知識・技能を活用する学習活動を各教科で行い，言語の能力を高める必要がある」とされ，さらに「言語は，知的活動（論理や思考）だけではなく，（中略）コミュニケーションや感性・情緒の基盤」でもあるとされた。ここからは思考力・判断力・表現力等の育成のための言語活動であり，知的活動（論理や思考）及びコミュニケーションや感性・情緒の基盤としての言語が位置づけられていることがわかる。

　理科においては，科学的な思考力・表現力の育成を図る観点から，学年や発達の段階，指導内容に応じて①観察・実験の結果を整理し考察する学習活動や，②科学的な概念を使用して考えたり説明したりする学習活動，③探究的な学習活動を充実する方向で改善することが例示されている。

2. 教育の目的と方法との峻別

　ここで我々が注意しなければならない点は，「目的」と「方法」あるいは「手段」との明確な棲み分けである。2017（平成29）年告示の学習指導要領改定にあたって取りまとめられた中央教育審議会答申の補足資料では，言語活動の充実について一定の成果を認めつつも，単なる話し合いにとどまり形骸化してしまったり，言語活動を行うこと自体が目的化してしまっていたりする事例が見受けられることが指摘されている。「言語活動の充実」という日本語として特別な意味を持たずとも意味の通じるフレーズと，レポートの

作成や論述，記録や報告，説明，表現といった言語活動の例として示された方法とが本来込められていた目的を離れ，これらの活動を行うことで「言語活動の充実」が図られたとしてしまっては舎本逐末との誇りを免れない。

　到達したい目的や目標が何なのか，そして，そのよりよい達成のためにどのような方法や手段があり，何を選択するのか，という目的・目標と方法・手段との関係を意識し，両者の区別をしておくことが肝要である。

3. 小学校理科授業における言語活動充実のための指導の要点

　これまでも言語を用いて教育活動が行われてきたことは言を俟たない。そのため，言語を活用するということが当然のことすぎて，言語活動の充実によって，そのねらいを意識せずとも何らかの活動が行えてしまう。そこで，その目的やねらいについて確認し，指導の留意点について触れておきたい。

　単純化の恐れなしとはしないが，「言語活動の充実」に関する要点を簡単にまとめると次の3点になる。第一に，日本の子どもたちは，国内外の調査等から，思考力・判断力・表現力等を問うような問題に対して課題が見られることである。第二に，思考力・判断力・表現力等の育成のための学習の基盤となるものは，数式などを含む広い意味での言語であり，言語を通した学習活動を充実することにより，これら諸能力の育成を目指していることである。第三に，言語は知的活動（論理や思考）の基盤であるとともに，コミュニケーションや感性・情緒の基盤であるという認識に立ち，言語に関する能力の育成が重要であるとしていることである。このように整理すると，「思考力・判断力・表現力等の育成のため」の言語活動であり，また，「知的活動（論理や思考）」，「コミュニケーションや感性・情緒」の基盤としての言語活動である。前者については，2008（平成20）年1月の中央教育審議会答申において次の（1）～（6）の学習活動が例示されている。

　（1）体験から感じ取ったことを表現する

　（2）事実を正確に理解し伝達する

　（3）概念・法則・意図などを解釈し，説明したり活用したりする

　（4）情報を分析・評価し，論述する

(5) 課題について，構想を立て実践し，評価・改善する

(6) 互いの考えを伝え合い，自らの考えや集団の考えを発展させる

後者については，『言語活動の充実に関する指導事例集 小学校版 』（文部科学省，2011）で次の通り指導の留意点を示している。

(1) 知的活動（論理や思考）に関すること

　ア　事実等を正確に理解し，他者に的確に分かりやすく伝えること

　　(i) 事実等を正確に理解すること

　　(ii) 他者に的確に分かりやすく伝えること

　イ　事実等を解釈し説明するとともに，互いの考えを伝え合うことで，自分の考えや集団の考えを発展させること

　　(i) 事実等を解釈し，説明することにより自分の考えを深めること

　　(ii) 考えを伝え合うことで，自分の考えや集団の考えを発展させること

(2) コミュニケーションや感性・情緒に関すること

　ア　互いの存在についての理解を深め，尊重していくこと

　イ　感じたことを言葉にしたり，それらの言葉を交流したりすること

これら指導の留意点を把握しておくことは重要である。言語活動を通じて児童に様々な影響を及ぼすものと考えられるが，「理科における言語活動とその指導」という問いに対して，理科という教科に特有のものを取り上げることでその意味がより鮮明になるものと考えられる。そのため，ここでは，教科との関連が強いと考えられる「(1) 知的活動（論理や思考）に関すること」について取り上げ，理科の指導について触れていくことにする。

「(1) ア (i) 事実等を正確に理解すること」については，事実と意見を区別するということが必要である。例えば，小学校理科では，「観察・実験からわかったことは何か？」と児童に尋ねることがあるが，このような指導は十分とは言えない。なぜならこの問いは，児童に対して観察・実験で明らかになった事実を尋ねているのか，あるいは，その事実を基にした考察である推論を尋ねているのかが曖昧であるからである。まずは，児童が事実等を正確に理解するために，児童が理解するにあたって児童が整理しているのは，観

察・実験の事実である結果なのか，あるいは，それを基にした推論（あるいは，自分の意見）である考察なのかという視点をもたせ，両者を区別して指導を行うよう留意する必要がある。

「(1)　ア　(ii)　他者に的確に分かりやすく伝えること」については，(i) で児童が理解した事実や意見を「的確に分かりやすく伝える」という点に指導の視点を移したものである。「的確に」という点では，自分や聞き手（読み手）の目的や意図に照らして事実等を整理し表現することが必要である。また「分かりやすく」という点では，話の順序や，図，スケッチ，モデル，表，グラフ，数式，文字といった様々な表現を活用し伝えることが必要である。「理科における」という点を勘案すると，児童の認知的発達の程度に応じて科学的な表現や科学的な言葉（他者と共有された意味内容）を用いながら伝える活動ができるように留意することが重要である。

「(1)　イ　(i)　事実等を解釈し，説明することにより自分の考えを深めること」については，事実等を解釈し説明することで自分の考えをもち，深めるということである。事実等の解釈にあたっては，事実や知識，経験とを関連付けて捉えることが必要となる。そのため，児童の既有知識やそれまでの既習内容，生活経験等を想起させ，これら相互を関連付けたり，これらと現象とを関連付けたりすることが必要である。また，実験の考察にあたっては，予想や仮説，実験の目的や実験手順の意味合いなどと関連付けながら解釈を行っていくように指導したい。

「(1)　イ　(ii)　考えを伝え合うことで，自分の考えや集団の考えを発展させること」については，知識の社会的構成という点から学習上の意味を見いだすことができる。ここでは，「考えを伝え合う」という点に注意を払いつつ，様々な意見の交流を通じて集団の中で論を練り上げ，自分や他の児童の意見が再構成されていく点にも留意したい。他者に自分の考えを伝え共有する活動を通して，様々なものの見方や立場があることを知り，それらの前提や根拠，条件の違いや特徴を理解し，相互に整理していくことで考えを深めていくことが肝要である。

（泉　　直志）

Q 10　理科における協同的な学びとコミュニケーション活動の指導法について述べなさい

1．理科における協同的な学びとは何か

　協同的な学びとは何かと問われると明確に説明することが難しいことに気付くであろう。「きょうどう」は協同なのか協働あるいは共同なのか，それらは同じなのか違うのかという問題が曖昧だからである。このような時は英語に直してみると少し違いが見えてくる。「協同的な学び」を英語に直すと，「cooperative learning」と「collaborative learning」の2つの訳語が見つかる。ジョンソン兄弟らの『学習の輪――アメリカの協同学習入門』という本が一世を風靡した時代があったが，この訳本の協同学習がcooperative learningの訳語になっている。そして，個人への責任分担とグループ間の緩やかな競争によって，学習への全員参加を促す教師の介入が紹介されている。たとえば，エクスパート活動をした後，説明を聞いてくる人と説明する人に責任分担をするジグソー学習などがそれにあたる。その後，この責任と競争によるcooperative learningが児童のグループ活動を活発にすることはあっても，個々の児童の深い学びには繋がらないという指摘が相次ぎ，個々の学習者の問いの答えを対話を通して探究するcollaborative learningが提唱された。しかし，その訳語も協同学習であったため，ジョンソン兄弟らの協同学習との違いが曖昧となり，協働学習という造語が生まれ，昨今学習指導要領解説などでも広く使われるようになっている。したがって，本稿では協同的な学びをcooperatitive learningではなく，協働的な学びcollaborative　learningの意味でその指導法を述べる。

2．理科における協同的な学びとコミュニケーション

　協同的な学びというと一般にはグループ学習や班学習による学び合いをイメージするのではないだろうか。そして，理科は理科室のテーブルが4人グ

ループになっているのだから，改めて協同的な学びを導入するまでもないと思っていないだろうか。そういう「協同的な学び＝学び合い＝グループ学習」という単純なイメージをもっている教師は多い。また，実験室のグループに，データ記録係，実験係，司会，発表者，ホワイトボードまとめ係，質問係みたいに責任分担をさせ，ホワイトボードにグループの意見を書かせて発表させるような授業がある。このように個々の児童に役割を与え責任をもたせたり，各グループのまとめ方や発表の仕方の善し悪しを評価して緩やかな競争を促したりすることによって学習への参加を促すようなアプローチをとる協同学習が前述のcooperative learningである。このようなアプローチは，協同学習ではなく協力学習とも言われ，現在でも理科に限らず各教科や領域におけるグループ学習の有り様のひとつとなっている。教科書の内容を大人数の児童に効率的に教えたり，児童の言語活動や実験活動を活性化したりすることには大変有効であるが，このような協力学習では，個々の児童の主体的・対話的で深い学びの実現は困難である。

　したがって，協同学習を個々の児童の問いの答えを対話を通して探究するcollaborative learningに質的改善をし，コミュニケーションの質を高めて，主体的・対話的で深い学びの実現がしやすい理科授業にしていく必要がある。

3. 協同的な学び（collaborative learning）におけるコミュニケーションの指導法

　個々の児童の問いの答えを対話を通して探究するとはどういうことだろう。問題解決学習を実践するときには，解決する問題が必要である。通常の授業では教科書の中にその問題はある。教科書中心の一斉指導型の理科授業は，まず教師が本時の問題を板書し青いチョークなどで囲む，次に児童に予想や仮説を立てさせる，そして教科書の指示通りに実験をし，得られた結果から何が言えるのかを考え，理解が早い一部の児童が挙手をして自分の考えを発表する。多くの場合，発表した児童は「どうですか？」と学級全体の仲間に語りかけ，聴き手の児童が「いいでーす」あるいは「おなじでーす」，「わかりました」と唱和する。最終的に教師が本時のまとめを板書し赤い

チョークで囲み，児童がそれをノートに写して終わる。昨今各自治体で作成されている各教科の授業スタンダードは，実験の有無の違いはあるものの概ねこの形式になっている。

　優れた教師は，児童が「同じです」と言っていても，実は児童の考えに違いがあることがわかっているし，「わかりました」と言っても，実はわかっていないか，意味理解のような深い学びには至っていないことが見えている。この意味理解レベルの深い学びを学級の全ての児童に保障するために，教科の本質を踏まえた本格的な主体的・対話的で深い学びの実現が必要なのだ。

　文部科学省は主体的・対話的で深い学びの英訳に proactive interactive and deep learning をあてている。筆者は主体的に proactive の訳語をあてたこと，and を入れて「主体的」，「対話的」，「深い学び」の3つを並列表記したことに違和感をもっているが，本稿では深入りしない。この英訳の善し悪しは別として，「対話的」の英訳が interactive（相互作用的）になっていることは，対話が話し合いではないことを示唆していて極めて重要である。深い学びに繋がる対話は，訊き合う聴き合いであって，伝え合う話し合いではない。教師や仲間の話を聴くという行為は，理解しようとする行為である。意味理解レベルの深い学びを全ての児童に保障するなら，教師は学級の児童の中に，訊き合い聴き合う関係を構築しなければならない。そのためには，「わかりました」と反射的に唱和した児童に，「何をどのようにわかったのかな？もう一度自分の言葉でお話してくれますか？」と訊いたり，「それって，どういう意味？」，「例えば，どういうこと？」と訊いたりして，児童の話の意図や意味を本当にわかるまで訊くと良い。そういう訊き方のモデリングをするような指導を繰り返していると，安易にわかったと言わない児童に成長する。やがて児童がグループで対話するとき，「どういうこと？」，「どういう意味？」，「どこからそう思ったの？」，「例えば？」，「それって，こういうこと？」，「わからなかったから，もう一度言ってくれる？」のように，本当にわかろうとして訊き合い聴き合う姿を見せるようになる。そういう望ましい姿が見られたら，教師は随時それを褒め，意味付けたり価値付けたりする

コーチング的な指導をすると良い。意味理解レベルの深い学びに至るプロセスにおける対話は，個々の児童が相互作用を受け合って自己との対話を繰り返す対話である。このような自己との対話を繰り返すことは，個々の児童が自分がどこまでわかって，どこからがわからないのかのメタ認知を促進するコミュニケーションになる。

　例えば，小学校4年「すがたをかえる水」において，教科書では「水がふっとうしているときに出てくる泡は水蒸気である」と記されているが，水蒸気の本当の意味を理解できる小学校4年生は皆無に等しい。なぜなら，空気という言葉と気体という言葉が児童にとって同義であり，未分化であるし，そもそも，見た目が全く異なる液体の水と，気体の水が同じ物質であるという状態変化の見方にも慣れていないし，水蒸気と湯気の違いを説明するための原子・分子といった粒子概念も獲得していないからだ。

　したがって，教科書にあるような水蒸気を透明なビニール袋に集めて膨らませた後，加熱を止めて膨らんだビニール袋が縮んで，水が溜まるのを観察させても，4年生の児童はビニール袋を膨らませた物質を，科学者が捉えている水蒸気だとは思っていない。こういう局面でこそ前述の本当に水蒸気の意味がわかるまで訊き合い聴き合うコミュニケーションを促す必要がある。

参考文献

小林和雄（2019）『真正の深い学びへの誘い』晃洋書房.

（小林和雄）

Q11 理科における学習理論とそれを踏まえた指導について述べなさい

1. 理科の代表的な学習理論の概要

　科学的な知識の教授学習を中心に，代表的な理科の学習理論として，行動主義的な学習論，構成主義的な学習論，状況主義的な学習論の３つを取り上げて，それぞれの立場から見た理科の教授学習を概観する。

（1）行動主義的な立場から見た理科学習

　行動主義的な学習論では，外部から与えられた刺激に対して，行動上での応答や変化を生じることとして，理科学習を捉える点が特徴である。このような立場に立つと，教師からの発問（刺激）に対して，子どもが所定の回答（反応）ができるようになれば，学習したことと認識される。その場合，教授学習場面での教師と子どもの関係とは，情報の提供者と受容者の関係として認識され，子どもは，学習内容についての知識や経験等を何ら有していない状態であり，教師から提供される情報を受容する存在と見なされる。行動主義的な学習論に基づいた指導法として，注意深く準備されたステップごとに教材を提示する「プログラム学習」がある。

（2）構成主義的な立場から見た理科学習

　構成主義的な学習論では，子どもたちの思考プロセスや自然認識における能動的な役割に着目し，子どもと自然との間での相互作用として，理科学習を捉える点が特徴である。この学習論の興隆に伴って，理科学習以前に自然についてもつ，科学的なものとは言えない多様な考えおよび考え方である，オルタナティブコンセプション（alternative conception）（もしくは「素朴概念」）を保持していることが知られるようになった。子どもが授業前にもっていることに着目する場合は，プレコンセプションと，科学的に誤っていることに着目する場合は，ミスコンセプションもしくは「誤概念」と呼ばれる。近年では，個体な内で閉じた情報処理システムとして捉える「個人的な

構成」としての学習に対して，教室環境という社会的な状況や言語などの文化的な道具の使用に着目した「社会的な構成」としての学習がより強調される。

（3）状況主義的な立場から見た理科学習

状況主義的な学習論では，学習とは，それぞれ独自の社会文化的な背景をもつ教科や教科外の学習を行っている学習者集団（「学びの共同体」）に，個々の子どもがそれぞれの役割を担いつつ「参加」していく過程として，理科学習を捉える点が特徴である。このような立場に立つと，科学とは，1つの社会的な言語による語り（ディスコース）の実践であり，科学の学習とは，科学的ディスコースを「専有する（appropriating）」こと，つまり，科学の営みでの独自の語り方や推論の仕方，行為の仕方を，そして，規範や信念，価値などを身に付けることである。科学という言語をすでに習得している人と話すこと，また，それが使われる目的に適うように，その言語を利用することができる協同的・対話的な学習環境が求められる。

2. 理科の学習理論を踏まえた指導法

平成29年改訂学習指導要領では，授業改善の基本的な視点として，①主体的な学び（興味・関心の持続など），②対話的な学び（他者との協働や対話など），③深い学び（「見方・考え方」の活用，知識の関連付けなど）の3つが示されている。この「主体的・対話的で深い学び」を実現する理科の指導法は，上述の構成主義的・状況主義的な学習理論を基礎にして考えることができる。以下では，具体的な指導法の例として，認知的な葛藤事例やアナロジーを利用した指導方法について述べる。

（1）認知的な葛藤事例を導入した理科指導

児童がもつオルタナティブコンセプションから科学的な考えへの移行を目指した，概念的な変容としての学習には，①先行知識への不満が生じる，②わかりやすい新しい考え方がある，③新しい考え方がもっともらしい，④新しい考え方生産的である，という条件が必要とされる。認知的な葛藤を生起・解消する過程を中心として，これらの条件を組み込んだ指導方法がある

（「概念的変容ストラテジー」）。そこでは，オルタナティブコンセプションを意識化させ，それについて矛盾等の葛藤を感じさせる事物・現象（「認知的な葛藤事例」）を導入し，自分自身の考えの限界と科学的な考えの有用性を同時に理解させることが試みられる。例えば，電気回路では，電流が豆電球で消費されると考えている児童に対して，豆電球の前後では電流の大きさが変化しない現象は，認知的な葛藤を生じさせることになりうる。また，磁石の両端のみに鉄が引きつけられると考えている児童に対して，中央で切断した磁石のはたらきの変化（図3-11-1）も，同様の効果が見込まれる。

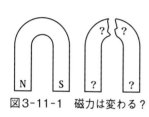

図3-11-1　磁力は変わる？

　認知的な葛藤事例を導入した理科指導は，学習への興味・関心や意欲，集中力に関わる心理状態であるエンゲージメント（engagement）を高めることにつながり，主体的な学びを促し，概念的な変容を引き起こし，深い学びを促進することが期待される。

（2）アナロジーを利用した理科指導

　アナロジー（類推）とは，既に知っているもの（ベース）との類似性に基づいて，十分に知らないもの（ターゲット）を推論する思考様式である。例えば，電気回路の電流／水流のアナロジーでは。電流はターゲットであり，水流はベースである。アナロジーを用いて思考することは，科学の方法としても重要である。科学者は，実証的あるいは理論的にアナロジーの妥当性を検討して，初発の考えにとらわれず，修正・改善を図っている。

　理科教育では，教師と児童のどちらもアナロジーを生成・導入する可能性がありうる。教師がアナロジーを導入する場合は，一般的に，①ターゲットを導入する，②ベースを想起する，③ベースとターゲットで類似する特徴を特定する，④類似する特徴を対応付ける，⑤ターゲットについて結論を導く，⑥アナロジーの破綻する部分を指摘する，といった6つの手続きをとる。この他に，前述の概念的変容ストラテジーと組み合わせて，アナロジーを使用する方法もある。その場合，概念的な葛藤を生じさせた後がアナロジーを導入する好機である。一方，児童が自発的にアナロジーを生成するこ

ともあり，他者に説明する場面や自分が納得したい場面など，認知的な必要性が高まったときに構成されやすく，個々の学習者の考えが尊重される学習者中心の学習環境で表出されやすい。

　アナロジーを利用した理科指導は，教師と児童のどちらがアナロジーを導入したかによらず，児童に自分なりに捉えた表現を推奨すること，それらを他者との交流で共有すること，評価・改善する機会を設定することが，主体的・対話的で深い学びの実現に有効な方策になると考えられる。

参考文献

文部科学省（2017）『小学校学習指導要領（平成29年告示）解説　理科編』東洋館出版社.

Scott, P., Asoko, H., Leach, J. (2007), "Student Conceptions and Conceptual Learning in Science", in Abell, S.K. & Lederman, N.G. (eds.), *Handbook of Research on Science Education,* pp.31-56.

内ノ倉真吾（2012）「理科の学習論」大髙泉・清水義憲（編著）『教科教育の理論と授業Ⅱ（理数編）』協同出版.

内ノ倉真吾（2017）「理科教育におけるアナロジーとその有用性」大髙泉編著『理科教育基礎論研究』協同出版.

（内ノ倉真吾）

Q 12　理科における科学の性質 (Nature of Science) の指導について述べなさい

　科学の性質（Nature of Science，以後，NOS）は，科学とは何かという問いから導き出されるものであり，科学というものの一側面（aspect）について言及したものでもある。NOS の指導のためには，まず，教員が NOS の概念と内容を正しく理解し，児童に NOS の教授・学習の意義を説明する必要がある。また教員が，これまでの研究や実践に基づく NOS の教授アプローチの特徴を踏まえて，指導の在り方を検討することも必要である。

1. NOS の基本的性格（概念と具体的な内容）

　NOS の概念を探究し続けている学問は，科学論である。この科学論は，「科学とは何か」，「科学はどのように発達してきたか」を論究している。科学論は，科学それ自体を語る知的営みをさす言葉であり，主に科学史，科学哲学や科学社会学の３つの学問領域によって構成されている。NOS の概念は，様々な研究の複合領域によって構成されるものである。そこで，理科教育における教育内容としての NOS の考え方や内容は，一定の水準において，科学哲学者，科学歴史学者，科学社会学者，そして，理科教育者の間で，ある程度共有された認識が存在するといわれている。例えば，レダーマンらは，幼稚園から第12学年までの児童・生徒が理解するべき NOS の内容となると一定の合意を得ることができるとし，科学論で共有された比較的に安定している NOS の内容を取り上げている。レダーマンがまとめた NOS の内容は，科学知識に関するものに限定される場合もある。最近では，具体的な NOS の内容として，「観察と推論の相違」，「理論と法則の相違」，「実証的根拠」，「主観性／理論負荷性」，「社会的・文化的な背景」，「本質的な可変性」の６つを挙げている。近年では，マシューズが，NOS の概念や内容を問い直すような主張を展開している。マシューズの考えである FOS（Features of

Science）は，これまでの合意されたNOSの内容を総括したうえで，科学を幅広く捉え直して，科学に関する数多くの特徴を挙げている。

　欧米の理科教育学の研究者たちは，NOSを理科教育の中で教えるべきという立場で，NOSを理科の教育内容の一つとする意義について考察してきた。NOSを理解することは，換言するならば，科学を人間の営為の一つとして理解することでもある。そのことは，科学という営為に参加したり，科学的実践を観察したり，時には科学の成果を鑑賞することで得られるものである。そのような理解が理科学習をより有意義なものへと変えてくれるはずである。

2. 米国の次世代科学スタンダードの初等教育段階における NOS

　理科カリキュラムに導入されたNOSの内容については，欧米の理科カリキュラムにて確認することができる。米国では，全米レベルの理科カリキュラムとして次世代科学スタンダード（以後，NGSSと略記）がある。実際，NGSSに導入されたNOSの内容は，科学的な探究活動は多様な方法を用いるという「科学的探究活動の多様性」，科学知識は実証的な証拠に基づいているという「科学知識の実証性」，科学知識は新しい証拠の発見によって修正されるという「科学知識の可変性」，科学のモデル，法則，仕組み，理論は，自然現象を説明するという「科学知識の機能」，科学は知るための方法であるという「方法としての科学」，科学知識は自然のシステムの秩序や調和の存在を前提としているという「自然の秩序と調和の存在」科学は人間の営為であるという「科学の人間性」，科学は自然物や物質世界についての問いを取り扱うという「科学の適用範囲」，の8つである。それらのうち，初等教育段階（例えば，Kから第5学年）のNOSの科学知識の実証性の内容では，Kから第2学年で，「科学者は世界について観察をしている時，パターンや秩序を探している」を，第3学年から第5学年で，「科学の発見は，認識したパターンに基づいている」及び「科学者は，測定や観察を正確に行うため機器，テクノロジーを用いる」の2つの内容を学習することとなっている。そのほかNGSSでは，NOSの内容を科学史と関連させることを強調してい

る。これまでのスタンダードである『全米科学教育スタンダード』から引き続き，NOSの内容を教授するための具体的な手立ての一つとして科学史の活用を示している。これらの科学事例史の活用は，J.B. コナントの科学事例史法による理科学習研究の成果，HPPやHOSCの開発の影響であることもNGSSで明記されている。

3. NOSの教授アプローチの特質

　NOSを教授・学習するための理科カリキュラムやモジュール教材はこれまで数多く開発されてきた。それらのカリキュラムや教材では，特徴的な教授アプローチが採用されてきた。まず，PSSCをはじめとする学問中心カリキュラムや，AAASの開発したSAPA（Science A Process Approach）のような探究カリキュラムが挙げられる。これらのカリキュラムは，実際の科学者の活動に基づき，理科カリキュラムの教材や学習活動が構成されており，教育内容としてNOSが導入されている。これらの教授アプローチは一般的に探究アプローチと呼ばれ，児童に科学的探究を実施させることで，科学のプロセス・スキルズを習得させるとともに，NOSを理解させることを目指している。実際，これらの理科カリキュラムは目的の一つであった科学者養成といった点で一定の成果を上げたものの，児童・生徒のNOSの理解という点では十分な効果を得ることができなかったといわれている。次に，HPPやHOSCといった理科カリキュラムで導入された歴史的アプローチがある。このアプローチは，NGSSと同様に教授法に科学史を活用することでNOSの理解を図るものである。歴史的アプローチは，科学の人間性の理解に寄与したものの，これまでの学習と比べ児童・生徒はNOSの理解のために科学史を学習しなければならず教員や児童・生徒の負担が増すというデメリットがあった。そのほか，科学と社会の関連性を活用した社会的アプローチが存在する。このアプローチはSTS教育の中で取り上げられたアプローチであり，科学に関連した社会事象を事例として取り上げているものである。そして最後に，これまでの教授アプローチを総括したうえで，新しいNOSの教授アプローチとして，カハリックらが開発・実践した明示的・内省的アプローチ

（Explicit and Reflective approach）がある。NOSの明示的・内省的アプローチの特徴は，これまでのアプローチが想定していたような，学習者のNOSの理解を教授・学習の副次的効果や副産として期待するのではなく，それ自体を中心的教授目的として位置付けている点である。このアプローチの特質は次の3点であろう。まず，学習者にNOSの理解を目的として明示するための，「目的の明示」，次に歴史上の科学者ではなく現在でも活動している科学者や他の学習者の科学的実践を対象化し教材とするための「科学的実践の対象化」，そして，学習者同士の議論による学習内容の共有化するための「学者同士の議論の導入」，である。この教授アプローチは総じて児童のNOSの理解促進に高い効果を示している。実際，児童への教授アプローチとしては，具体的なNOSの内容と対応させながら，児童の社会的・文化的背景を十分に考慮する必要がある。そのうえで教員は，有効なアプローチを選択し，学習指導を検討する必要がある。

参考文献

NGSS Lead States（2013）*Next Generation Science Standards,* Washington, D.C., The National Academics Press.

鈴木宏昭（2015）「米国の理科教科書における "Nature of Science" の教授展開 ─「観察と推論の相違」の内容に着目して」『理科教育学研究』56（2），pp.173-181.

鈴木宏昭（2017）「理科教育における科学の性質（Nature of Science）」大髙泉編『理科教育基礎論』協同出版.

（鈴木宏昭）

Q 13　学習者の特性に応じた理科指導について述べなさい

1．理科学習に関わる学習者の特性

　日本全国のいずれの小学校においても，同一の理科指導はできるのだろうか。あるいは，すべての学習者が同じように理科を学習できるのだろうか。これらの疑問を解決する1つの視点として，学習者の特性（属性）が挙げられる。ここでは，比較的大きな学習者集団に見られる特性から，一人ひとりの学習者の特性までを，「学校という大集団の特性」，「学級内の集団の特性」，「学習者個人の特性」の3つの段階に分け，各段階に代表的な特性を取り上げ，それに応じた理科指導について考えていくことにする。

2．学校という大集団の特性－地域性－

　まず，学校という大きな学習者集団同士を比較した際に，理科学習に影響を及ぼすと考えられるのが，その学校が立地する地域である。理科学習に関わる地域性とは，学校近隣の自然環境の豊かさや生物に関わる校庭の整備状況などが想起しやすいが，その地域の気候や風土なども含まれる。
　地域性については，2017（平成29）年改訂小学校学習指導要領の理科の「指導計画の作成と内容の取扱い」において，「生物，天気，川，土地などの指導に当たっては，野外に出掛け地域の自然に親しむ活動や体験的な活動を多く取り入れるとともに，生命を尊重し，自然環境の保全に寄与する態度を養うようにすること」と示され，地域の自然に親しむ活動が不可欠となっている。さらに具体的に，第4学年の「季節と生物」では，扱う対象として「地域性を生かし，地域の特徴的な動植物を取り上げることを通して，身近な自然に愛着をもつようにする」と示され，第6学年の「土地のつくりと変化」では，「土地の観察に当たっては，それぞれの地域に応じた指導を工夫するようにする」と提示されている（文部科学省，2018）。このように，特に「生命」

と「地球」領域において，地域性を活かした学習が必要とされている。

　この地域性に応じた理科指導を行うためには，教師がその地域の自然環境（動植物，地形，気候等）の特徴を理解し，それらの教材としての活用可否や活用方法を検討しなければならない。また，地域教材の活用においては，気候を考慮した適時性の判断が必要な場合もあり，理科の年間指導計画も併せて検討することが求められる。例えば，校庭のサクラの花を観察するとなれば，日本全国どこでも同時期に実施することはできないため，各学校で開花時期にあわせて観察時期を設定することになり，それに伴い別の学習内容をどの時期に配置するかが地域によって当然異なってくるのである。

　一方，観察可能な自然環境に恵まれていない地域もあるだろう。学校の近くに安全に地層を観察できる露頭がなかったり，昆虫を探せる草むらがなかったりする学校では，視聴覚教材やICT教材を用いたり，科学館や博物館を活用したりといった代替的な方法をとる必要がある。しかし，そのような学校においても，「自然に親しむこと」および「自然を愛する心情を養うこと」という理科の目標を達成するために，児童が自然と触れ合う活動を何らかの形で実現できるように工夫が必要である。

3. 学級内の集団の特性－ジェンダー－

　次に，学級という1つの集団を区分する性別に着目する。教室において男子と女子は同じように理科を学習できているのだろうか。理科学習における男女差については，その学力や科学的な能力に限らず，学習への意識や態度など様々な視点から調査されている。それらの研究成果によれば，小学校段階の理科の学習到達度（いわゆる認知面）には男女差は見られない。その一方で，意識と態度（いわゆる情意面）については，高学年になると，理科に対する好感度や有用感，授業への積極性などにおいて，女子の方がわずかに男子よりも低くなる傾向にある。一例として，小学校の理科実験において，女子が積極的に参加しにくく，男子が女子の行動を阻害しているのみならず，女子自身が実験を放棄している実態が指摘されている（湯本・西川，2004）。そして，中学校に入るとこのような意識と態度の男女差は拡大し，

女子の理科離れが顕著になるのである。

　このような男女差が生じる要因として，視覚・聴覚・脳の機能といった生得的で変えがたい生物学的な要素と，社会的・文化的・歴史的に形成されてきた性別に関わる固定観念やイメージによるジェンダーの要素が指摘されている。後者については，「自然科学（理科）は男性のもの」や「女性は自然科学研究に向いていない」といった固定観念が世間に広まっているために，学校の理科授業でも同様の状況が引き起こされてしまうことが問題視されている。理科に対する女子の意識と態度を低下させないためには，そのような固定観念を授業に持ち込まないように留意しなければならない。

　理科学習における男女差の問題を打開するためには，まず，教師が自身のジェンダー固定観念に気付くことが求められる。そして，授業において自身がジェンダーに関わる不適切な言動（例として，「女子は昆虫が苦手でも仕方ない」や「字が綺麗な女子に実験結果を記録してもらいなさい」など）を発していないかどうか，あるいは，理科授業とその中での活動に，性別によって一部の児童が積極的に参加できていない状況が生じていないかどうかに常に気を配ることが必要である。

4．学習者個人の特性－感覚過敏－

　最後に，ある一定数の集団ではなく，学習者個人の特性と理科学習の関係について考えてみる。個人の特性は，性格や考え方，能力など多岐にわたるが，特に，障害のある児童の学習活動の困難さに応じた指導内容や指導方法の工夫が必要とされる（文部科学省，2018）。これは，共生社会の形成に向けたインクルーシブ教育システムの構築のために，特別支援学校に限らず，通常の小学校，通級による指導，特別支援学級のすべてにおいて，一人ひとりの児童の障害の状態や発達の段階に応じた指導を充実させることが求められているからである。

　理科の観察，実験において，教師側の配慮が必要な特性の1つとして，感覚過敏を挙げておきたい。感覚過敏とは，視覚・聴覚・嗅覚・味覚・触覚の五感の働きの中で，1つあるいは複数の感覚が敏感すぎるために，生活に困難さ

を抱えている状態のことをいう。自閉症スペクトラムを含む発達障害との関連が強いと言われているが，発達障害のない人でも感覚過敏の症状が出ることは珍しくない。光や色が大きく変化したり，強烈な臭いや大きな音が発生したりする観察，実験などでは，そのような特性をもつ児童は不快感を覚えるだけでなく，大きく反応したり，パニックを起こしたりすることもある。教師は普段から児童個人の特性を把握しておくだけでなく，理科の活動でどのような刺激を児童が受けとるのかを予測しておく必要がある。そのうえで，どのような刺激が発生する活動なのかを事前に児童に説明したり，不快に感じたら無理に活動を続行しないことを認めたりといった対策を講じることが望ましい。しかし，想定できなかった児童の反応が起きる場合もあるため，活動中には児童の様子を常に観察することが不可欠である。感覚過敏にまでは至らないものの，土や昆虫を触るのを極度に嫌がる児童は少なからずいる。その場合にも，教師は児童の特性と捉え，それらを触ることに抵抗のない児童と一緒に活動させるなどで無理強いをしないように心がける。

　本節では，理科指導において留意すべき特性を3種類指摘したが，もちろんこれらだけでなく，多くの特性が理科学習に影響を及ぼすことが推測される。一律の固定化された理科授業を行うのではなく，様々な特性に対応できる教師の柔軟性が必要であろう。

参考文献

独立行政法人国立特別支援教育総合研究所（2020）『特別支援教育の基礎・基本2020』ジアース教育新社.

稲田結美（2019）『女子の理科学習を促進する授業構成に関する研究』風間書房.

文部科学省（2018）『小学校学習指導要領（平成29年告示）解説　理科編』東洋館出版社.

小野隆行（2018）『「特別支援教育」重要用語の基礎知識』学芸みらい社.

湯本文洋・西川純（2004）「理科実験における学習者の相互行為の実態と変容に関する研究」『理科教育学研究』44（2），pp.83-94.

（稲田結美）

Q14 理科における自然体験活動の指導について述べなさい

1. 理科における自然体験の意義

　近年，子どもたちから自然の中での直接体験の機会が失われつつある。これからの理科教育は，従前にもましてこうした体験の充実を図ることが重要である。では，自然体験は，子どもたちにとってどのような意義があるのだろうか。以下，主なものを解説する。

　第一に，自然への興味・関心を高めることが挙げられる。自然を場として，素材として体験することにより，子どもたちは，自然の力強さ，美しさなどを発見し，自然に対する親しみを覚える。そして，未知のものを見つけたときの驚きや感動，不思議だと思う体験は，自然の仕組みを探究し，理解しようとする原動力となる。また，自然体験は，具体的操作を伴う学習であるため，学習意欲の低い子どもを授業に巻き込むこともできる。第二に，科学的知識や概念の理解の基礎となることが挙げられる。自然科学の知識や概念を論理的な関係や整合性についての学習だけで理解しようとしても，深く感動するような理解である「感動的理解」には達し得ない。しかし，体験したことがたとえその場ではっきりわからなくても，いつか関連する学習をしたときに「実感や衝撃を伴って再解釈」されることでより深い理解がもたらされる。第三に，環境保全に寄与する態度を養うことが挙げられる。地域の自然と出会い，その豊かさや美しさに接し，心を動かされる体験は，その自然の保全に寄与する態度の育成につながる。このことは，持続可能な社会の構築に求められる環境教育の基盤にもなる。

2. 自然体験活動の指導

　理科授業の中で自然体験活動を行う際は，子どもに任せきりにせず，意図的，計画的に指導を行う必要がある。そこで，以下では，自然体験活動の指

導方法とその留意点を解説する。

（1）教師側の事前準備

　いかなる時期や場所であっても，自然の中には数多くの動植物が生息しており，それらの中には人間に害を及ぼすものもいる。例えば，人間の血を吸う虫（カ，ブヨ，ダニ），捕まえると刺す虫（マツモムシ，カバキコマチグモ），触るとかぶれる植物（ウルシ，イラクサ）などである。事故や怪我を未然に防ぐために，自然体験活動を行う場所に注意する必要がある動植物はないか，気を付けるべきスポットはないかなど，下見をして確認する。万が一の怪我や，虫刺されなどに対応するために，救急セットを忘れずに準備する。

　自然の事物・事象を観察する時，感覚器官の機能を拡張できる道具があると自然体験活動がより有意義になる。例えば，視覚を拡張するものとしてルーペ，触覚を拡張するものとして温度計，味覚を拡張するものとしてpH試験紙などがあり，自然体験活動の目的や内容に応じて使用する。

（2）子どもへの事前指導

　教室の外へ行くと，いろいろな状況に出会い，子どもの意識がバラバラになってしまう可能性がある。教室の外でも，子ども一人ひとりが目的意識をもって活動できるように，何のために行くのか，何をするのか，どんな情報が得られるのか，などについて予め指導する必要がある。

　また，子どもが自然の中で安全に活動できるよう，自然体験に適した服装や持ち物を事前に確認する。例えば，昆虫採集に行く場合は，怪我防止のために，長袖，長ズボンを着用すること，帽子，軍手，履き慣れた靴を着用すること，ジュースなどの甘い香りがするものはハチがよってくる可能性があるため，お茶や水を持参することなどが考えられる。

（3）現地での指導

　活動を始める前に，活動の目的や方法のほかに，行ってはいけない場所，環境配慮行動についても確認する。教室に戻って活動を振り返る際には，現地での記録が必要になるため，活動の中での気付きや感動を忘れないように詳しく書くよう指導する。記録の際は，文章，スケッチ，そして適宜ICTを活用する。

ところで，レイチェル・カーソンは，自然の不思議さや美しさ，神秘さに目を見張る感性＝センス・オブ・ワンダーが大事だと言う。こうした感性を働かせるには，自然を五感を使って感じることが重要である。しかし，私たちは，視覚からの情報に頼って日常生活を送ることが多いため，自然体験をする時は，あえて目を閉じて視覚からの情報をなくし，嗅覚，聴覚，触覚，味覚（可能な場合）を積極的に使うようにしたい。五感を使って自然を感じ，自然への関心を呼び起こすために，アメリカのナチュラリストである，ジョセフ・コーネルによって考案されたネイチャーゲームを活動の導入として行うのもひとつの手である。

（4）事後指導

　活動の後は，教室において，観察記録を基に子どもたちに感じたことや観察結果を考察させ，疑問点なども含めて発表させることでまとめを行う。これにより，子どもの科学的思考を活性化させ，科学的知識の定着や概念形成を促すとともに，新たな疑問が生じれば，さらに学習意欲を高めることもできる。

3.　自然体験活動の具体例

　自然体験の具体例として，ドイツの小学校でのプロジェクト学習を紹介する。「森の土壌に住む生物について探究する」という目的のもと，1週間を通して行われた事例では，毎回，活動の始まりと終わりに語らいの場が設けられ，活動の目的を確認し，学習成果を振り返ることが大切にされていた。1日目は，森の中でアイスブレイクし，森でのルールを確認し，語らいをする場所に枝や葉を集めて居心地の良い「ソファー」を作った。2日目は，森の中でのアクティビティがあり，例えば，手鏡を顎の下に持ち，樹幹を見ながら森の中を散歩したり，目隠しをした状態で，触覚や嗅覚を頼りに木の特徴を探り，今度は目隠しを外して同じ木を見つけるといった，多くの感覚を使う体験活動が行われた。その体験の中で，子どもたちは土壌生物を見つけており，3日目には，そうした生物をルーペで観察し，スケッチするとともに，図鑑から，個々の生物の種類や名前を特定し，その体のつくりや特徴を

捉えた。さらに，土壌生物と森との関係性や，分解者としての土壌生物の働きについて，森林を管理する森林官（フェルスター）から話を聞いた。4日目は，森での印象的だった体験を教室で話し合い，観察用に飼育することになった土壌生物を本物そっくりにスケッチし，その模型を作る中で，当該生物の体のつくりを学んだ。そして，大きなポスターに森の「ソファー」やその周辺の情報を書き込んだ地図を作成した。最終日には，前日までの活動の成果である様々な作品，活動中に撮った写真，森や土壌生物などのいろいろな情報をまとめたポスター，樹皮などの自然物を教室に飾り，子どもたちの保護者や地域の報道機関を招いて発表会を開き，プロジェクトをまとめた。

　以上，この事例が示すように，五感を伴う体験を様々に展開しつつも，体験内容を対象化・相対化するように言語活動を取り入れたり，科学的な思考を促したりすることが大切である。

参考文献

藤井浩樹監修，広島県福山市立高島小学校編著（2007）『子どもの自然体験と授業づくり ── 地域連携を生かした理科・生活科・総合的な学習』東洋館出版社．

角屋重樹・林四郎・石井雅幸編（2009）『小学校　理科の学ばせ方・教え方事典　改訂新装版』教育出版．

大高泉（2008）「子どもの発想や実感を生かす授業を基本に」『初等理科教育』42（7），pp.10-13.

山本容子（2018）「初等理科の観察活動とその指導」，吉田武男監修，大高泉編著『初等理科教育』ミネルヴァ書房，pp.127-136.

（後藤みな）

Q 15　理科における環境教育について述べなさい

　環境教育は，地球規模の環境問題の解決に向けた国際的な取り組みの1つであり，現在は，持続可能な開発のための教育（ESD）という大きな枠組みに添って推進されている。環境保全に主体的に取り組むことができる能力や態度，さらには持続可能な社会を構築する資質・能力を育成するための環境教育が必要とされ，学校教育活動全体を通じて総合的に推進されることが図られている。平成29（2017）年改訂の新学習指導要領においては，「持続可能な社会をつくる力」は，育成を目指す資質・能力の「学びに向かう力，人間性を涵養すること」，および，「現代的な諸課題に対応して求められる資質・能力」に含まれるものとして明示されており，教科横断的で体験的な取り組みを道徳教育で統合し，現在及び未来の自然環境の課題に取り組むために必要な心を育てることが重視されている。国立教育政策研究所教育課程研究センターから発行されている『環境教育指導資料（幼稚園・小学校編）』には，日本の学校教育における環境教育の指針が示され，事例が紹介されている。

1. 環境教育の目的・目標と特徴

（1）環境教育の目的・目標

　国際的には，「ベオグラード憲章」（1975年）に明示された環境教育の目的・目標が，日本も含めた世界的に共通のものとなっており，現在まで続く基本的な考えとなっている。この憲章においては，環境教育の目的を，環境問題に関する，もしくは環境保全に対する①認識，②知識，③態度，④技能，⑤評価能力，⑥参加の6項目で示している。また，ベオグラード憲章の環境教育の目標は以下の通りである。

　「環境とそれに関連する諸問題に気付き，関心を持つとともに，現在の問題解決と新しい問題の未然防止に向けて，個人及び集団で活動するための知

識，技能，態度，意欲，実行力を身に付けた人々を世界中で育成すること」

　こうした環境教育は現在，持続可能な開発のための教育（ESD）という大きな枠組みに包含されている。「持続可能な開発」とは，「将来の世代のニーズを満たす能力を損なうことなく，現在の世代のニーズを満たす開発」もしくは「人間を支える生態系が有する能力の範囲内で営みながら，人間の生活の質を向上させること」と定義されている。なお，ESDは持続可能な社会の担い手づくりを通じて，現在の国際的な方針としての「持続可能な開発目標（SDGs）」の全ての目標達成に貢献するものとして捉えられている。

（2）持続可能な開発のための教育としての環境教育の特徴

　日本政府の国内実施計画によれば，ESDの目標は，あらゆる教育や学びの場において，一人ひとりの市民が環境，経済，社会，文化的視点から持続可能な社会の構築のために行動できる力を育むことであり，環境教育も以下のようなESDの基本方針に添って実践されることが目指されている。

　文部科学省の日本ユネスコ国内委員会は，ESDで育みたい力を，①持続可能な開発に関する価値観，②体系的な思考力，③代替案の思考力，④データや情報の分析能力，⑤コミュニケーション能力，⑥リーダーシップの向上，の6つに設定している。また，学び方・教え方として，①「関心の喚起→理解の深化→参加する態度や問題解決能力の育成」を通じて「具体的な行動」を促すオンザ・ジョブ・トレーニング，②単なる知識の伝達にとどまらない体験・体感・探求や実践を重視する参加型アプローチ，③活動の場で学習者の自発的な行動を上手に引き出すファシリテート，の3点を提示している。

2.　小学校理科における環境教育と関連する学習事項

　学校における環境教育は，『環境教育指導資料（幼稚園・小学校編）』に示されている通り，特別の教科等を設けることは行わず，各教科，道徳の時間，特別活動，総合的な学習の時間等の中で，それぞれの特性に応じ，また相互に関連させながら学校の教育活動全体の中で実施するようにしている。これは，環境教育は広範囲で多面的，総合的な内容を含んでおり，各学校段階，各教科等を通じた横断的・総合的な取り組みを必要とするからである。

このことを踏まえて，理科においては，理科の特質に応じた，環境に関する学習の充実が図られるように配慮する必要がある。理科においては，野外での発見や気付きを学習に生かす自然観察やエネルギー学習の充実を図ることが重視されている。

文部科学省の「環境を考慮した学校づくり検討部会」は，平成20（2008）年改訂の小学校学習指導要領における「環境教育」に関わる主な内容を示しており，小学校理科では，「自然環境を大切にし，その保全に寄与する態度」を育成するための学習項目として，以下の2項目を挙げている。

・第3学年の「身近な自然の観察」
・第6学年の「生物間の食う食われるという関係などの生物と環境とのかかわり」

また，日本ユネスコ国内委員会は，下記に示した平成20（2008）年改訂の小学校学習指導要領理科の目標の中で，下線部分がESDの考え方と関連する記述であることを示している。

「自然に親しみ，見通しをもって観察，実験などを行い，問題解決の能力と自然を愛する心情を育てるとともに，自然の事物・現象についての実感を伴った理解を図り，科学的な見方や考え方を養う。」

3. 小学校理科における環境教育の具体例

小学校理科における環境教育の具体例として，第3学年の「身近な自然の観察」について紹介する。新学習指導要領の小学校理科においては，B区分（生命・地球）の「生命」を柱とする領域の「身の回りの生物と環境との関わり」の学習項目にて，身近な自然の観察を行う自然体験活動の充実が図られている。ここでは，身の回りの生物を観察し，それらを比較しながら，それらの特徴を調べることで，「生物は，色，形，大きさなど，姿に違いがあること。また，周辺の環境と関わって生きていること。」について，捉える力を身に付けることが目標とされている。具体的な活動としては，例えば，植物については，タンポポやチューリップなどの様々な種類の植物を観察し，着目した点に即して比較する，また，動物についてもアリやカエルなどの

様々な種類の動物を観察し，同様に比較する活動などが挙げられている。

　この学習に関する環境教育では，「身近な自然に興味・関心を持ち，自らの諸感覚を働かせて，身近な自然の環境に関わろうとする」態度を身につけさせることが重要である。したがって，児童が身の回りの様々な種類の植物や動物を見たり触れたりにおいを感じたりするなど直接観察するような活動を取り入れていくことが必要となる。社会の変化に伴う子どもの自然体験などの機会の減少等を考えると，学校教育において，児童の自然体験活動の充実を図ることは，ますます重視されているため，このような活動を行う機会は児童にとって貴重な機会となる。

　また，教科等の関連としては，特別活動や総合的な学習の時間等と関連させて，生き物を実際に飼育することが考えられる。ただし，自然環境の中で生物を採取する場合には，必要最低限にとどめるなど，生態系の維持に配慮するようにし，生物を愛護する態度，そして，環境保全の態度を養うようにすることが肝要である。

参考文献

国立教育政策研究所教育課程研究センター（2014）『環境教育指導資料（幼稚園・小学校編）』東洋館出版社.

文部科学省 https://www.mext.go.jp/b_menu/shingi/chousa/shisetu/013/003/shiryo/attach/1299713.htm（2020年5月31日閲覧）.

文部科学省（2018）『小学校学習指導要領（平成29年告示）解説　理科編』東洋館出版社.

（山本容子）

Q 16　理科における実験の安全指導について述べなさい

　理科における実験は，教科特有の活動のひとつと言えよう。その実験を安全に実施するために，教員はどのような指導を行えばよいのだろうか。そもそも日本の理科教育では，理科授業における観察や実験の実施が一貫して強調されてきた。小学校学習指導要領においても観察や実験が理科学習の基盤として位置づけられている。そのためか，実際，理科授業の多くの時間で観察や実験が実施されている。小学校理科に関する実態調査によると，学級担任として理科を教える教員の多くが観察や実験を週に１回以上実施していることが報告されている。その一方で小学校教員による観察や実験の指導が十分であるとは言い難い。学校現場では，理科の授業，特に観察や実験の指導に困難を感じる教員が増加している。例えば，前述の調査では，学級担任として理科を教える教員の約半数が理科全般の内容の指導が「苦手」か「やや苦手」と感じている。つまり，現状では，一般的に小学校の理科授業では頻繁に観察や実験が実施されているものの，児童の観察や実験を指導する教員の多くは，理科を教えることを苦手と感じており，自身の理科の指導法についての知識・技能が低いと認識している。教員が実験の安全指導を実施する上で，重要な点の１つとして，教員が安全指導の構造を理解することを挙げることができる。つまり，教員が，理科におけるリスクを的確に把握する必要がある。そのためには，理科の実験に係る学習内容や実験教材の使用方法を正しく理解するとともに，それらの教材を実際に使用する児童の認知特性を考慮した上で，安全指導の対応策を選択することが重要である。教員は，実験の安全指導の構成要素が何かを理解するとともに，それらの構成要素ひとつひとつを理解し，実践していかなければならない。

1．理科授業における実験事故の特徴

　理科授業では，学習指導要領をはじめ児童の安全への配慮を充分に行うこ

とが必要とされながらも，理科の実験事故は，年間2000件程度発生しており，この約30年間，残念ながら死亡事故を含む重大事故を含み，これまで年間事故発生件数が0件となったことがないと言われている。事故内容は，「挫傷・打撲」が最も多く，「熱傷・火傷」，「骨折」と続く。学習指導要領においても，理科授業における観察や実験の実施と実験事故防止等について十分留意することとしている。理科室における児童の安全確保のためには，事故が発生することを防ぐためのリスク管理と，残念ながら事故が発生してしまったときの対応等をまとめた危機管理にわけて検討しておくことが何よりも重要であろう。

2. 理科における安全確保のためのリスク管理（安全管理と安全指導）

これまでの理科における安全指導は，教科書や実験書で示された実験の注意事項に関する指摘の羅列が多く，欧米と比べて系統的な安全指導が行われているとは言い難い。理科授業における実験事故というリスクを回避するための具体的な手立てとしては，理科室における適切な備品管理をはじめとした安全管理と，理科授業を受ける児童に対する安全教育という2つの観点から考えることが重要であると言われている。

まず第1に，安全管理である。これは，教員が理科授業のなかでの安全確保の手立てというよりも，理科授業の実施前までに取り組むべき事項が多い。例えば，教員は，安全管理として，理科室に配置された備品を日常的に点検し，理科授業で使用できるような状態で管理しなければならない。理科室の備品の点検のためには，その備品の動作や正常な状態を理解していなければならない。そのため，教員は，日常的に理科室の備品を点検し，備品の状態を把握しておく必要がある。また，理科授業で使用する備品の管理は，その収納状況の管理も含まれる。例えば，地震などの災害に備えて，備品の落下防止に取り組むとともに，万が一落下した場合に備えて，できる限り重い備品を収納棚の高い位置に配置せず，低い位置に配置するなどの対応を検討しておくことも大事である。

学習指導要領にて学校の実験で使用する薬品などについては，地震や火災

などに備えて，法令に従い，厳正に管理する必要があると書かれている。理科授業では，薬品の安全な使用だけでなく，法令に従って適切に処理しなければならない。理科授業を担当する教員も一市民としてのコンプライアンス（法令順守）の意識を持つことが重要である。加えて，実験後の廃液は，児童や教師の健康を害さないように処理しなければならない。理科実験の廃液によって学校近隣の環境に負荷を与えるようなことはあってはならない。

　次に，安全教育である。ここでは，いくつかの注意すべき実験や実験場面に着目して述べる。安全の指導のポイントは，次の3点である。まず1点目として，授業前の予備実験の実施である。実験実施前の予備実験が必須となる。教員は，予備実験の実施を通じて，児童に対する安全指導のポイントを整理し，そして，そのポイントを適切に伝達するための手立てを考えておきたい。予備実験は，できる限り理科授業当日と同じ環境・備品で実施することが望ましい。授業当日と同じ環境だからこそ気づくこともある。次に2点目として，児童の認知特性に応じた注意喚起の同定である。数ある実験の中でも理科室で特に注意すべき実験としては，加熱や燃焼の実験，気体発生の実験，ガラス器具等を用いた実験がある。実験に関する注意喚起を実施するための具体的な方略として，理科室の掲示物の活用を挙げることができる。理科室には，実験器具の使用方法を図示するだけでなく，例えば，児童が実験を立って行うことや，状況に応じて保護眼鏡を着用するなどの理科室のきまりを掲示するなどして，児童自らの安全意識を高める手立てが考えられる。さらに，多くの学校では，理科実験室の使用上のルールなどを決めている場合がある。小学校の理科授業を想定した場合，学校ごとに理科室における安全指導のルールを統一することを検討してほしい。児童は学年進行に応じて，理科を担当する教員が替わることがある。教員に応じてルールが変更となっては児童が混乱してしまう恐れがあるため留意したい。そして最後に3点目として，児童自身の安全に関する基礎的な知識と技能の習得である。理科授業における安全指導では，教員が安全確保のために最善を尽くすだけでなく，児童自身の安全に関する基本的・基礎的な事項を習得させることも重要である。そこで，理科授業を実践的に理解させ，技能および思考力・判

断力を高めていくことが必要となる。そのためには，理科授業において教育内容を理解させるためではなく，正しい実験器具の使用方法を習得させ，確認するための時間確保も有用であろう。実験器具の使用に関するトレーニングの際は，正しい実験器具の使用方法を映像や音声で何度も確認することができるデジタルコンテンツの活用が考えられる。こうしたデジタルコンテンツを活用することで多くの児童が正しい使用方法を同時に確認することができるとともに，教員の負担を軽減することができる。そのほか，理科授業において児童自身が危険を回避するための対処方法として，危険予知トレーニングを挙げることができる。理科授業における危険箇所を含む絵や写真など児童に見せて，危険因子を確認する学習活動である。ただし，実験の危険因子の確認の際，理科の教育内容の理解を阻害しないように配慮することが必要である。安全指導はあくまでも理科授業を進めていく上での配慮事項であることに留意すべきである。

　安全指導の核心は，これまで理科授業を担当する教員が，注意すべき点を網羅的に認識・対応する安全指導から脱却し，学習者の認知・行動機能の視点から，理科授業における観察や実験に関する安全指導のモデルを再構築する点が必要であることを認識することである。

参考文献

大日本図書教育研究室（2010）『小学校理科 観察・実験セーフティマニュアル 改訂版』大日本図書.

三好美織（2020）「理科教育における安全教育・防災教育」磯﨑哲夫編『中等理科教育　改訂版』協同出版.

鈴木宏昭（2019）「理科室管理と安全教育」『理科の教育』798，pp.5-8.

鈴木宏昭（2012）「理科実験の安全指導と実験室管理」大髙泉・清水美憲編『教科教育の理論と授業Ⅱ理数編』協同出版.

（鈴木宏昭）

Q 17 理科における ICT の活用について述べなさい

1. 理科における ICT の活用とは

ICT とは「Information and Communication Technology（情報通信技術）」の略である。パソコンやタブレット端末，スマートフォンをはじめとしたデジタル機器の機能の向上は日進月歩である。「地方自治体のための学校の ICT 環境整備　推進手の手引き」（文部科学省，平成30年3月）は，これからの学習活動を支える ICT 環境として，「大型提示装置，実物投影機，学習者用・指導者用コンピュータ，無線・有線 LAN，超高速インターネット環境，ICT 支援員」等を挙げている。ICT 機器を理科で活用することは，児童の興味・関心を高めるだけでなく，学習内容の理解を深めることに対しても大変に有意義である。

学習者用コンピュータとしては，取り回しに便利なタブレット端末が小学校に多く普及しつつある。理科におけるタブレット端末の使い道は様々であるが，その一例としては，授業内容に関連したアプリケーションの活用やカメラ機能の使用，実験活動後の班でのまとめや考察の場面で従来活用されていたノートやワークシートの紙面やホワイトボードの代わりにタブレット端末のメモ機能を活用することが考えられる。このようなメモ機能は，手書き文字の入力や削除が容易であるだけでなく，教室に Wi-Fi 環境が整っていれば，班のタブレット画面を教室に設置された大型画面に提示することができるため，班での話し合いが活性化し，対話的な学びの深化が期待できる。

2. 理科におけるタブレット端末の活用

本節では，主としてタブレット端末の活用に焦点を当てた理科での活用の在り方について述べる。

（1）アプリケーションの活用

個人向けパソコンが普及して以降，各種 OS 向けの教育用のソフトウェアが多数開発されている。iPad は iOS で動作するタブレット端末であり，この

iPadで動作する無料のアプリケーションが数多く開発されている。ここでは
iPadで動作する無料で使用できるアプリケーション（以後アプリと略す）の
いくつかを例に紹介する（一部，アプリ内課金あり）。

①「NHK for School」（日本放送協会）

　このアプリを使うことにより，容易にNHKの教育番組を視聴することが
できる。アプリを開くと，教科，学年，単元によって膨大な数の番組が区分
されており，教師や児童の要望に応えた形で使用できる。理科の授業では，
単元の導入での児童の興味・関心を高める映像や，実験器具の使い方の説明，
仮設設定の例等，それぞれに関連する映像教材を用いることが想定される。

②シミュレーション・アプリの活用

　小学校での学習は日中に行われるため，どの方位に何の星座が見えるかを
児童に実感をもたせて授業を行うことが難しい。シミュレーションを活用す
る利点として，児童の興味・関心と理解の向上だけでなく，安全性の確保，
理想的な実験の再現，教師の煩雑な準備の削減等が挙げられる。

　「星座表」（開発元：ESCAPE VELOCITY LIMITED）を起動させてタブレッ
ト端末を頭上にかざすと，タブレット端末に備わるジャイロ，電子コンパ
ス，加速度センサー等により，画面を向けた方角に見えるはずの星座を疑似
的に表示できる。このようなアプリを導入したiPadを児童一人ひとりに配
付して活用すると，星座の位置や見つけ方に関する児童の理解が深まり，実
際の星座の観察を円滑に行うようになる契機となると考えられる。

　第6学年の理科で学習する月の満ち欠けの理由を探求する授業では，ボー
ルと電球を月と太陽に見立てた実験を行うことが多いが，その原理は小学生
に理解されにくい。その要因の1つに，小学生の地球・月・太陽の3者の関係
を巨視的な視点で俯瞰することの困難さがある。その解決策として，様々な
物体の動きを画面上で模倣して表現することができるコンピュータのシミュ
レーションの利用が考えられる。一例として「月の満ち欠け」（開発者：
Ryota Satoh）がある。これは，画面の上半分に地球から見た月の見え方，下
半分に地球・月と太陽の位置が示されている。画面下に表示された月の位置
を指で動かすと，地球から見た月の満ち欠けが連動して表示される仕組みで

ある。ボールと電球を用いた実験活動と共に，児童各自もしくは班ごとに配られたiPadとこのようなアプリを併用することにより，児童の理解を深めることができると考えられる。

（2）観察場面におけるカメラ機能の活用

観察活動は，各学年で行われている基本的な活動の1つである。これらの観察活動ではスケッチによる記録を行うことが多い。スケッチを行うことの利点の1つは，児童に対象物を注意深く観察させ，その特徴に気付かせることにある。しかし，絵を描くことが得意ではない児童の存在と，教員がスケッチの仕方を修得し指導することの負担がある。この点において，ICT機器のカメラ機能を活用した記録方法の利点は大きい。

その代表的な活用例は，顕微鏡や望遠鏡の接眼レンズに目を当てる代わりに，タブレット端末のカメラを当て撮影する方法である。手を添えて撮影することが困難な場合は，接眼レンズとタブレット端末等のカメラ部分を固定するアタッチメントを使用する。観察活動の後に行われる児童による発表では，撮影した画像を教室に設置された大型液晶テレビやプロジェクターで投影しながら発表する等の形態が想定される。また，普通教室や理科室においてWi-Fi環境と個人あるいは各班に配布されたWi-Fi接続された複数のタブレット端末があれば，児童同士がそれぞれの端末で撮影した画像を共有し，気付いたことを話し合うことができる。このような児童館のやり取りをとおして，児童一人だけでは気付かない動植物の様子を他の児童が指摘することで，児童相互の対話的な学びが深まる，と考えられる。

（3）デジタル教科書の活用

「学校教育法等の一部を改正する法律」（平成30年5月）により，必要に応じて「デジタル教科書」を通常の紙の教科書に替えて使用することが学校教育法第34条第2・3項で規定された。これを受け，2020年度から小学校では，学習者用のデジタル教科書の使用が認められた。その使用に関しては，「学習者用デジタル教科書の効果的な活用の在り方等に関するガイドライン」（文部科学省，平成30年12月）に学習者用デジタル教科書の運用についての様々な留意点が記載されている。その詳細については当資料を参照いただき

たいが，本節では理科に限定した使用の長所と留意点について述べる。

　各出版社による2020年度用の小学校理科の学習者用デジタル教科書には，教科書の写真や図を拡大する機能，関連するホームページへのリンク，図表への書き込み機能などデジタル教材ならではの機能が盛り込まれている。紙面にある写真だけでなく，動植物の映像や実験映像を活用することは，児童の興味・関心を高めることができると期待できる。新学習指導要領では小学校第6学年の単元「電気とその利用」においてプログラミングの内容が新たに導入された。もし，デジタル教科書を用いてこの単元を扱うのであれば，パソコンやタブレット端末の上で学習内容を進めることができることから，関連したプログラミングの活動を円滑に行うことができる。これらは，児童の深い理解に繋がるものと考えられるので，学習者用デジタル教科書の有効性は高いといえる。一方，学習者用デジタル教科書は，その使用が義務付けられるものではなく，また，無償給与されるものではない。そのため，学校や教育委員会は地域・学校・児童の実態を十分に考慮し，その導入と使用について判断する必要が求められる。

3. まとめ

　これまでICT機器は，主に教師の教材提示用として使用されてきた。しかし，児童の主体的・対話的な授業展開が求められる今日，児童自ら探求するために使うツールとして活用できるように使用することが求められる。

参考文献

文部科学省（2017）『小学校学習指導要領』東洋館出版社.

文部科学省（2017）『小学校学習指導要領（平成29年告示）解説　理科編』東洋館出版社.

文部科学省（2018）「地方自治体のための学校のICT環境整備推進手の手引き（平成30年3月）」https://www.mext.go.jp/component/a_menu/education/micro_detail/__icsFiles/afieldfile/2018/08/29/1386784_4.pdf（2020年2月11日閲覧）.

（板橋夏樹）

Q18 理科におけるものづくりの指導について述べなさい

1. 理科におけるものづくり

　ものづくりという用語は，一般的には，技術者等がアイディアを具体的な物として表現したり製作物として完成させたりすることを意味している。「理科におけるものづくり」は，製作的な活動を理科授業の中に位置付けるときに用いられる表現である。なお，ものづくりは，学習の成果としての製作物をさすとともに，学習の過程をさすこともある。

2. ものづくりの例

　小学校学習指導要領（平成29年告示）解説　理科編（文部科学省，2018）をもとにして，学習内容とそこに例示されているものづくりの例をまとめると，表3-18-1のようになる。

　第3学年の「風とゴムの力の働き」では，それらの力を動力に変換するという観点から，風やゴムの力で動く自動車や風車を作ることなどが挙げられている。音の学習では糸電話が例示されている。糸電話は，離れた場所へ声

表3-18-1　小学校学習指導要領解説で例示されたものづくりの例

学年	学習内容	ものづくりの例
3年	風とゴムの力の働き 光と音の性質 磁石の性質 電気の通り道	風やゴムの力で動く自動車，風車 平面鏡を使って物を明るくしたり暖かくしたりする装置，糸電話 極の働きや性質を使って動く自動車，船 スイッチ，テスター
4年	空気と水の性質 金属，水，空気と温度 電気の働き	空気でっぽう，水でっぽう ソーラーバルーン，温度計 自動車，回転ブランコ，クレーン
5年	振り子の運動 電流がつくる磁力	簡易メトロノーム モーター，クレーン
6年	てこの規則性 電気の利用	てこ，てんびんばかり 蓄電器を利用した照明，センサーを使った発光ダイオードの点灯，モーター

を伝える簡易な物から，複数本の糸を枝分かれさせて複数個の紙コップにつなげることで，同時に複数の場所に音声が伝わることを確かめるような製作なども考えられる。「磁石の性質」では，磁石の異極や同極の性質を利用した模型自動車の製作などが考えられる。「電気の通り道」では，豆電球を点灯させたり切ったりすることを目的にスイッチを作ったりする活動や，電気を通す物であるかどうかを調べることを目的としてテスターを作ったりする活動が考えられる。第4学年の「空気と水の性質」では，空気でっぽうや水でっぽうを作る活動が行われる。これは，空気は圧し縮められるが，水は圧し縮められないという性質を考えるものづくりとして位置付けられるものである。また，「電流の働き」における乾電池や光電池を使った模型自動車，回転ブランコを作る活動は，乾電池の数とモーターの回り方を考え，電流の働きを関係づけるうえで効果的なものづくりといえる。第5学年の「振り子の運動」では，振り子の原理を応用した簡易メトロノームの製作が例示されている。日常生活で振り子時計はほとんど見かけなくなり，振り子が使われている事例や場面を児童が目にすることは少なくなってきている。このようなものづくりが，振り子の原理に関する確かな理解につながることが期待される。第6学年の「てこの規則性」では，てんびんばかりの製作が例示されている。物の重さを測定するはかりの製作は，てこの働きを確認するうえで重要である。また，「電気の利用」では，蓄電器，電灯，発光ダイオード等を組み合わせた物を作ることで，センサーの仕組みやエネルギー変換についての理解につながることが期待される。

3. 単元内におけるものづくりの位置づけ

　ものづくりの大半は学習単元の終末に位置付けられていることから，応用的な学習活動といえる。一方，学習単元の中盤に導入するものづくりも考えられる。例えば，第5学年の「電流がつくる磁力」では，電磁石の強さを変える条件は何かを考える活動が中心として位置付けられている。具体的には，電磁石の強さを変える条件として，電流の大きさやコイルの巻数に着目させる実験を児童が計画するが，これらの活動はまさにものづくりの過程と

重なる。電磁石については，ものづくりを通した学習ということができる。また，学習単元の序盤において，器具を製作することをものづくりとして位置付ける場合もある。第6学年の「てこの規則性」におけるてんびんばかりの製作などが，この例である。

　ものづくり活動の特徴を踏まえ，学習単元のどこに，どのようなねらいで位置付けるかを検討することは，学習計画を立てる上で大切である。

4. 指導上の留意点

　理科におけるものづくりの例は，物理領域におけるものが多く，自然事象の性質（働き）を活用して，何らかの動作が伴うものを作る活動となっている。製作物の中のどの部分に自然事象の性質や規則性が活かされているかについて，児童が適切に理解できるように配慮することが最も重要である。それには，ものづくりの過程で，既習の内容を想起しながら構想させたり，動作を繰り返して確認させたりする場面を含めることなどが考えられる。

　また，児童が製作したものを使って遊ぶことが想定されることから，楽しさを誘う活動にすることも大切である。筆者が参観した授業を紹介する。第4学年の「電流の働き」の終末で，光電池を利用してメリーゴーラウンドの模型（おもちゃ）を作る活動であった。大半の児童は，モーターとギアの組合せや光電池への光の当て方と回転の関係などを調べ，速く回転するおもちゃの製作に夢中になっていた。その中で，ある児童はワークシートに「どうすればモーターを遅く回すことができるだろうか」と書き，考えこんでいた。しばらくして，授業者がその記述に気付き，問いかけてみた。すると，「皆とはちがって，遅くすることを考えてみたい。だって，モーターが速く回ったら，メリーゴーラウンドは危なくて乗れなくなってしまうから。」という答えが返ってきた。回転を制御するという点に気付いたことのすばらしさが賞賛され，学習内容との関連が学級全体で再確認された。この場面のように，児童の遊び心に対応しつつ，既習事項の内容を踏まえられるように留意することが大切である。

5. これからのものづくり

　小学校学習指導要領（平成29年告示）解説　理科編（文部科学省，2018）には，興味深い解説（p.102）が含まれているので，以下に引用する。

　「これまでのものづくりの活動は，その活動を通して解決したい問題を見いだすことや，学習を通して得た知識を活用して，理解を深めることを主なねらいとしとしてきた。今回，学んだことの意義を実感できるような学習活動の充実を図る観点から，児童が明確な目的を設定し，その目的を達成するためにものづくりを行い，設定した目的を達成できているかを振り返り，修正するといったものづくりの活動の充実を図ることが考えられる。」

　この解説は，従来のものづくりの特徴や傾向を少し見直して，児童自身に目的意識をもたせる活動に発展させることを述べている。そのような活動を充実させる指導方法の改善が急がれるところである。例えば，製作したものの動作を確認する際に，試行や制御という視点を導入することも，方策の一つと考えられる。また，ものづくりにおける目的の設定には，ものづくりが必要となる場面の提示が関係する。与えられた場面において課題を見付け，ものづくりによって課題の解決ができたということを児童が自覚できるような，ストーリー性のあるものづくりが考えられる。さらには，与えられた課題の解決のために，どのような科学的原理を活用するかを児童に気付かせるような，いわば探究的なものづくりの進め方も視野に入れてもよいかも知れない。目的の設定や振り返りを導入した展開を検討し，ものづくりのねらいや特質をより明確にしていくことが重要である。

参考文献

人見久城（2017）理科におけるものづくり活動の展開，大髙泉編著『理科教育基礎論研究』協同出版，pp.318-331.

文部科学省（2018）『小学校学習指導要領（平成29年告示）解説　理科編』東洋館出版社，p.102.

（人見久城）

Q19 理科におけるノート指導について述べなさい

　理科におけるノートにはどのような役割があり，教師が行うノート指導にはどのような意義があるのだろうか。また，児童側から見た学習効果や教師側から見た教育効果として，どのようなことを期待できるのであろうか。以上の知見を整理したうえで，ノート指導の実際において，具体的にどのようなことに留意して指導・評価を行う必要があるのかについて述べていく。

1. 理科におけるノートの役割とノート指導の意義

　理科のノートの役割とは，単に教師が板書したものを写し取ったり，観察・実験の結果をまとめたりするといった受動的なものだけではない。学習の過程よりも結果を尊重し，能力よりも知識を優先した場合，理科ノートはたちまち備忘録となってしまう。科学的知識それ自体は決して疎まれるものではないが，著しい変化が予想される未来社会においては，知識を覚えていることよりも，むしろ知識を生み出す過程で育成される能力の方が重要とされている。特に，日本の初等理科教育では，伝統的に知識を注入して詰め込む理科ではなく，子どもが主体性をもって創り出す理科を追究してきており，いわゆる，問題解決の過程により育成される資質・能力が重視されてきた。つまり，理科のノートは，児童が自ら主体的に問題を解決していくという能動的な学びのプロセスが見えるものでなければならない。

　ノート指導では「聞いたことを書く力」と「考えたことを書く力」の双方が育成されるが，特に理科においては，後者の力の育成に重点が置かれる。児童が自らの疑問（学習問題）を解決するために，観察・実験の結果をグラフや表にして整理し，予想と関連付けながら考察を行い，結論を導き出すという一連の学習活動を言語化して表現することが，ノート指導では児童に求められる。ここでの表現方式は，児童の発達段階に合わせて，絵図表現から文章表現や数量表現へと展開させていくことで，児童の思考はより科学的な

ものへと発展していく。また，ノートは前時から本時，そして次時というように連動しており，本時の学習問題は前時の児童の疑問の中から導き出され，次時の学習問題にもつながっていくものでもある。つまり，理科におけるノート指導の意義は，児童が科学的に考えて書いたこと―論理的に学習・思考した自らのプロセス―を振り返ることで，既有の知識や概念をより科学的なものに更新していくことにある。また，そのようなねらいに付随して，多くの学習効果・教育効果を期待できるところが，理科のノート指導が優れている点でもある。

2. ノートづくりで期待できる効果

（1）児童側から見た学習効果

児童のノートづくりにおいては，「書く」といった言語活動の充実が図られること以外にも多くの学習効果が期待される。例えば，観察は描写とともにその精細さを増し，対象となる自然の事物・現象への意識が集中していく。予想や考察の場面では，文章やイメージ図で表現させることにより，児童の考えがそれぞれ何らかの理由をもってくると同時に，自身の科学的な思考が可視化され，自分の考えを他者と交流し合う学習活動の充実も期待される。また，このようにノートを活用して発表させることで，児童の発言・対話も活発になり，自分の発言にも自信をもてるようになる。

（2）教師側から見た教育効果

ノートづくりを行うことで，教師は授業の中だけでは捉えることのできない児童のあるがままの姿を正確に把握することができる。具体的に，教師が理科ノートから得られる情報は，次のようなものが挙げられる。

①学習問題をどれだけ的確に捉えて，学習活動を行っていたか。

②学習の中で，児童のつまずきはどこにあったか。

③教師が行った声かけや発問などは，適切で十分なものであったか。

④観察・実験は，学習目標に到達させる上で適切な内容であったか。

以上のように，児童の理科ノートは個に応じた指導の場を提供するだけでなく，次の指導への重要な手がかりも提供してくれる。

3. ノート指導の実際

　児童がつくる理科ノートの指導や評価が，板書されたことが整理されて書かれているか，美しく丁寧な字や図で書かれているかといった形式上のものにとどまっていては，ノートづくりの真の効果を期待できない。ここでは，具体的にどのような点に留意しながら，指導や評価を行っていくのかについて述べていく。

（1）ノート指導の留意点

　理科では毎時間のノートの1行目に，日付と天気，気温を必ず書くように心がけたい。このことは，継続的に観測することの重要性を暗黙のうちに児童に意識させるだけでなく，実際にその日の観察・実験の結果に影響を及ぼす要因として，後の考察で必要な情報となる可能性が含まれているからである。また，児童がノートを振り返った時に，それらは蓄積された観測データとして，年間の気温変化や季節による天候の特徴などを捉えることができ，「地球」の領域を学習する際に活用することもできる。

　児童のノートには，文章になっていない言葉が無秩序に書かれているだけのものもある。そのような場合，ノートの書き方を教える必要がある。ここでの書き方とは，ノートの体裁や書き込み方の指導といった基本的事項にとどまらず，理科の学習の流れ，すなわち，問題→予想→計画→観察・実験→結果→考察→結論（まとめ）といった問題解決の型を意識させる。具体的には，1時間分の授業のノートは見開き2ページを基本とし，学習問題を書くところから始まり，結論（まとめ）で終わることを習慣づける。児童の思考が論理的に筋道立てて整理されることで，自然の事物・現象の中にある原理・法則を発見することができる。論理的に構成されたノートづくりでは，具体的に以下の指導が考えられる。

①学習問題は教師が板書したものを写すのではなく，前時に児童の書いた
　ノートを基に問題意識を持たせたうえで，学習問題を記述させる。
②予想では自分の考えだけでなく，その根拠も記述させる。
③観察・実験は文章だけでなく，図なども活用しながら学習活動をイメージ

しやすくする。（あらかじめ印刷した実験図を配付・貼付すると効率的である）

④観察・実験では，測定ミスなどのデータは消さずに線で消し，記録として書き残しておく。（考察で思考を深める際に有効となる）

⑤考察では，図や表・グラフなど自分なりの方法で表現するように工夫させる。（方眼ノートを使用すると児童も書きやすい）

（2）評価を行ううえでの留意点

　児童にとって，やはり教師に「見てもらえた・評価された」という感覚は重要である。忙しい学校現場では，ノートを点検し，朱を入れる時間が毎回は難しくとも，定期的に点検する必要がある。それは，児童への配慮でもあるが，学習・指導の形跡がきちんと確認できるノートは保護者への説明責任を果たすと同時に，保護者の安心や信頼にもつながる。また，何よりも教師にとっては，一人ひとりの児童の考え方まで詳細に把握することができ，それによって次時の授業をデザインする上で望ましい指針を示してくれる。つまり，教師が児童の理科ノートに評価・コメントすることは，単に児童への賞賛・価値付けに留まらず，教師と児童との対話によるインタラクティブな評価（形成的アセスメント）の実現も意味しているのである。

参考文献

黒田篤志（2015）「科学概念構築を図る理科ノートづくりの意義」『理科の教育』755, pp.5-8.

仲田智宏（2015）「理科のノートづくり」『理科の教育』755, pp.17-20.

谷岡義高（2015）「理科ノートの成立を支える1年生からの毎日の取り組み」『理科の教育』755, pp.21-24.

（野添　生）

Q 20　理科におけるメタ認知の指導について述べなさい

1．メタ認知とは

　メタ認知とは，「認知についての認知」であり，自分の認知活動を客観的に捉え，高次に認知することをいう。この概念は，Flavell や Brown の研究によって1970年代に広まり，今でも多くの研究や実践が行われている。

　メタ認知を働かせることにより，子どもは自身の活動状況を把握し，必要に応じて活動の修正を図ることができる。このことから，メタ認知は学習の基盤をなし，学習の促進や定着に重要な役割を果たすものと考えられている。

　メタ認知は，図3-20-1に示すように，「メタ認知的知識」と「メタ認知的活動」からなる。さらに，メタ認知的知識は，「人」，「課題」，「方略」に関する知識からなり，メタ認知的活動は「メタ認知的モニタリング」，「メタ認知的コントロール」に関する活動からなる。とりわけ，メタ認知的活動について，Nelson & Narens（1994）は，メタ認知的モニタリングとはメタレベルが対象レベルから情報を得ることであり，メタ認知的コントロールとはメタレベルが対象レベルを修正することであると説明している。この考えにもとづき，三宮（1995）は，図3-20-2に示すようなメタ認知的活動のモデルを作成している。

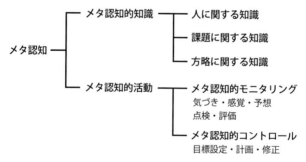

図3-20-1　メタ認知の分類

（三宮，1995を参考に筆者作成）

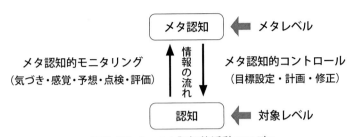

図3-20-2　メタ認知的活動のモデル

（三宮，1995を参考に筆者作成）

2. 理科におけるメタ認知の重要性

　理科におけるメタ認知の重要性については，研究者や実践者の間で共通認識されている。関連する研究も多く見られ，例えば栗田（1991）は，子どもが自らの思考過程を振り返り，言葉で明瞭に表現するような授業場面は従来もなかったわけではないが，あまり重視されていなかったと述べ，思考方法の発達の側面からメタ認知の重要性を指摘している。同様に，Brownら（1977）も，理科の授業中に子どもがメタ認知を働かせ，意図的な学習と振り返りをすることは極めて重要であると述べている。また，Georghiades（2004）は，教師がメタ認知の概念を理解し，理科の内容だけでなく，併せてメタ認知の指導を行うことが重要であるという考えを示している。

　ここで指摘されているように，授業中に子どもが学習を振り返り，メタ認知を機能的に働かせることができれば，自身の学習を絶えず把握・点検し，次の活動を調整できるようになる。そうした子どもの姿は，自立した学習を行っていくうえで理想的であるといえる。しかし，このような学習は，子どもにとって認知的負荷が大きく，初めから1人で行うのは容易ではないため，教師が学習の振り返りを記録させたり，発表させたりするなど，メタ認知的な支援をすることが有効である。

3. 理科におけるメタ認知の指導

　メタ認知の指導を行う際，質問紙調査やインタビュー調査などによって子

どもの実態を明らかにし，そのうえで実態に応じた手立てを講じる必要がある。例えば鈴木（1997）は，質問紙を用いて，小学生から高校生までの理科学習におけるメタ認知の実態を調査している。その結果，学年が進むにつれて，自己効力感とメタ認知が低下していたと報告している。また松浦・柳江（2009）は，中学校理科の協働的な学習場面における発話を記録し，メタ認知的な発話について分析している。その結果，非論証フェーズ（論点が不明確，根拠のない話のやり取りなど）よりも論証フェーズ（妥当性の検討，問題点の指摘など）においてメタ認知が機能していたと報告している。このように，メタ認知の実態を調査することは，その後の指導に向けて有益な手がかりを得るものとなる。なお，近年では，メタ認知の測定尺度について様々な議論があるため，調査の目的や計画に合わせて，方法を吟味する必要がある（原田ら，2020）。

　ここからは，小学校の理科授業におけるメタ認知の指導について述べる。例えば木下ら（2007）は，授業実践前に，子どものメタ認知の実態を把握する質問紙調査を実施し，その結果を踏まえてメタ認知の指導を行っている。具体的には，14項目からなる質問紙を準備し，子どものメタ認知の実態を調査している。その結果，仮説を立てたり実験方法を構想したりする「実験前」の場面に比べ，結果を考察する「実験後」の場面ではメタ認知の働きが十分ではないことを明らかにしている。このことから，「実験後」の場面だけでなく各授業場面において，学習の振り返りを教師が明示し，モニタリン

表3-20-1　メタ認知を育成する指導法

手法	具体的な指導
①自己統制方略の教示	単元導入時に，学習場面を想起させ，メタ認知の仕方を教示する。
②学習計画表の掲示	1単元，1単位時間の学習の流れを示す。
③問いかけの工夫	「これから何をするのですか？」「次は何をするのですか？」などの問いかけを行う。
④フラッシュカードの活用	「今，何をやっているのかな？」「これから何をするのかな？」などのフラッシュカードを提示する。
⑤ワークシートの工夫	ワークシートに，学習の流れに沿った記述欄を設ける。

（木下ら，2007を参考に筆者作成）

グやコントロールを支援すべきという指導方針を導出している。そして，表3-20-1に示す5つの手法を組み合わせ，メタ認知の育成を試みている。

　具体的には，小学校5年生の単元「もののとけ方（13時間）」において，考案した指導法を取り入れた検証授業を行っている。分析方法としては，先述した質問紙分析に加え，グループ内の発話分析，授業で用いたワークシートを刺激剤とした刺激再生質問紙分析を行っている。これらの分析の結果，「実験後」の場面を含めた各授業場面において，メタ認知の働きが高くなったと報告している。このように，教師が子どもの実態に即した指導を行うことにより，理科授業を通してメタ認知を育成できるといえる。そして，教師による手立てを徐々に取り除くことによって，真のメタ認知能力が子どもに身に付くと期待される。

　その他にも，他者の考えを探る活動を取り入れることでメタ認知を育成した楠瀬ら（2003）の研究や，素朴概念と科学概念を第三者的に対比させることでメタ認知を活性化させた加藤（2008）の研究などがある。

参考文献

Brown, A. L., Campione, J. C., Metz, K. E., & Ash, D. B.（1977）. The Development of Science Learning Abilities in Children. In K. Hänqvist & A. Burgen（Eds.）, Growing up with Science. Jessica Kingsley, pp. 7-40.

木下博義・松浦拓也・角屋重樹（2007）「観察・実験活動における小学生のメタ認知育成に関する実践的研究 ── 第5学年「もののとけ方」を例に」『理科教育学研究』48（1），pp.21-33.

三宮真智子（1995）「メタ認知を促すコミュニケーション演習の試み「討論編」── 教育実習事前指導としての教育工学演習から」『鳴門教育大学学校教育研究センター紀要』9，pp.53-61.

（木下博義）

Q 21 理科における批判的思考力の指導について述べなさい

1. 批判的思考力とは

　Dewey（1910）による批判的思考概念の提唱を契機に，1930年代以降，欧米を中心に批判的思考力に関する研究が盛んに行われるようになった。しかし，批判的思考力の概念には様々な捉え方があり，例えば先駆的な研究者であるEnnis（1962）は，推論の過程や判断の根拠を重要な要素と考え，批判的思考力を「主張や主題の適切な査定」と定義している。これに対し，McPeck（1981）は，必ずしも批判的に思考しなくても，主張や主題の適切な査定は可能であると考え，Ennisの定義に疑問を呈している。また，吉田（2002）は，目的志向的な観点からFisher & Scriven（1977）の定義を修正し，批判的思考力を「観察とコミュニケーション，情報と論証についての能動的で創造的な，解釈と評価の技術と態度」と捉えている。

　このように，批判的思考力の概念は研究者間で必ずしも一致しているとはいえないものの，Ennis（1987）が自らの考えを修正した「何を信じ，何を行うかの決定に焦点を当てた合理的で省察的な思考」という定義が一般的に受け入れられているようである。つまり，批判的思考力とは，自分が意思決定する際，何を根拠にどのように主張すべきかを判断する思考であり，学習を支える重要な能力であるといえる。なお，批判的思考力とメタ認知との関係について楠見（2018）は，図3-21-1のように整理している。この図では，思考のプロセスを「自動的精神（直感的思考：タイプ1処理）」，「アルゴリズム的精神（批判的思考：タイプ2処理）」，「省察的精神（批判的思考：タイプ2処理）」という3つの構造でモデル化しており，メタ認知的思考は「省察的精神（批判的思考）」に位置付けられている。田中・楠見（2007）の研究においても，メタ認知は，批判的思考を使用するかどうかを判断するうえで，欠かせない機能であるとされている。

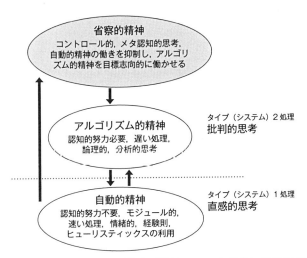

図3-21-1　批判的思考の構造（楠見，2018を参考に筆者作成）

2. 理科における批判的思考力の重要性

　理科の学習における批判的思考力については，その重要性がしばしば指摘されている。例えば，Bailin（2002）は，授業中に自分の考えを批判的に吟味する活動を取り入れることの必要性を示している。同様にMalamitsaら（2009）も，授業中に意図的な場面を設定し，そこで子どもが自らの批判的思考力を活性化させ，高めることが重要であると述べている。また，Ben-Chaimら（2000）は，科学クラス第11学年の生徒を対象に批判的思考力を測定し，科学に関する知識レベルが高い生徒は，低い生徒よりも批判的思考力が高かったことを明らかにしており，この結果からも理科の学習と批判的思考力との関係性をうかがい知ることができる。

　以上のように，理科の学習において，批判的思考力は子どもに求められる力の1つであるが，実情としては「隠れた条件や前提がないか確認しないまま，自分の考えを述べる」，「必要な実験データがそろっていないのに結論を出す」，「インターネットで調べた情報を疑うことなく信用する」といった子どもの姿も見受けられる。このため，授業を通して子どもに批判的思考力を身に付けさせる必要がある。指導によって，自分自身に対する批判的思考力

を培うことができれば，科学的に謙虚な態度で学習に臨むことができると考える。

3. 理科における批判的思考力の指導

批判的思考力の指導に際しては，最初に子どもの実態を調査する必要がある。例えば木下ら（2013）は，準備した35項目からなる質問紙を用いて，理科学習における小学生の批判的思考力の実態を調査し，子どもが根拠を重視したり，反省的に思考したりする意識は低いことを明らかにしている。さらに，批判的思考力に影響を及ぼす要因構造を分析し，合理的に思考している子どもほど，意見の根拠を重視したり，反省的に思考したりしていることも明らかにしている。このようにして子どもの実態を把握し，それを踏まえた手立てを講じることが重要である。

ここからは，小学校の理科授業における批判的思考力の指導について述べる。Paul & Elder（2001）は，批判的思考力には2つの思考タイプがあり，1つは，批判的思考の対象を「他者の意見や考え」とするものであり，もう1つは，同対象を「自分自身の意見や考え」とするものであると捉えている。また，後者の方がより進歩的な思考であると考えている。この考えと事前調査の結果を踏まえ，木下ら（2014）は，まずは「他者の意見や考え」に対して批判的に思考させ，その経験をもとに，思考の対象を「自分自身の意見や考え」に移行させることにより，段階的に批判的思考力を育成する指導法を考案し，授業に向けては，図3-21-2に示すような「クエスチョン・バーガーシート」を作成している。このシートは，他者（架空人物：太郎君）に対する質問欄と自分自身に対する質問欄からなり，次のような手順で指導に用いる。まず，(a) 課題に対する考えを「自分の考え①」欄に記述させる。次に，(b) 教師が太郎君の考えを「友達の考え」欄に示し，(c) 子どもには，太郎君に対する質問をバーガー上部の「質問内容」欄に記述させる。こまでは，他者の考えに対して批判的に思考させる活動である。そして，(d) 今度は自分の考えを批判的に吟味させるため，「自分の考え①」に対してバーガー下部の「質問内容」欄に質問を記述させる。最後に，(e)それまで

の思考過程を振り返り，「自分の考え①」を修正し「自分の考え②」欄に最終的な考えを記述させる。このとき，他者や自分に対して質問を記述しなければ，具材がないため，バーガーにならないという説明を加える。

　検証授業は，小学校5年生の単元「ふりこのきまり（7時間）」において行っている。分析方法としては，質問紙分析に加え，授業で用いたバーガーシートの記述分析を行っている。これらの分析の結果，批判的思考力のうち，子どもが根拠を重視して実験方法の妥当性を吟味したり，一度考えた実験方法を反省的に思考したりする力の育成に一定の効果があったと報告している。

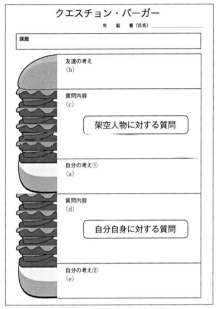

図3-21-2　クエスチョン・バーガーシート
（木下ら，2014を参考に筆者作成）

　このように，教師が子どもの実態に即した段階的な指導を行うことにより，理科授業を通して批判的思考力を育成できるといえる。他者に対する指摘にとどまらず，自分自身に対して指摘させることこそが，本来的な批判的思考力の育成につながるものである。

参考文献

木下博義・中山貴司・山中真悟（2014）「小学生の批判的思考を育成するための理科学習指導に関する研究 ── クエスチョン・バーガーシートを用いた実践を例にして」『理科教育学研究』55（3），pp.289-298.

楠見孝（2018）「批判的思考への認知科学からのアプローチ」『認知科学』25（4），pp.461-474.

（木下博義）

‖ Q 22　理科における推論について述べなさい

　利用可能な情報（前提や証拠）から，新しい結論を導く思考を推論と呼ぶ。私たちは日常生活の中で頻繁に推論を行い，何らかの結論を導いている。このような推論のうち，自然科学に特有のものを「科学的推論」と呼ぶ。理科の授業において学習者は，自ら科学的推論を行い問題解決に取り組むことが期待され，科学的推論能力の育成は理科教育における重要な目標の1つとなっている。科学的推論能力の育成は，幼稚園から大学までの期間の学習において最も価値のある学習成果の1つだという指摘もある（Hetmanek et al., 2018）。本節では，理科における推論（科学的推論）について概説する。

1．理科における推論（科学的推論）の特徴

（1）科学的推論とは何か

　自然科学に特有の推論を科学的推論と呼ぶ。日常的な推論と科学的推論の違いは，利用可能な情報の種類や結論の導き方にある。自然科学において利用可能な情報は，すでに明らかになっている研究成果である。また，自然科学においては［問題提起，仮説設定，実験・観察，考察］といった一連の問題解決を通して結論が導かれる。つまり，科学的推論とは，自然科学における研究のプロセスにおいて必要となる多様な思考の集合を指す。

　日本の小学校理科においては，学習者が一連の問題解決に主体的に取り組むことを重視することから，その過程において科学的推論を行うことが必要になる。その際，学習者が利用可能な情報は，すでに学習した内容や日常経験である。学習者はこれらの情報をもとに，問題解決の各プロセスにおいて，科学的推論を行うことになる。例えば，自身の知識や経験をもとに，目の前の現象を説明する仮説を立てるという行為は，小学校理科で見られる科学的推論の1つである。

(2) 科学的推論能力の発達

　一般に科学的推論能力は，学年進行に伴い成長する。この成長には3つの要因が関係すると考えられる。1点目は，身体的成長である。小学校の中〜高学年以降，一般的な知能が大人と同等に達し（Bayley, 1949），論理的な思考が可能になってくる（Shayer & Wylam, 1978）。2点目は，知識の獲得である。理科の学習や日常生活を通して自然科学に関する知識が増え，科学的推論を助ける。3点目は，思考力の向上である。教科の学習を通して身に付けた汎用的な思考力もまた，科学的推論を助ける。小学校理科では，抽象的な思考が必要となる目に見えない事象を高学年に配置し，中学年では主に目に見える事象を配置するよう工夫がなされている。これは科学的推論能力の発達という観点からも有効であると考えられる。ただし，科学的推論能力の発達は，推論の種類によって異なるという指摘があることや，個人差も大きいと考えられることから，学習者の状況に応じた指導が必要となる。

2. 科学的推論の分類

　科学的推論は多様な思考の集合であることから，複数の観点から分類することが可能である。どのような分類が可能かを知ることは，理科授業における学習者の推論を捉える上で役立つ。ここでは代表的な分類を3点紹介する。

（1）推論形式による分類

　1つ目の分類として，推論における論理形式に着目した分類がある。推論形式には主に4つの分類が指摘されており（戸田山，2005），科学的推論においてもこの分類を適用する考え方がある（表3-22-1）。4つの推論形式のうち，最も確実性が高いのは演繹である。演繹は前提が正しい場合，得られる結論も必ず正しい。ただし，演繹は前提に暗に含まれている情報の言いかえに過ぎず，前提と比べて情報量は増えない。一方で，帰納，類推，アブダクションの推論形式では，前提には含まれていなかった情報が付け加わるため，前提よりも情報量が増える。ただし，これらの推論形式では，前提が正しくても得られる結論は誤っている場合がある。例えば，表中の帰納の例であれば，前提は正しいにもかかわらず，実際には白いカラスが存在すること

表3-22-1　推論の分類

名称	形式と事例
演繹	AならばB。Aであった。ゆえにB。 例：酸性であれば赤くなる。赤くなった。ゆえに酸性。
帰納 （枚挙的帰納）	A_1はPである。A_2はPである。…A_nはPである。 （きっと）すべてのAはPである。 例：ハシブトガラスは黒い。ハシボソガラスは黒い。…きっと，すべてのカラスは黒い。
類推 （アナロジー）	AはPである。AとBは似ている。 （きっと）BもPである。 例：植物の種子には栄養が蓄えられている。植物も動物も生物である。きっと，動物の卵にも栄養が蓄えられている。
アブダクション	Aである。Hと仮定するとなぜAなのかうまく説明できる。 （きっと）Hである。 例：土が湿っている。雨が降ったと仮定するとなぜ土が湿っているかうまく説明できる。きっと，雨が降ったのである。

（戸田山，2005をもとに筆者作成）

から，すべてのカラスは黒いという結論は誤りである。

（2）思考操作による分類

　2つ目の分類は，理科の問題解決の各場面における特定の思考操作に着目した分類である。具体的には，条件制御，論証（アーギュメント），モデリング，グラフ解釈，統計的推測などがこれにあたる。例えば，理科授業において，実験を計画する場面では，変える条件を1つにして，その他の条件はそろえる条件制御が必要となる。このような思考操作は自然科学に特有のものであり，問題解決に取り組みながらこれらの科学的推論を身に付けられるよう指導することが求められる。

（3）内容による分類

　3つ目の分類は，学習内容に着目した分類である。利用可能な情報から結論を導く際に必要となる能力は，領域一般の推論能力だけでなく，領域に固有の推論能力が必要になるという考え方がある。このような考え方に基づけば，エネルギー，粒子，生命，地球といった各領域に固有の科学的推論能力を想定することができる。例えば，地球の領域の科学的推論としては，時間的・空間的な規模の大きなスケールで考えることが特徴的であり，固有の能力を想定することができる。

3. 科学的推論の指導

　科学的推論に関する指導を検討するうえでは，科学的推論能力が領域一般（domain-general）であるか，領域固有（domain-specific）であるかという点が問題となる。領域一般であるとは，特定の領域や内容に依存せず，広く適用可能な科学的推論の能力が存在することを意味する。他方，領域固有であるとは，ある領域に特徴的で，適用範囲は狭いが局所的に有効に働く科学的推論の能力が存在することを意味する。どちらの立場がより適切かについては研究者によって意見が分かれているものの，ここでは領域一般説の考え方に基づく指導法を紹介する。

　領域一般説の立場では，すべての領域に共通した汎用的な科学的推論能力の存在を仮定する。このような科学的推論能力を育成するには，直接教授と間接教授という2つの指導法が存在し，共に有効性が確認されている。直接教授では，科学的推論の方法のみを取り出して，その手順を指導する。例えば，条件制御能力であれば，変える条件を1つにして，その他の条件はそろえるという手続きを明示的に教える。他方，間接教授では，問題解決に取り組む中で，繰り返し科学的推論を経験させ，能力を獲得させる。どちらの教授法がより優れているかについては，科学的推論の種類によって結果が異なっている。実際の理科の授業では，両方の教授法を用いて，ある単元で直接的に教授した科学的推論を，その後の単元で繰り返し経験させるといった指導が行われる場合がある。

参考文献

Fischer, F., Chinn, C. A., Engelmann, K., & Osborne, J.（Eds.）（2018）. Scientific reasoning and argumentation. NY: Routledge.

（中村大輝）

第4章

理科の評価法

Q1 小学校理科における観点別学習状況の評価について述べなさい

1. 観点別学習状況の評価の導入

　学校の教育活動においては，学習成果を的確に捉えられる学習状況の評価が極めて重要になる。これは，教員が指導改善を図るため，また，児童生徒が学びを振り返って次の学びへ向き合うために不可欠である。よって，教員は授業のねらいとその達成水準の設定だけでなく，児童生徒の成長を眺め，より深い学びの出現の有無を捉える必要がある。さらに，教育課程や学習・指導方法の改善と一貫させて，評価の在り方も改善することが求められる。

　1987（昭和62）年12月の教育課程審議会答申に基づき，1989（平成元）年改訂の小学校学習指導要領の施行年から観点別学習状況の評価が導入された。答申では，生涯学習の基礎を培うために「自ら学ぶ意欲と社会の変化に主体的に対応できる能力の育成を重視する必要がある」と指摘し，学習結果の「知識・理解」への偏重ではなく，学習過程での「関心・意欲・態度」や「思考・判断・表現」の修得に価値を多く認める「新しい学力観」を提起したのである。小学校理科では観察・実験などを伴う主体的な問題解決学習を通じた能力育成として「自然事象への関心・意欲・態度」，「科学的な思考」，「観察・実験の技能」，「自然事象についての知識・理解」の4観点を目標に掲げ，活動過程における実態に基づき評価を行うこととして，取り入れられたのである。

2. 2017（平成29）年改訂小学校学習指導要領における観点別目標

　小学校学習指導要領の2017（平成29）年改訂では，児童生徒が目的を自ら考え，自らの可能性を発揮し，よりよい社会と幸福な人生の創り手となる力を獲得できることが重要と示された。2007（平成19）年改正の学校教育法に記された学力の3要素を踏まえて，全ての教科等の目標及び内容を「知識及び技能」，「思考力，判断力，表現力等」，「学びに向かう力，人間性等」

の，育む3つの資質・能力で整理し直した。

（1）知識及び技能

理科では，「自然の事物・現象についての理解を図り，観察，実験などに関する基本的な技能を身に付けるようにすること。」と示される。児童は，自然事象に働きかけて問題解決を行って，その性質や規則性などを把握するが，解決過程を通じて既有のイメージや素朴概念などを，既習内容や生活経験，観察・実験の導出結論と意味付け・関係付けて，妥当性が高い，より深い理解へとつなげていく。また，観察・実験などの技能では，目的に応じた器具・機器の工夫ある取り扱いや，結果の適切な記録が求められる。

（2）思考力，判断力，表現力等

理科では，「観察，実験などを行い，問題解決の力を養うこと。」と示される。児童が自然事象に関心持って問題を見いだし，予想や仮説に基づく観察・実験を行い，結果から結論を導き出す過程で，問題解決の力が育成される。

　小学校では学年ごとに育成を目指す問題解決の力を示している。第3学年は，主に複数の自然事象を比較して捉えた差異点や共通点を基に，問題を見いだすことである。第4学年は，主に自然事象同士や，自然事象と既習の内容や生活経験との間の関係付けを基に，根拠のある予想や仮説を発想することである。第5学年は，主に自然事象への影響要因の予想や仮説を基に，条件制御の考え方を用いて解決の方法を発想することである。第6学年は，主に既有の考えを検討し，より科学的なものに変容させようと自然事象を多面的に考え，より妥当な考えを作り出すことである。これらは，各々の学年を中心に育成するが，他学年に掲げる力の育成にも配慮することや，内容区分や単元特性で扱い方が異なることにも留意する必要がある。

（3）学びに向かう力，人間性等

理科では，「自然を愛する心情や主体的に問題解決しようとする態度を養うこと。」と示される。生物の飼育・栽培などを介して，生物愛護や生命尊重の態度が育まれる。生物に限らず天然物や人工物など，自然事象を直接扱う体験を通して，自然を愛する心情を育てることを大切にする必要がある。

　また，主体的に問題解決しようとする態度は，その学習を自ら行うことで

表出された姿である。自然事象へ進んで関わり，見いだした問題に見通しをもって追究する。追究過程では学習を振り返って意味付けし，獲得した資質・能力を自覚し，再度自然事象や日常生活を見直し，学習内容の深い理解や新しい問題を見いだす。意欲的で粘り強い態度，他者と関わる態度，学んだことを当てはめてみる態度などが表れるよう，目指すことが大切である。

3. 小学校理科における観点別学習状況の評価

2017年改訂を踏まえ，各教科における観点別学習状況の評価の観点については，「知識・技能」「思考・判断・表現」，「主体的に学習に取り組む態度」の3観点に整理されている。なお，「学びに向かう力，人間性等」のうち，観点に扱われず個人内評価の対象となった「感性や思いやり」は，児童生徒が学習の意義・価値を実感できるよう，個々の良い点や可能性，進捗状況などを積極的に評価し伝えることが重要であるとしている。小学校理科における観点別学習状況の評価の取り扱いについて，以下に示す。

（1）知識・技能

知識と技能，各々の習得状況を評価するとともに，それらを既有の知識・技能と関連付け活用する中で，他の場面で用いられる程に概念理解や技能習得が完成しているかも評価する。例えば，ペーパーテストにおいて，学習で扱った事実的な知識の習得を問う問題と，学習文脈から少し提示情報を変えて知識の概念的な理解を問う問題とのバランスを配慮して実施することが考えられる。また，児童生徒に理解内容について文章で説明を行わせたり，観察・実験の過程で知識や技能を用いさせる場面を設けて彼らの表出を促したりするなど，多様な方法を適切に取り入れることも必要であると考えられる。

（2）思考・判断・表現

各教科等の知識及び技能を活用した課題解決のために，必要な思考力，判断力，表現力等の獲得を評価する。例えば，提示情報から解釈や判断等を問うようなペーパーテストのほかにも，学習活動での確認事実やそれに基づく考えを振り返らせた論述やレポートの作成・発表，観察・実験に関するグループや学級の討論，学習成果を活かした作品制作（ものづくり）や発展的な課

題追及など，多様な活動を導入して活動過程について記録させ，それらを集めたポートフォリオを活用して評価に利用することが考えられる。

（3）主体的に学習に取り組む態度

知識・技能や思考力，判断力，表現力等を獲得するために，自らの学習状況を把握するとともに，学習の進め方の試行錯誤など自らの学習行動を調整しながら，学びを進めようとしているかどうか，意思的な側面を評価する。例えば，ノートやレポート等での振り返り記述，授業中の提案や質問などの発言，教師による行動観察や，児童生徒による学習指標に基づく自己評価や相互評価等の状況を，教師が評価で考慮する材料とすることが考えられる。

4．指導と評価の一体化に向けて

学習状況を分析的に捉える観点別学習状況の評価と，総括的に捉える評定とを，学習指導要領に定めた目標に準拠した評価として実施することが必要になる。教師は学習指導の在り方を見直すことや，個に応じた指導の充実を図ること，そして，学校は教育活動を組織として改善することが重要であり，学校全体で指導と評価の一体化の推進に取り組むことが，カリキュラム・マネジメントで欠かせない視点である。理科における指導と評価に関して，教員間で日頃から情報交換や意見交換を交わすことが，見方・考え方の共有を進めるうえで重要になるであろう。

参考文献

国立教育政策研究所教育課程研究センター（2020）『「指導と評価の一体化」のための学習評価に関する参考資料小学校理科』東洋館出版社.

文部科学省（2017）『小学校学習指導要領（平成29年告示）解説　理科編』東洋館出版社.

日本教育情報学会（1988）「資料2　教育課程の基準の改善について　昭和62年12月29日 教育課程審議会 最終答申」『教育情報研究』3（4），pp.64-85.

（平野俊英）

Q2 真正の評価（オーセンティックアセスメント）について述べなさい

1. オーセンティックアセスメントとオーセンティックタスク

　わが国の戦後の学習評価は，児童・生徒を序列化することを目的としており，努力した結果を相対評価していた。1960年代に入ると，相対評価に対する非教育性の声が高まり，その後の学習評価は，設定された目標をどの程度達成したかを探る到達度評価へと変化した。近年では，自己評価の強調に加えて，学習内容をいかに活用・応用できるかという評価に関心が向けられており，その代表的な評価法が真正の評価（"authentic assessment"；以下，オーセンティックアセスメント）である。

　オーセンティックアセスメントは，児童・生徒がこれまでに学んだものを知的に活用し，「現実社会を模写した枠組みの中で，新たな状況を切り開きながら学習しているかどうかを評価」する。そこでは，教師が，現実世界の文脈を設定し，創造性に富んだ課題を解く過程の中で，児童・生徒が知識をいかに適用し，活用しているかを探ることを目的としている。オーセンティックアセスメントは，本物の科学的な思考を探る評価法と言われており，児童・生徒が学習内容を正確に記憶しているかではなく，実際の場面で役立つ能力をしっかり身に付けているかどうかを評価する。このように，オーセンティックアセスメントは，児童・生徒の知的成長を正確に映し出し，それを測り取ることに評価の本質を見いだそうとしている。

　また，オーセンティックアセスメントは，行動を単に遂行するプロセスを評価しているのではなく，実生活や実社会の文脈の中で課題を成し遂げるプロセスを評価している。したがって，ここでは，実行することを求める課題の重要性が叫ばれている。このような課題はオーセンティックタスクと呼ばれ，「現実世界の文脈の中で，個人のもっている知識を，いかに適用し応用するかを試す（実行する）課題」と定義されており，その課題には，児童・

生徒の生活文脈に即したリアルさが求められている。

　近年では，オーセンティックタスクは，特別な分野の専門家が直面するリアルな課題を模写している事例も多く，その作成は一般的なテストを作る以上の労力が必要とされる。また，一連のタスクは複雑で多次元な課題を含むことも多く，問題解決やクリティカルシンキングのような高次な思考を要求している。

2.　オーセンテックアセスメントとルーブリック

　学習評価では，学習成果や児童・生徒の作業や活動に点数を付けなければならない場合と，それらの結果をもとに，作品の出来や行為から能力の向上を読み取り，得点化しなければならない場合とがある。オーセンティックアセスメントは後者の立場に立ち，単独の得点や平均点のみを付けることはなく，ルーブリックを用い，児童・生徒の成長の様子や能力の向上を読み取ることを目指している。

　ルーブリック（評価指標）は，テスト，パフォーマンス，ポートフォリオなどを評価し，点数化するために使用される確立した基準である。「採点のための鍵」という意味でも用いられるルーブリックは，児童たちの作品や行為の良さを判断するためのガイドラインとして使用される。加えて，ルーブリックでは評定の段階が明確に示されており，教師にとっては「何を教えるべきか」を，児童・生徒にとっては「何を学ぶべきか」を明らかにするためのガイドラインとしての機能もある。したがって，ルーブリックを児童・生徒にきちんと示し，教師と共通のルーブリックのもとで作品作りを行ったり，成果を発表させることが，オーセンティックアセスメントには欠かせないのである。

　このように，オーセンティックアセスメントでは，ルーブリックをもとに授業が構想され，さらに，学習成果はルーブリックをもとに得点化されることになる。

3.　小学校理科を事例としたオーセンティックアセスメント

　小学校理科で扱うオーセンティックアセスメントの例として，「気象予報

士が天気予報を行う」という現実世界の文脈を模写した課題を紹介する。この課題では，学習で得た知識を現実の世界の文脈でどのように活用できるかを探っている。

　小学校５年生で扱う「天気の変化」の単元は，「１日の天気の様子を観測したり，映像などの情報を活用したりして，天気の変わり方を調べ，天気の変化の仕方についての考えをもつようにする。」ことをねらいとしている。

　児童たちは，本タスクを実施する前までに概ね次の学習内容を勉強している。気象情報に基づき，「雲はおおまかに西から東へ移っている。」「天気もおおまかに西から東へ移っている。」の２点である。また，「低気圧では雲ができやすく，雨が降ることが多い。」ことも学習している。

【オーセンティックタスク】

　「あなたは気象予報士です。衛星画像や天気図を見て，天気予報などをする仕事をしています。○○小学校では明日，みんなが楽しみにしていた春の運動会があります。しかし，雨がふると延期です。○○小学校のみんなは，明日の天気がとても気になっています。

　そこで，あなたは気象予報士として，明日の天気を予想することにしました。今ここに，今日9:00の衛星画像と天気図，そして9:00と17:00のアメダスがあります。これらの気象情報とこれまでに理科の時間に学習したことをフル活用して，明日のこの地域の天気を予想してください！

　なお，○○小学校のみんなが『なるほど！』と思えるように，理由を必ずつけて説明してください。必要ならば，図や絵などをかいてもよいです。また，教科書，ノートを参考にしてもかまいません。」

　このオーセンティックタスクを用いた授業では，天気図，衛星画像，アメダスの降水量のデータなど複数の気象情報が児童に示され，これらをもとに，明日の天気の予想と，その理由をわかりやすく説明するよう求めている。また，このオーセンティックタスクでは，学習した知識の単なる再生を求めていないので，知識や情報の活用・応用能力を探る観点から，教科書や資料を見てもよいとしている。

4. オーセンティックタスクで扱う文脈

　オーセンティックタスクの適切さを決める観点は，課題が「リアル（realistic）かどうか」，そして，それが「職場や市民生活や個人の生活の中で，大人がテストされている文脈を模倣し，シミュレーションしているかどうか」である。

　上述したオーセンティックタスクについては，単に，雲の動きや大気の動きの変化や方向を尋ねるだけなら，学習した内容を問う課題にすぎない。これは単なる知識再生を求めるテストである。本オーセンティックタスクのリアルさは，天気図，衛星画像，アメダスの降水量のデータなど，実際に存在する多種類の情報が混在している点にある。

　児童は多種類の情報に基づき，構造化されていない課題を解決するために，学習で得た知識やスキルをフル動員し，使用しなければならない。このように，このオーセンティックタスクには複雑な挑戦が準備されており，最終的には，与えられた文脈のもとでの制限をどのように捉えるかによって児童の回答が変わってくる。

　さらに，このオーセンティックタスクでは「気象予報士」という文脈を重要視している点が大切である。気象予報士はわれわれ市民世界に欠かせない情報を提供しており，気象予報という「大人（この場合は気象予報士）がテストされている文脈」を模倣している。ここでいう文脈とは，大まかには，特有の制約，目的，聴衆を伴う特定の状況として捉えることができ，本課題で模倣した文脈の中には，「気象予報士」「明日の天気の予想」「予想の説明を行う」という特定の状況も含まれている。このように，オーセンティックアセスメントでは，文脈を重視したオーセンティックタスクを解くことの中で，児童・生徒一人一人の知識や能力を探っている。

　ところで，オーセンティックアセスメントに取り組もうとする教師は，伝統的に行われてきたテストに比べ，作成・評価に手間暇がかかる点を意識しなければならない。さらに，評価指標であるルーブリックを教授学習のガイドラインとして，いかに価値あるものにするかどうかに関しては，教師のみ

ならず，一人ひとりの児童・生徒の努力に委ねられている点も忘れてはいけない。

参考文献

片平克弘（2005）「中学校理科における『確かな学力』の育成を目指した指導の工夫・改善」『中等教育資料』No.6, pp.10-15.

Kathleen Montgomery（2001），Authentic assessment: A guide for elementary teachers, Longman.

梶田叡一（2007）『教育評価入門 ── 学びと育ちの確かめのために』協同出版.

東洋（2001）『児童の能力と教育評価』東京大学出版会.

（片平克弘）

---

*註

　オーセンティックアセスメントで用いられるオーセンティックの訳語については，欧米の文献において行われている主張を踏まえると，「信頼すべき」「根拠のある」「確実な」といった訳語が相応しいと筆者は考えるが，一般的に用いられることが多い「真正の」「本物の」をここでは採用した。

Q3　パフォーマンス評価について述べなさい

1．パフォーマンス評価とは

　パフォーマンス評価は，子どもの思考過程を様々な行動や作成物を通して，思考のプロセスを総合的に評価していく方法である。実技テストのような実演や口頭試問，概念マップやレポート，プレゼンテーションなども，評価が伴えばパフォーマンス評価といえる。

　学習評価を行う一般的な方法として，ペーパーテストがある。しかしながら，ペーパーテストで測定できる能力には限界があり，測定できない能力をいかに測定するかが以前から指摘されている。例えば，ペーパーテストは学習による成果を測定することが中心となるため，学習のプロセスが十分に測定することができていないという指摘である。このため，子ども個人の能力を測定する際には，ペーパーテストに偏らずに，様々な評価方法から評価をしていく必要がある。

　2019年改訂の学習指導要領では，資質・能力を育成する評価の観点として「知識・技能」「思考・判断・表現」「主体的に学習に取り組む態度」の３つがある。小学校理科において，まず「知識・技能」の技能については，「実験の技能」や「結果を表などにまとめる技能」を測定する方法として，パフォーマンス評価が適しているといえる。次の「思考・判断・表現」では，「問題解決の力」と呼ばれるものが身についているかどうかを評価することになる。「問題解決の力」は，学年により主に育成する力が異なるが，第3学年では「問題を見いだす力」，第４学年では「根拠のある予想や仮説を発想する力」，第５学年では「解決の方法を発想する力」，第６学年では「より妥当な考えをつくりだす力」である。このような育成したい力（評価する力）は，学習の過程で様々な形で表現させなければ評価することが困難であるため，パフォーマンス評価が適しているといえる。最後の「主体的に学習に取り組む態度」では，単にある学習場面で「自然事象に興味・関心をもっているか」

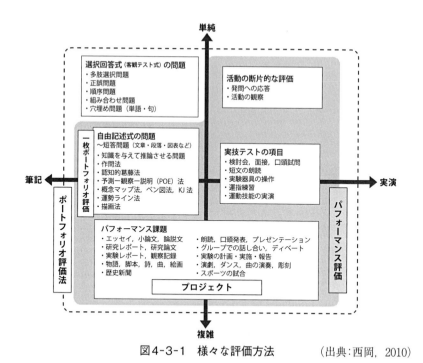

図4-3-1　様々な評価方法　　　（出典：西岡，2010）

「意欲的に学習に取り組んでいるか」どうかで評価するのではなく，「ある自然事象に対して問題をもち，その問題を解決するために持続的に解決まで取り組んでいるかどうか」を評価することになる。そのため，継続的に子どもたちがどのように考えながら問題解決に取り組んでいるかを見取るうえで，パフォーマンス評価が適しているといえる。

　小学校理科では知識の定着だけではなく，問題解決の過程においてどのように問題を解決しているのかという過程が重視される教科である。そのため，授業場面によって様々な評価の方法を組み合わせて見取ることが求められる。

2．パフォーマンス評価が求められるようになった背景

　日本においてパフォーマンス評価が注目を浴びるようになった要因はいくつかある。

　1つ目としては，2000（平成12）年12月4日の教育課程審議会答申「児

童生徒の学習と教育課程の実施状況の評価の在り方ついて」において，これまでの相対評価から「目標に準拠した評価」（絶対評価，個人内評価）になったことである。これは，個人の学習状況が目標に対してどの程度達成されているかを評価することを意味し，それを見取るための方法としてパフォーマンス評価がその方法として注目を浴びた。

2つ目としては，2010（平成22）年の学習指導要領改訂に伴う指導要録の観点の変更である（2010年3月24日，児童生徒の学習評価の在り方について（報告））。表4-3-1の2001（平成13）年改訂版から2010年改訂版を見ると，「表現」の位置が「技能・表現」から「思考・判断・表現」へと変わり，その解釈が変更されていることがわかる。

2001年改訂版では，「表現」を表現するための技能として解釈していたものの，2010年改訂版での「技能」を，2001年改訂版の「技能・表現」と同じ意味として考え，2010年改訂版での「思考・判断・表現」を，言語活動を中心とした表現に係る活動や児童生徒の作品等と一体的に行うことを明確にし，「思考・判断したことを，記録，要約，説明，論述，討論といった言語活動等を通じて評価するもの」として解釈を変更した。また，思考・判断の結果だけではなく，その過程を含め評価することが特に重要であることにも触れられたこともあり，パフォーマンス評価が注目を浴びた。なお，この考え方は，2019年改訂版においても踏襲されているため，パフォーマンス評価の重要性は変わっていない。

3つ目としては，2007（平成19）年から始まった「全国学力・学習状況調査」での「主として『活用』に関する問題」（いわゆる「B問題」）の重要性が言われるようになったことである（2010年3月24日，児童生徒の学習評価の在り方について（報告））。これまでの知識を問う問題（いわゆる「A問

表4-3-1　学習指導要領における指導要録の「観点」の変遷

2001 年改訂版	2010 年改訂版	2019 年改訂版
関心・意欲・態度 思考・判断 技能・表現 知識・理解	関心・意欲・態度 思考・判断・表現 技能 知識・理解	知識・技能 思考・判断・表現 主体的に学習に取り組む態度

題」）だけではなく，知識や思考の複合的な活用によって解決することが重要視されるようになり，これまで以上に思考過程を視覚化する重要性から，パフォーマンス評価が注目を浴びるようになったといえる。これらの要因から日本においてパフォーマンス評価が注目を浴びるようになったが，その必要性は現在も続いている。

３．小学校理科におけるパフォーマンス評価

本節では，小学校理科におけるパフォーマンス評価の例として，一般的に行われる観察・実験のノート記録と，実験器具の操作のパフォーマンス評価について述べる。

（１）観察・実験のノート記録

観察や実験のノート記録は個人の思考過程を記述し，評価として活用すればパフォーマンス評価といえる。2019年改訂の学習指導要領改訂に伴って，上述のように「思考・表現」の評価として「問題解決の力」が身に付いているかどうかを判断する必要がある。図4-3-2のノートは，子どもの思考過程が見えるようにするための記述例である。

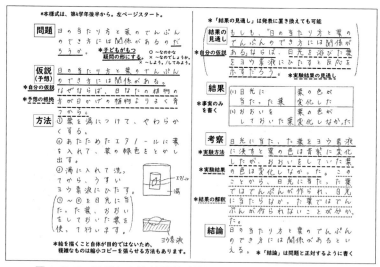

図4-3-2　子どもの思考過程が見えるようにするための記述例

　子どもは問題解決の過程に沿って，どのように思考しているかノートを通して視覚化し，評価するように試みている例である。ここでのノート記述は，板書を写したり，人の考えばかりを書いたりするのではなく，自分自身の考えを表現するものとしている。子どもの思考過程を評価する際には，他者の考えを書く前に自分自身の考えを書く。このことで，問題解決の各過程において，どのように思考しているのかが視覚化され，評価が可能となる。

（2）実験器具の操作

　2019年改訂の学習指導要領改訂に伴って技能を評価する際，「実験の技能」や「結果を表などにまとめる技能」が身に付いているかどうかを判断する必要がある。後者については上述のノート記述にて評価することが可能となるが，前者の「実験の技能」については，観察や実験の最中に正しく実験器具が活用されているか，安全面に配慮されているかなど，適切な操作がなされているかどうかを評価していくことになる。この場合，理科の実験器具など「個人に操作技能があるかどうか」を見取る必要があるため，班での活動をする際に操作する子どもが一部に偏らないようにする配慮が必要である。

　実験器具の操作を評価するとしても，様々な視点で評価が可能であるため，あらかじめ評価の観点を確認する必要がある。例えば，以下のような観点がある。

> ・目的を達成するための方法か（妥当性があるか）
> ・正しい操作，手順か（客観性があるか）
> ・正確性，緻密性をもって取り組んでいるか（信頼性があるか）
> ・一つひとつの操作の目的や意味を理解しながら操作しているか

　このようにパフォーマンス評価は，様々な方法，観点が可能である。授業の目的，育成したい力，授業時間，年間計画など，計画的に評価のための検討が必要といえる。

参考文献・URL

教育課程部会「児童生徒の学習評価の在り方について（報告）」https://www.mext.go.jp/b_menu/shingi/chukyo/chukyo3/004/gaiyou/1292163.

htm（2020年5月31日閲覧）.

教育課程審議会「児童生徒の学習と教育課程の実施状況の評価の在り方について」https://www.nier.go.jp/kaihatsu/houkoku/tousin.pdf（2020年5月31日閲覧）.

西岡加名恵（2010）「指導要領改訂の方向性と今後の評価の在り方」田中耕治編著『小学校学習指導要領のポイント』日本標準.

田中耕治編著（2011）『パフォーマンス評価　思考力判断力表現力を育む授業づくり』ぎょうせい.

（寺本貴啓）

Q4　ポートフォリオ評価について述べなさい

1．理科教育の目標とポートフォリオ評価

　ポートフォリオとは，学習者の一連の学習活動の過程と成果をファイル等に整理したものであり，具体的にはワークシートやメモ，製作した作品や振り返りの記述，調査して収集した資料等，様々なものが想定される（勝見，2010）。ポートフォリオには学習者の学習の過程や成果が蓄積されているため，指導者はこれらの情報を基に学習者を評価することができるとともに，学習者にとっても，自身の学習の過程や成果を振り返りやすくなり，自己認識を促す効果が期待できる。

　ポートフォリオを評価に用いる意義については，「真正の評価（Authentic Assessment）」の必要性の観点から説明される。真正の評価では，多肢選択式や一問一答式といった，いわゆる標準テストによる評価ではなく，現実的な文脈における問題解決の能力を評価することが，当該学習者の資質・能力を正確に把握することにつながると考えられている。

　2017（平成29）年改訂学習指導要領では，児童生徒に育むべき資質・能力が3つの柱（①「知識及び技能」，②「思考力，判断力，表現力等」，③「学びに向かう力，人間性等」）に整理された。これを受け，2019（平成31）年1月の中央教育審議会報告書「児童生徒の学習評価の在り方について（報告）」では，上述の3つの柱それぞれについて，評価の視点が示されている。

　まず①「知識及び技能」の評価については，文字通り知識や技能の習得状況を評価するのみならず，それらを既有の知識や他の学習場面，生活場面と関連付けたり活用したりできるか否かについて評価する必要があると示されている。ポートフォリオには各時間のワークシートや製作物が含まれるため，これらは知識及び技能の評価の手がかりとなることができるであろう。

　次に②「思考力，判断力，表現力等」の評価について，上記報告書では具体的な方法としてポートフォリオ評価が例示されるとともに，各教科の特質

に応じて評価方法の工夫が必要であると述べられている。2017年改訂小学校学習指導要領における理科の目標には，思考力等に関して「理科の見方・考え方」を働かせる必要があることや，観察，実験などを通して問題解決の力を養うことが挙げられており，これらを評価することが求められる。ポートフォリオには仮説の設定や実験方法の立案，実験結果や考察といった理科の問題解決過程が記録されているため，これらを基に思考力等の評価を行うことができるであろう。

さらに③「学びに向かう力，人間性等」については，感性等の側面については個人内評価を行うとともに，主体的に学習に取り組む態度については「粘り強く学習に取り組む態度」や「自ら学習を調整しようとする態度」といった視点から評価するよう示されている。ポートフォリオには学習者の自己評価を促す機能があるとともに，単元の節目における振り返りや次なる目標を書かせることもできるため，これらを評価に活用することができるであろう。

以上のように，ポートフォリオ評価は理科教育における今日的な学力観と評価の目的に対し，理にかなった有効な手段であるといえる。

2．ポートフォリオ評価の留意点と OPPA の活用

前述の通り，ポートフォリオ評価は真正な学習を評価することを目的に用いられる傾向がある。だからというわけではないが，ポートフォリオ評価を前提とした学習では，「子ども達にとって現実味があり，真正性を担保された学習課題」を設定することが肝心であろう。加えて，前項で示した資質・能力の3つの柱を適切に評価できるよう，どのようなものをポートフォリオに収集させていくのか，ワークシートには具体的に何を書かせるのか等，あらかじめ指導者側が見通しをもっておくことが大切である。特に前項で示した「粘り強く学習に取り組む態度」や「自ら学習を調整しようとする態度」の評価を行うためには，各時間における「振り返り」の記述が重要な意味を持つと考えられるため，これらを意図的に取り入れる必要がある。

これまで述べてきたようなポートフォリオ評価の利点を生かしつつ，必要最小限の情報を最大限に活用する評価方法として，「一枚ポートフォリオ評

価（One Page Portfolio Assessment,　以下OPPAと表記）がある（堀，2012）。OPPAでは学習前後の本質的な問いとそれに対する回答，各時間の学習履歴，学習後の自己評価といった内容を，OPPシートという1枚の紙に記入させていき，単元の学習プロセスを確認できるようにしている（後掲の図4-4-1も参照）。OPPシートは一覧性に優れ，単元全体の振り返りに適しているため，その他の資料（各時間のワークシートや作品など）と組み合わせながら適切に利用していく必要がある。

3．ポートフォリオ評価を活用した小学校理科の実践例

　これまで述べてきた意義や留意点を踏まえ，小学校第5学年「電磁石」の単元を取り上げ，ポートフォリオ評価を活用した実践例について，堀（2012）を参考にしつつ，指導過程を含めて提案を行うこととする。ここでは知識や思考力等を実験ワークシートから，技能をクリップモーター製作から，主体性をOPPシートから評価することを想定している。

　まず単元導入時に，現実味のある学習課題として「大量の空き缶の中からスチール缶だけ取り出すにはどうすればいいだろうか？」を提示する。児童はこれまでの学習や日常経験を基に，図4-4-1の例のようにOPPシートに自分の考えを記入する。その後，各児童の考えを発表させる中で，「磁石につくというスチール缶の性質を利用したいが，大量にあることから何かよい方法はないだろうか」と問いかけていき，解決のヒントになるものとして電磁石を提示するとよい。

　次に単元展開時には，通常の指導過程を進めつつ，各時間の終了時にOPPシートへ学習履歴を記入させていく。ここにはその時間のポイントや，自分の学習に対する振り返り，次回や今後への課題を記入させていく。OPPシートの振り返りから主体性を評価できるため，実験のワークシートにはその分，仮説や検証計画，結果や考察等，知識・技能や思考力等を評価できる内容をしっかりと書かせるとよい。また，単元当初の学習課題との関連を失わせないため，折に触れて「電磁石を強くすることが，確実にスチール缶を取り出すことにつながる」点を想起させたい。

単元名タイトル：電流が生み出す力

大量の空き缶の中から，スチール缶だけ取り出すにはどうすればいいだろうか？
（例）
・缶のマークを見て人の手で分別する。
・磁石をくっつけて，ついたものだけを取り出す。

学習履歴 1
（例）電磁石について学んだ。電流を通すと磁石になるなんて不思議だと思った。どうしたら強い磁石になるのか調べてみたい。

学習履歴 2
（例）電磁石を強くする方法を考え実験した。予想通り電流を強くすると電磁石が強くなった。ほかにも強くする方法があると思う。

大量の空き缶の中から，スチール缶だけ取り出すにはどうすればいいだろうか？
（例）
・大きくて強力な電磁石を使って入れ物からスチール缶だけを取り出し，別の入れ物の上で電源を切る。

学習履歴 4
（例）クリップモーターを作った。はじめはうまく回らなかったが，何度も調整してうまくいったときはとても嬉しかった。

学習履歴 3
（例）巻き数を変えて電磁石の強さを調べる実験を行った。導線の長さを変えてはいけない事に気づけなかったので，今後はもっと条件に気をつけたい。

学習後の自己評価
（例）電磁石を勉強したことで，ゴミの分別についてだけでなく，身の回りにある電磁石を使ったものについたもっと勉強したいと思えるようになった。実験では条件に気をつけないと確かめたいことが確かめられないと実感した。やる前にしっかり考えようと思えるようになった.

図4-4-1　OPPシートの例　　（堀，2012を参考に作成）

　最後に単元終了時に再度学習課題に回答させるとともに，OPPシート全体や実験のワークシート等を振り返らせながら，自己評価を記入させる。指導者はこれらをポートフォリオとして回収し，当初の評価計画に従って，知識・技能の獲得状況や思考過程，主体的に学ぶ態度などを評価していくとよい。

　以上のように，評価の観点ごとにどのような指標を評価に用いるのかを明確にした上で，計画的にポートフォリオを蓄積させることが望まれる。なお，実際の評価に当たっては，観点ごとにルーブリック等の基準を作成する必要もあるため，総括的な評価に組み込む箇所は精選しつつ準備を行うとよい。

参考文献

堀哲夫（2012）「ポートフォリオ評価」日本理科教育学会編著『今こそ理科の学力を問う ─ 新しい学力を育成する視点』東洋館出版社，pp.236-241.

勝見健史（2010）「ポートフォリオ」梶田叡一・加藤明監修『改訂実践教育評価事典』文渓堂，pp.234-235.

（山中真悟）

Q5　ルーブリックの作成・活用について述べなさい

1．ルーブリックとは

　ルーブリックは，多様な評価資料や情報から学習者の学習状況を点数化するための客観性や妥当性を担保して評価するために，学習活動に対して具体的な評価規準を設定し，観点ごとで判断する評価基準やその評価方法を表などにしたものである。

　ルーブリックが求められるようになった背景は，教育課程審議会（2000）の答申「児童生徒の学習と教育課程の実施状況の評価の在り方について」によって，絶対評価や個人内評価の重要性が述べられたことといえる。絶対評価や個人内評価へのシフトは，様々な学習活動において，授業目標に対する学習者の達成度を評価する客観的な評価指標が必要になる。また，学習評価を行う際，実技能力やノートなどの表現や技能，態度などの評価において，点数化しにくいもので習得度合いや達成度などを判断する基準が必要になり，ルーブリックの必要性が高まったのである。

　2017年改訂の学習指導要領では，資質・能力を育成するために「知識・技能」，「思考・判断・表現」，「主体的に学習に取り組む態度」の3つが評価規準になる。小学校理科でルーブリックを作成する際も，この3つを評価規準として，ある学習場面における具体的な評価規準や達成度を判断するための評価基準をまとめることになる。

2．小学校理科におけるルーブリックの作成と活用

　ここでは，ルーブリックの作成手順について述べる。作成するにあたり，国立教育政策研究所の「『指導と評価の一体化』のための学習評価に関する参考資料」や，各教科書会社から出ている指導計画や評価規準（基準）を参考にできる。本稿では，「『指導と評価の一体化』のための学習評価に関する参考資料」の内容を参考にして第3学年「物と重さ」のルーブリックの作成

について解説する。具体的には以下の手順に沿って進めていく。

①内容のまとまり（単元）の具体的な評価規準を確認する
②具体的な評価規準がどの時間の学習活動にあてはまるのか，どのような方法で評価するのかを整理する
③具体的な評価規準に対して，3段階で評価基準を検討する

　評価規準は，「知識・技能」「思考・判断・表現」「主体的に学習に取り組む態度」の3つであるが，内容のまとまり（単元）ごとで具体的な評価規準を考えることになる。

　「知識・技能」は，学習指導要領の「2内容」に書かれている「ア」をそのまま活用し，知識や技能によって語尾をそれぞれ「〜を理解している」，「〜身に付けている」にする。

　「思考・判断・表現」は，学習指導要領の「2内容」の「イ」をそのまま活用し，語尾を「〜表現している」にする。

　「主体的に学習に取り組む態度」は，「学年・分野別の評価の観点の趣旨」の「…についての事物・現象に進んで関わり，他者と関わりながら問題解決

学習指導要領2内容	知識及び技能	思考力，判断力，表現力等	学びに向かう力，人間性等
	ア　次のことを理解するとともに，観察，実験などに関する技能を身に付けること。 （ア）物は，形が変わっても重さは変わらないこと。 （イ）物は，体積が同じでも重さは違うことがあること。	イ　物の形や体積と重さとの関係について追究する中で，差異点や共通点を基に，物の性質についての問題を見いだし，表現すること。	※内容には，学びに向かう力，人間性等について示されていないことから，該当学年の目標（3）を参考にする。

内容のまとまりごとの評価規準例	知識・技能	思考・判断・表現	主体的に学習に取り組む態度
	・物は，形が変わっても重さは変わらないことを理解している。 ・物は，体積が同じでも重さは違うことがあることを理解している。 ・観察，実験などに関する技能を身に付けている。	・物の形や体積と重さとの関係について追究する中で，差異点や共通点を基に，物の性質についての問題を見いだし，表現している。	・物の性質についての事物・現象に進んで関わり，他者と関わりながら問題解決しようとしているとともに，学んだことを学習や生活に生かそうとしている。 ※学年・分野別の評価の観点の趣旨のうち「主体的に学習に取り組む態度」に関わる部分を用いて作成する。

図4-5-1　学習指導要領の「2内容」及び内容のまとまりごとの評価規準（例）」
（出典：「『指導と評価の一体化』のための学習評価に関する参考資料」）

しようとしているとともに，学んだことを学習や生活に生かそうとしている」を用いて作成する。

　なお，人間性は授業の中で評価しにくいものであるため，「主体的に学習に取り組む態度」に関わる部分のみを用いる。

　②具体的な評価規準がどの時間の学習活動にあてはまるのか，どのような方法で評価するのかを整理する

　具体的な評価規準を作成した後は，実際に単元や1時間の授業の流れのどのタイミングで何を評価するのか，どのような方法で見取るのかを整理する。例えば，「知識・技能」の「物は，形が変わっても重さは変わらないことを記述している」ことを単元全体のどこで評価するかを考えた場合，単元の最後にこれまでの学習を理解しているかどうかをノート記録で見取ることが考えられる。

　③具体的な評価規準に対して，3段階で評価基準を検討する

　ここでは，3つの評価規準に評価基準をどう設定するか，「知識・技能」と「思考・判断・表現」を例に述べる。

　「知識・技能」の具体的な評価規準として「物は，形が変わっても重さは変わらないことを理解している」ことを設定し評価する場合は，主にノートなどの記述分析になると考えられる。「知識・技能」については，B基準は学習指導要領に書かれていることになるため，「物は，形が変わっても重さは変わらないことを記述している」となり，Aは「物は，形が変わっても重さは変わらないことについて，理解したことをこれまでの学習内容や生活経験と結び付けて記述している」ことになると考えられる。なおCは，B基準に達

表4-5-1　知識・技能の評価基準

学習活動	評価規準	具体的な評価規準	評価資料	評価基準		
				A（3）	B（2）	C（1）
これまでの学習をまとめる	知・技①	物は，形が変わっても重さは変わらないことを記述している	ノート	物は，形が変わっても重さは変わらないことについて，理解したことをこれまでの学習内容や生活経験と結び付けて記述している	物は，形が変わっても重さは変わらないことの表現がある	物は，形が変わっても重さは変わらないことの表現がない

（筆者作成）

表4-5-2　思考・判断・表現の評価基準

学習活動	評価規準	具体的な評価規準	評価資料	評価基準		
				A (3)	B (2)	C (1)
形と大きさが似ている物を手で持って重さを比べ，考えたことを発表して，体積が同じ物の重さについて調べる問題を見いだす	思・判・表①	物の形や体積と重さとの関係について追究する中で，差異点や共通点を基に，物の性質についての問題を見いだし，表現している	ノート発表	体積が同じ物の重さについてより妥当な問題を見いだし，表現している	体積が同じ物の重さについての問題を見いだし，表現している	体積が同じ物の重さについての問題を見いだすことができない

（筆者作成）

していない状況を指す。

　「思考・判断・表現」の評価の指標として「問題解決の力」と呼ばれるものを活用する。それは学年によって異なり，「問題を見いだす力」，「根拠ある予想や仮説を発想する力」，「解決の方法を発想する力」，「より妥当な考えを作り出す力」の到達度が求められる。「物と重さ」では第3学年であるため，「思考・判断・表現」は「問題を見いだす力」ができているかどうかになる。B基準は「…体積が同じ物の重さについての問題を見いだし，表現している」となり，Aは「…体積が同じ物の重さについてより妥当な問題を見いだし，表現している」になると考えられる。この「より妥当な」の有無の違いについて説明すると，Bでの「問題の見いだし」は，子どもにとっての問題であれば何でもよく，単なる疑問レベルのものや検証不可能な問題など，授業で追究しないものであってもよいが，一方のAは，学習の文脈に沿っており検証が可能であるなど，授業で追究するに値する問題である点が大きく異なる。

　このように，ルーブリックは授業の前にあらかじめ作成するが，改善しながらより活用しやすくすることも求められる。

参考文献・URL

国立教育政策研究所『「指導と評価の一体化」のための学習評価に関する参考資料』https://www.nier.go.jp/kaihatsu/pdf/hyouka/r020326_pri_rika.pdf（2020年6月30日閲覧）.

高浦勝義著（2004）『絶対評価とルーブリックの理論と実際』黎明書房.

高浦勝義・松尾知明・山森光陽編著（2006）『ルーブリックを活用した授業づくりと評価①小学校編』教育開発研究所.　　　　　　（寺本貴啓）

Q6　理科における形成的評価について述べなさい

1．形成的評価とは

　形成的評価とは，いわゆる中間試験や期末試験，あるいは学期末などに行う指導後に児童・生徒が目標に対してどの程度到達しているかを評価する総括的評価とは異なり，指導過程の途中に行い，教授―学習過程の中で教授者に対しては指導方法の再検討，学習者に対しては学習に対するフィードバックを目的としたものである。Carol Boston（2002）は「（集められた）情報が生徒のニーズに合うように教授−学習に適応させたとき，評価は形成的となる」としている。したがって，最終成績をつけるために行う単なる定期試験の間のミニテストや提出物チェックとは異なり，あくまでも学習者の状態を把握し，指導法の改善や学習方法の改善を意図している評価方法である。

　形成的評価は，スクリブン（Scriben）が1967年にカリキュラムの成否を総括的評価と区分する概念として紹介している。しかし，それ以前，1963年に，Lee J. Cronbachが，カリキュラム開発の成否を検証するだけではなく，開発プロセス全体を評価する基礎として評価は重要であると指摘している。このような評価の捉え方は，1967年アメリカカリキュラム開発学会（American Society of Curriculum Development:ASCD）が"Evaluation as Feedback and Guide"として支持されている。その後，Bloom, B.S.によって1968年に発表された"Learning for Mastery（LFM）"（日本語では「完全習得理論」と翻訳されている）にも取り入れられている。このLFMにおいては，学習の途中段階で評価を導入することで，生徒が問題に気付くことだけが強調されるだけでなく，目標の軌道修正についても提案されている。

　以下の事例をもとに，何が「形成的評価」にとって本質的な要素か考えてみたい。この事例は「形成的評価」について説明しているホームページからの引用である。

> 「形成的評価」とは，文字通り「形成していくための評価」すなわち，「作り上げていく・進めていく過程で必要な評価」のことです。例えば1回1回の授業の最後に行う小テストや振り返りなど，学習の途中で学習者が自分の理解状況を把握することを必要に応じて助けるような行為はこれにあたります。
>
> （メールマガジン Beating 第35号「第1回：そもそも評価とは？なぜ必要なの？「形成的評価と総括的評価」）

対立概念の「総括的評価」が成果を行為の終了後に行うため，「形成的評価」が「行為の最中に行う評価」として捉えられがちである。したがって，上記の例の中の「例えば1回1回の授業の最後に行うテストや振り返り」という行為自体が「形成的評価」の本質であると誤解しがちであるが，本質的な部分はその後の「…学習者が自分の理解状況を把握すること」にある。

あるいは，次の事例が米国の The Council of Chief State School Officers (CCSSO) から Formative Assessment の例として示されている。

> ある高校生物教師はよく事前に準備した生物学に関連した文章を読み上げる。その後生徒に手をあごの下にもっていき，その文章が正しいか間違っているかを親指を上に向けるか下に向けるかで示すようお願いする。誤った回答をした生徒の数によっては，教師は正誤両側の意見を提示させ，それに基づいて生徒同士に議論させたり，同じコンセプトを別の表し方をしたり別の教授法を取ったりする。
>
> （CCCSO 2008. p. 4, 筆者訳）

これは，日本の理科の授業でもよく教師が事象提示を行った後，児童・生徒にどう考えるか意見を述べさせ，意見を出し合いながら答えを見つけ出す過程とほぼ同じであろう。「フィードバックを通じて，誤りに気付かせる」という行為そのものが広義には「形成的評価」の一形態だといえる。

以上のことから，形成的評価とは成績付けを目的とした評価ではなく，授業や児童・生徒の理解や能力に関する問題の所在を明らかにし，その改善策を考える材料とするという意味合いが強いことがわかる。

２．形成的評価の効果と手法

先述の Carol Boston（2002）は形成的評価の利点として，Black & William

（1998）などの研究レビューから以下の点を利点として挙げている。

・教師が生徒の進度やどこで困難を抱えているかを知るとき，その情報を
　もとに，教え直し，別の手法をとる，より多くの機会を与えるなどの教授
　方法の調整を行うことができる。
・250もの研究論文や著作物の章をまとめた結果，形成的評価を強化するこ
　とはほかの平均的な教授法の改善と比べても，教室のテストスコアを有意
　に上げることができる。特に，学習障害などにより低学力な生徒に対して
　は，効果量として0.4から0.7の効果をもつことが明らかにされている。
・形成的評価の一部分であるフィードバックは，学習者に対して理想的な
　目標と現状とのギャップを気づかせ，必要な行動を引き起こさせる。
・特にテストや宿題における最も効果的なフィードバックは，誤りに対す
　るコメントや改善に対する提案を与えることであり，単に正解を与えるこ
　とより，課題に対して思慮深い注意に集中することを促す。

　したがって，児童・生徒の状態をより正確，かつ緻密にとらえ，適切な
フィードバックを行うことが推奨される。そのために，BlackとWilliamはま
ず児童・生徒の考えを発表させやすくするために，以下の手法を提案している。

・生徒にまず2人組か小グループで質問や話題についての考え方を話し合わせ，
　代表者により大きなグループにそのグループの考え方を共有するよう尋ねる。
・質問に対する可能ないくつかの回答を提示し，生徒に投票させる。
・生徒に回答を書かせ，そのいくつかを声にだして読ませる。
（Brown, C., 2002, p.2 of 4, 筆者訳）

　さらにはこれらを適正に評価するために教師に対して以下の提言をしている。

・教授の前後に用語や概念に関する理解について記述させる。
・講義，議論，割り当てられた読みからくる主なアイデアを要約させる。
・教授活動の最後にいくつかの問題や質問について完了させ，答えをチェックする。
・生徒が問題を解くときに，個別またはグループごとに彼らの考え方について
　尋ねてみる。
・生徒に授業中に記述式の課題を与える。
（Brown, C., 2002, p.2 of 4, 筆者訳）

上記に加えて，例えば理科の問題解決過程に当てはめれば，実験課題を明確にする場面，実験方法を考える場面，結果を解釈するそれぞれの場面で児童・生徒が考えを発表し，それを明示的に比較することで，形成的評価が行われるというのも含まれるであろう。要するに，生徒の考え方を引き出し，それを吟味させる機会をもつということではないだろうか。これらの行為の延長線上にイメージマップの作製，一枚ポートフォリオ，ルーブリック評価，自己評価，相互評価などがあると考えられる。

3．まとめ

　形成的評価においては，学習のどの段階で評価するのかということのみがそもそもの起点ではなく，学習過程の途中段階で評価を行うことによって，教授および学習双方のプロセスの見直しを行うという点が重要である。そのためには，児童・生徒自身が自らの学習を振り返ることができるよう，授業を工夫する必要がある。

参考文献・URL

Black, P. & William, D.（1998）Inside the black box: Raising standars through classroom assessment, *Phi Delta Kappan,* Vol.80, No.2, pp.139-148（as cited in Boston, C. 2002）.

Boston, C.（2002）. "The Concept of Formative Assessment". *Practical Assessment, Research, and Evaluation* Vol.8, Article 9.

The Council of Chief State School Officers（2008）*Formative Assessment: Example of Practice*: Washington, DC.

東京大学大学院情報学環ベネッセ先端教育技術学講座　メールマガジンBeating第35号「第1回：そもそも評価とは？なぜ必要なの？　形成的評価と総括的評価」https://fukutake.iii.u-tokyo.ac.jp/archives/beat/beating/035.html（2020年8月13日閲覧）.

（清水欽也）

第5章

理科に固有な「見方・考え方」

Q1 量的・関係的な視点について述べなさい

1．量的・関係的な視点とは

　新学習指導要領では，「エネルギー」を柱とする領域における「理科の見方」の問題解決の過程の特徴を，自然の事物・現象を「主として量的・関係的な視点で捉える」ことである，と述べている。つまり，ある科学現象における変化量Ａ（独立変数）と変化量Ｂ（従属変数）の関係性を児童に着目させ，それらの関係性について考えさせるのである。これまでの理科学習においても２つの変数の関係性について着目した授業が行われてきたが，新学習指導要領ではこの点をより明確に重視しているといえる。ただし，問題解決過程における「量的・関係的な視点」は「エネルギー」領域に固有のものではなく，他の「粒子」「生命」「地球」の領域においても用いられる視点であることに留意する必要がある。

2．各単元における「量的・関係的な視点」の具体例

　本節では，「エネルギー」領域における量的・関係的な視点に関する具体的事例について学年毎に分け，その詳細を述べる。

（1）第3学年における「量的・関係的な視点」の例

　単元「風とゴムの力の働き」では，例えば，車につけた帆に送風機で大きさの異なる風を当て，その時に進む車の移動距離を巻き尺を使って調べる。あるいは，ゴムの力で動く車を作り，そのゴムを引っ張ったり，ねじったりした後に元の形に戻ろうとするゴムの力よって動く車の移動距離を巻き尺を使って調べる。後者の実験では，長さや太さが同じゴムを使用し，ゴムを引っ張る長さや本数を変えることと車の移動距離の関係を調べる。これらの実験を通して，「風の大小」と「車の移動距離」の関係，「引っ張ったゴムの長さ，ねじった回数，使用したゴムの本数」と「車の移動距離」の関係について，表やグラフを用いて児童に認識させる。児童同士で実験結果を表やグ

ラフにまとめたり説明し合ったりする際には，多くの児童は移動距離につい
てだけ着目しがちになるが，風と移動距離，ゴムの力と移動距離というそれ
ぞれ 2 者の関係に目を向けさせることが重要である。これらの一連の活動に
より，「風やゴムの力」の大きさと「物が動く距離」の変化の関係に着目し
て，問題解決活動を行っていく。なお，この単元は風力エネルギーや弾性エ
ネルギーといった「エネルギーの捉え方」関する内容であるので，児童の身
近に存在する風やゴムをエネルギーという科学的な視点で捉えさせることが
大切である。

（2）第 4 学年における「量的・関係的な視点」の例

　単元「電気の働き」では，乾電池の数やつなぎ方を変えた時の，電流の大
きさや向きの変化や，豆電球の明るさやモーターの回り方が変わることを学
習する。量的な視点で言えば，「乾電池の数やつなぎ方」と「電流の大きさ
や向き」の関係に着目させること，といえる。具体的には，乾電池の数を直
列つなぎに 1 個から 2 個に増やした時や，並列に 2 個つないだ時の，検流計
の示す数値やモーターの回り方と豆電球の明るさの変化について観察・実験
を行う。この時の，電流の大きさの変化と豆電球の明るさやモーターの動き
の様子の関係について根拠のある予想や仮説を発表したり，表現したりでき
るようにすることにより，「乾電池の数やつなぎ方」と「電流の大きさや向
き」の関係を見出すことができるようにすることが大切である。

（3）第 5 学年における「量的・関係的な視点」の例

　単元「振り子の運動」では，振り子の長さやおもりの重さ，振れ幅を変化
させ，それぞれの場合における「振り子が 1 往復する時間」（＝周期）との
関係について調べる実験を行う。この結果，「振り子が 1 往復する時間」が
「振り子の長さ」のみに依存して変化する，という関係性を児童が見いだす
ことになる。また，この実験の計画を立てる段階では，対照実験として 1 つ
の条件だけを変化させることに着目させることが大切である。例えば，「振
り子の長さ」と「振り子が 1 往復する時間」の関係を調べる場合は，振り子
の重さや振れ幅の条件を変化させない。このように実験計画を立て，実験結
果を予測し，実験を行い，得られた結果から振り子の長さによってのみその

周期が変化することを見いだすような活動を行う。ここでの実験は，振り子の一往復する時間をストップウォッチで測定し「〇.〇秒」といった数値で結果を得る形になるため，小学校理科で初めて定量的な変化を調べる実験課題でもある。また，この実験は比較的正確に測定結果を得られるため，数量的な視点で考察を行うことのできる内容である。

単元「電流がつくる磁力」では，電流の大きさや導線の長さ，コイルの巻き数等の量を変化させたときの，電磁石の強さの変化を予想し，実験から得られた結果をもとにこれらの関係性を考察する。コイルの巻き数を変えずに，乾電池や電源装置を用いて導線を流れる電流の大きさを変化させた際に，電磁石が持ち上げるクリップの個数を数えることで，「電流の大きさ」と「電磁石の強さ」の関係を調べる。さらに，導線に流す電流の大きさを変えずに，全体の長さを同じにした導線（エナメル線）の巻き数の一方を100回巻，もう一方を200回巻にしたものを使用して，「コイルの巻き数」と「電磁石の強さ」の関係を調べる。また，乾電池の向を変えてコイルの流す電流の向きを変えた際に，電磁石の両端に置いた方位磁針のN極の指す向きが逆転することから，「電流の向き」と「電磁石の磁極の向き」の関係性にも着目できる。この単元の実験では，電流計や検流計を使った電流の大きさの測定や，方位磁針を用いて磁界の向きを調べるという間接的な測定を行うので，考察を行う際には，何と何の関係性に着目するのかを的確に児童に認識させることが必要である。

（4）第6学年における「量的・関係的な視点」の例

単元「てこの規則性」では，棒の一点を支えにして，棒の一部に力を加えて，物を持ち上げたり動かしたりすることにより，小さな力で大きな仕事をすることができる実験をとおして，てこが釣り合う場合の条件と関係性を調べる活動を行う。具体的には，「力を加える位置や力の大きさ」つまり支点（棒を支える位置）・力点（力を加える位置）・作用点（おもりの位置）のそれぞれの位置についての条件を多面的に調べる活動を通して，てこがつり合う場合の条件となる，てこの左側「（力点にかかるおもりの重さ）と（支点から力点までの距離）の積」とてこの右側「（力点にかかるおもりの重さ）と

（支点から力点までの距離）の積」が等しいという関係性を学ぶ。授業で使用する形状のてこは最近の日常生活ではあまり目にすることがないため，身の回りの道具や場面にどのように活用されているかを意識した授業の工夫が必要である。

　単元「電気の利用」では，コンデンサーを用いた蓄電による「エネルギーの保存」，手回し発電機や光電池，LED，モーターを用いた「エネルギーの変換」に関する学習を行う。ここでは，コンデンサーに蓄電された電気を用いて点灯する豆電球とLEDの作動時間の違いという量的な視点で捉えることができる。この学習は，エネルギーの変換効率を取り扱ったものであり，社会科や家庭科の学習で扱われる省エネやエネルギー資源の学習とも深く関連しているので，教科間の関連性も意識して授業を展開すると良い。

3．まとめ

　ここで取り上げた学習における実験では，学年が上がるごとに，定性的な変化だけでなく定量的な変化を扱うようになっている。これまでの全国学力・学習状況調査から，小学生が定性的な扱いと理解から定量的な扱いと理解への移行が困難であるとの指摘がある。例えば，第5学年の振り子の周期を調べる実験は比較的簡単に正確な数値を得ることができる。そこで，このような数値で結果を得られるような実験をとおして，児童に科学現象の量的な視点を持たせ興味・関心を高めるように教師側の工夫と発問内容を計画していくことが一層必要であると考えられる。

参考文献
文部科学省（2018）『小学校学習指導要領』東洋館出版社．
文部科学省（2018）『小学校学習指導要領（平成29年告示）解説　理科編』
　　　東洋館出版社．

（板橋夏樹）

Q2 質的・実体的な視点について述べなさい

1.「質的・実体的な視点」について

「質的・実体的な視点」については，2017（平成29）年改訂小学校学習指導要領解説 理科編に粒子を柱とする領域の主な特徴的な視点として示されており，この「質的・実体的な視点」で捉えることが粒子を柱とする領域で主に働かせる理科の見方である。ここで「質的」とは物質の性質を捉えるということであり，「実体的」とは目に見えなくてもそこに存在しているということを認識する（実体として捉える）ことである。

中学校の粒子を柱とする領域では，原子や分子といった目には見えない粒子が存在し，その種類や組み合わせの違いによって物質の性質は規定されるということを学習する。こういった粒子概念を身に付ける際には，物質の性質を捉えたり，目には見えない粒子を実体として捉えたりする見方を働かせることができるようになっている必要がある。そのため，小学校においては，中学校での学習を見据えて，「質的な視点」として，水への溶け方や熱したときの温まり方などといった側面を通して物質の性質を捉えたり，「実体的な視点」として目に見えなくてもそこに物質が存在しているという実感を児童にもたせたりすることを意識して授業づくりをしていく必要がある。こういった学習を通して，自然の事物・現象を「質的・実体的な視点」で捉えることができるようになった児童は，中学校での学習において，自ら自然の事物・現象を「質的・実体的視点」で捉えようとし，理科の見方を自在に働かせながら主体的に学びを進めることができるであろう。教師は，そういった子どもたちの姿をイメージしながら授業づくりを進めていくことが大切になってくる。

2.「質的・実体的な視点」を踏まえた小学校理科の事例について

2017（平成29）年改訂小学校学習指導要領では，「〜に着目して」という表現で自然の事物・現象を捉えるための視点が示されている。これを参考に各学

年の粒子を柱とする領域における「質的・実体的な視点」の具体を考えてみる。

①第3学年「物と重さ」

　「物の性質について，物の形や体積に着目して」とあり，主として「質的な視点」として，物の性質について捉えようとしたとき，児童は，物の形や体積に着目して，問題解決の活動を行うと考えられる。例えば，粘土を使い，形を変えたときの重さを比べる実験で，ただ単に「重さは変わらなかった」ではなく，「（粘土の出入りがなく，）形を変えただけでは重さは変わらない」と形に目を向けて物の性質を捉えたり，砂糖と食塩の重さの違いを調べる際に，体積に目を向け，同体積で砂糖と食塩の重さを比べたりしている児童は「質的な視点」で物を捉えようとしていると考えられる。なお，ここでは，「実体的な視点」，つまり，目に見えない物を実体として捉えるような学習場面はないが，ここで，物の出入りがなければ重さは変わらないという保存概念の基礎を身に付けておくことは，第5学年「物の溶け方」において，水に物を溶かしたとき，物を溶かす前後の全体の重さが変化しないことから，溶かした物は目には見えなくなるが，水溶液の中に溶かした物が存在しているという「実体的な視点」へつながっていく。

②第4学年「空気と水の性質」

　「空気と水の性質について，体積や押し返す力の変化に着目して」とあり，主として「質的・実体的な視点」として，空気と水の性質について捉えようとしたとき，児童は，体積や押し返す力の変化に着目して，問題解決の活動を行うと考えられる。例えば，注射器に閉じ込めた空気や水を圧す実験で，空気や水の体積や手応え（押し返す力）を意識しながら実験を行い，空気や水の性質の違いを実感しながら捉えたり，空気は縮むが，体積がなくならないことから目には見えない空気を実体として捉えたりしている児童は「質的・実体的な視点」で物を捉えていると考えられる。

③第4学年「金属，水，空気と温度」

　「金属，水及び空気の性質について，体積や状態の変化，熱の伝わり方に着目して」とあり，主として「質的・実体的な視点」として，金属，水及び空気の性質について捉えようとしたとき，児童は体積や状態の変化，熱の伝

わり方に着目して，問題解決の活動を行うと考えられる。例えば，金属，水及び空気を温める実験で，温めた際の金属等の体積変化や熱の伝わり方を意識しながら実験を行い，金属，水，空気の性質の違いを実感しながら捉えたり，水を熱して水蒸気になった時，目に見えなくなるが，冷やすと液体の水になる状態変化の様子から，目に見えない水蒸気を実体として捉えたりしている児童は「質的・実体的な視点」で物を捉えていると考えられる。

④第5学年「物の溶け方」

「物の溶け方について，溶ける量や様子に着目して」とあり，主として「質的・実体的な視点」として，物の溶け方について捉えようとしたとき，児童は物が水に溶ける量や様子に着目して，問題解決の活動を行うと考えられる。例えば，加熱しながら水に食塩などの物を溶かす実験で，温度による物の溶ける量の変化を意識しながら実験を行い，物は温度を上げるとよく溶けるようになるが，物によって溶ける量の変化の度合いには違いがあることを捉えたり，水に有色の物を溶かした時，その粒は見えなくなるが，その物の色が水溶液全体へ広がる様子を通して，水に溶けた物は水の中に存在しているということを捉えたりしている児童は「質的・実体的な視点」で物を捉えていると考えられる。

⑤第6学年「燃焼の仕組み」

「燃焼の仕組みについて，空気の変化に着目して」とあり，主として「質的・実体的な視点」として，燃焼の仕組みについて捉えようとしたとき，児童は空気の変化に着目して，問題解決の活動を行うと考えられる。例えば，密閉した空間の中で有機物を燃やす実験で，空気は見えないが，物が燃えなくなる原因は，空気が変化しているのではないかと空気の存在を実体的に捉えたり，空気の性質に目を向けたりしている児童は「質的・実体的な視点」で物を捉えていると考えられる。

⑥第6学年「水溶液の性質」

「水溶液について，溶けている物に着目して」とあり，主として「質的・実体的な視点」として，水溶液について捉えようとしたとき，児童は水に溶けている物に着目して，問題解決の活動を行うと考えられる。例えば，水溶液

の性質を調べる実験で，一見同じように見える水溶液でも，目には見えない水に溶けている物に目を向け，溶けている物の違いによって水溶液の性質の違いを捉えようとしている児童は「質的・実体的な視点」で物を捉えていると考えられる。

３．粒子領域において「質的・実体的な視点」を扱う際の留意点

「質的・実体的な視点」で捉える見方は粒子を柱とする領域の特徴的な見方であるものの，領域固有のものではないことに留意する必要がある。例えば，「物の溶け方」の学習で，温度を上げると物の溶け方が大きくなるということを見いだす際には，温度と物の溶け方を「量的・関係的な視点」で捉える見方が有効であると考えられる。このように粒子を柱とする領域であっても「質的・実体的な視点」以外の視点で捉える見方を働かせたり，「質的・実体的な視点」で捉える見方を他の領域で働かせたりすることも考えられる。粒子を柱とする領域だから「質的・実体的な視点」で捉えさせればよいというのではなく，その学習内容で児童に身に付けさせたい資質・能力をはっきりさせ，そのために，どのような視点を児童にもたせることが適切なのかということを考え，授業づくりを行い，授業では，教師がその学習内容で児童が働かせるだろうと考えていた見方を押し付けるのではなく，児童が学習の中で働かせた見方を児童自らが意識（メタ認知）できるように評価することを通して，児童が見方を働かせることのよさを実感し，次の学習内容では児童自らが見方を働かせることができるようになることが大切である。

参考文献

文部科学省（2018）『小学校学習指導要領（平成29年告示）』．

文部科学省（2018）『小学校学習指導要領（平成29年告示）解説　理科編』東洋館出版社．

文部科学省（2018）『中学校学習指導要領（平成29年告示）解説　理科編』東洋館出版社．

（玉木昌知）

Q3 共通性・多様性の視点について述べなさい

1．共通性・多様性の視点とは

　これまでの学習指導要領理科編では，「科学的な見方・考え方」の育成を目標として掲げており，資質・能力を包括していた。しかし，2018（平成29）年版の学習指導要領では，資質・能力をより具体的なものとして示し，「見方・考え方」は，資質・能力を育成する過程で働く物事を捉える視点や考え方として整理されることとなった。「見方」とは，自然の事物・現象を捉えるための視点である。理科では，理科を構成する4つの領域（エネルギー，粒子，生命，地球）の特徴から「見方」が整理され，「生命」を柱とする領域では，生命に関する自然の事物・現象を主として「共通性・多様性の視点」で捉えることとされた。なお，「共通性・多様性の視点」は，「生命」を柱とする領域に固有のものではなく，その強弱はあるものの，他の3つの領域においても用いられる視点であることに留意する必要がある。

　「共通性・多様性」という文言は，表現こそ多少違うが，前回の2008（平成20）年改訂の小学校学習指導要領解説理科編において，先行してあらわれていた。前回の改訂では，科学的な概念の理解など基礎的・基本的な知識・技能の確実な定着を図る観点から，「エネルギー」，「粒子」，「生命」，「地球」の4つの柱が立てられ，小・中・高等学校を通して理科の内容の構造化が図られた。「生命」を柱とした内容の構成については，サブの柱として「生物の構造と機能」，「生物の多様性と共通性」，「生命の連続性」，「生物と環境との関わり」の4つが示されていた。以上をもとにして，今回の改訂では，「生物の多様性と共通性」以外の3つがサブの柱に示されることとなり，「生物の多様性と共通性」は，「生命」を柱とする領域に特徴的な「見方」として整理されることになったのである。以下では，各学年の単元を取り上げながら「共通性・多様性の視点」について解説する。

２．各単元における共通性・多様性の視点

（１）第３学年の単元「身の回りの生物」

　単元「身の回りの生物」では，身の回りの生物について，探したり育てたりする中で，これらの様子や周辺の環境，成長の過程や体のつくりに着目して，それらを比較しながら，生物と環境との関わり，昆虫や植物の成長のきまりや体のつくりを調べる。こうした活動を通して，身の回りの生物についての理解を図り，観察，実験などに関する技能を身に付けるとともに，主に差異点や共通点を基に，問題を見いだす力や生物を愛護する態度，主体的に問題解決しようとする態度を育成することがねらいとされている。

　例えば，昆虫の成長と体のつくりの学習では，チョウ（モンシロチョウ，アゲハチョウ，カイコガ），トンボ（シオカラトンボ，アキアカネ），バッタ（ショウリョウバッタ，トノサマバッタ），カブトムシなど，複数の昆虫の成長過程を比較して，成長による体の変化を調べる。昆虫を飼育し，観察する中で，共通性と多様性の視点から，似ているところ，違うところについて話し合い，その中での気付きや疑問を表現する。この活動を通して，昆虫は「卵→幼虫→蛹→成虫」という順序で成長していくものと，蛹にならずに「卵→幼虫→成虫」という順序で成長していくものとがあり，昆虫によって成長の過程が異なることを学ぶ。また，虫の体のつくりには，頭，胸，腹の３つの部分があること，目，口，触角は頭についていること，胸には３対６本の足があること，腹はいくつかの節からできていることを学習する。

（２）第４学年の単元「季節と生物」

　単元「季節と生物」では，動物を探したり植物を育てたりしながら，動物の活動や植物の成長の様子と季節の変化に着目して，それらを関係付けて，身近な動物の活動や植物の成長と環境との関わりを調べる。こうした活動を通して，動植物についての理解を図り，観察，実験などに関する技能を身に付けるとともに，主に既習の内容や生活経験を基に，根拠のある予想や仮説を発想する力や生物を愛護する態度，主体的に問題解決しようとする態度を育成することがねらいとされている。

187

例えば，植物の成長に関する学習では，共通性と多様性の視点を働かせて，暖かい季節，寒い季節などによって，植物の成長の様子に違いがあることを学ぶ。そのためには，1年間を通して，サクラやヘチマなど2種類以上の植物の成長を定期的に観察し，観察カードにその様子をスケッチと文章により記録し，保存する。この活動の中で，植物は暖かくなる夏までは葉が茂り，茎が伸び，花が咲くものもあるなど，植物の体全体の成長が顕著にみられること，また寒くなり始めると葉の色が変わって枯れ始め，葉が落ち，植物の体全体の成長はほとんど見られないが，実や種子ができ，春に向けて芽ができるものもあるなど，季節によって成長の仕方は様々あることを学習する。その際，これまでの観察カードをつなげ，比べることにより成長の様子を捉える。

（3）第5学年の単元「植物の発芽，成長，結実」

単元「植物の発芽，成長，結実」では，発芽，成長及び結実の様子に着目して，それらに関わる条件を制御しながら，植物の育ち方を調べる。こうした活動を通して，植物の発芽，成長及び結実とその条件についての理解を図り，観察，実験などに関する技能を身に付けるとともに，主に予想や仮説を基に，解決の方法を発想する力や生命を尊重する態度，主体的に問題解決しようとする態度を育成することがねらいとされている。

例えば，花のつくりや結実の様子を学習する際は，アサガオやホウセンカなど，複数の植物を用いて，おしべやめしべなどの花のつくりを調べ，顕微鏡を使って花粉を観察し，受粉の有無といった条件を制御しながら実のでき方を調査する。この活動の中で，共通性と多様性の視点を働かせ，花にはおしべやめしべがあり，花粉がめしべの先につくとめしべのもとが実になり，実の中に種子ができることを学ぶ。また，自然の中で，花粉は風や昆虫，鳥などによって運ばれることを学習する。

（4）第6学年の単元「生物と環境」

単元「生物と環境」では，生物と水，空気及び食べ物との関わりに着目して，それらを多面的に調べる。こうした活動を通して，生物と持続可能な環境との関わりについての理解を図り，観察，実験などに関する技能を身に付

けるとともに，主により妥当な考えをつくりだす力や生命を尊重する態度，主体的に問題解決しようとする態度を育成することがねらいとされている。

　生物同士の関わりに関する学習の際は，食う，食われるという関係で生物同士がつながっていることを，多面的に調べる活動を通して捉える。例えば，給食のメニューや家庭での食事を題材にして，共通性と多様性の視点を働かせて，生物同士の関わりを調べることが考えられる。この活動の中で，様々な動物の食べ物に着目しながら，植物を食べている動物がいることや，その動物も他の動物に食べられる可能性があることを学習する。その際，陸上生物に見られた食物連鎖が水中や土壌中でも見られるという「部分と全体」の「見方」を働かせることも大切である。

参考文献

伊藤哲章（2018）「初等理科教育の内容の柱③ ── 生命とその認識」吉田武男監修，大髙泉編著『初等理科教育』ミネルヴァ書房，pp.61-70.

文部科学省（2018）『小学校学習指導要領（平成29年告示）解説　理科編』東洋館出版社.

田代直幸（2018）「平成29年版学習指導要領の特徴」『生物教育』59（3），pp.180-186.

（後藤みな）

Q4 時間的・空間的な視点について述べなさい

　平成29年改訂の小学校学習指導要領では，深い学びの鍵として「見方・考え方を働かせる」ことの重要性が示された。理科において「見方」は理科を構成する領域ごとの特徴から整理されており，主として地球を柱とする領域（以下，地球領域）に対応するものとして「時間的・空間的」が示されている。本稿では，理科における時間的・空間的な視点について事例とともに概説する。

1．小学校理科における時間的・空間的な視点の特徴

（1）地球領域に対する子どもの認識

　地球領域は，他の領域よりも長い時間軸，果てしない空間のもと，それらが複雑に関連し合う現象を扱うことが多い。鹿園（2009）は，地球全体を1つのシステムと見なした時，それらは多くのサブシステムから成り立ち，サブシステム間には時間とともに非可逆変化する相互作用があり，この変化は様々な時間スケールと空間スケールにおいてなされると論じている。子どもはその広大なサブシステムに出会い，観察，実験の結果や資料から構造や成り立ち，相互作用する様子を類推していく。

　小学校理科における地球領域は，子どもにとって身近な地面，地中，空（宇宙）に関わる自然現象を主に扱う。具体的には，地面にできる影の動きや水たまりの有無，大地を流れる川とその土地の様子，地中や崖に広がる地層，大気と水の循環や空に浮かぶ雲の変化，太陽や月・星の位置などである。それらは子どもにとって日常生活で出会う当たり前の現象ではあるものの，時間的，空間的な視点で現象を捉えてはいない。なぜなら，影は時間をかけてゆっくりと動くため，現象が変化する様子を瞬時で捉えにくく，子どもにとっては静止しているのと同然である。よって，太陽や月の動きに規則性があることや，土地が長い年月をかけて変化していることについて，日常経験

のみで気付くことは難しい。

（2）時間的・空間的な視点とは

そこで，時間の経過や遡及の視点で現象がどのように変化するか（したか）を捉えながら追究していく。よって，地球領域における時間的・空間的とは，自然現象を時系列の過程で継続観察したり，現在の事象を過去の事象と比較したりするなどして，それらが変化する要因を追究することが可能となる視点である。

例えば，第4学年「雨水の行方と地面の様子」では，雨が降った時に水たまりのできるところ，できないところを地面の空間として着目する。時間が経過して再び同じ空間を観察し，水たまりがあったところに水がなくなっていたり，ぬれていた地面が乾いていたりする様子から，地面の傾きに関係があることを見いだしたり，土の粒に違いがあることについて予想を立てたりしながら，探究活動へと進んでいく。

第5学年「天気の変化」では，子どもが見上げた時に見える範囲の空を空間として捉え，その空間に存在する雲が時間とともに変化したり，動いたりしていく様子を観察し，雲と天気の関係を見いだしていく。また，着目する空間を日本全体の空へと範囲を広げ，雲の様子や動きを雲画像から読み取ったり，雨の降る様子をアメダスから読み取ったりしながら，雲の動きや天気の変化にはおおまかな決まりがあることを捉えていく。

2．発達段階に沿った時間的・空間的な視点のもたせ方

先に述べたように，時間的・空間的な視点は直接体験できないほどの広大なスケールを扱い，推論しながら現象をイメージしていく。そのため，子ども自身を中心とした空間や時間の広がりを発達や段階に合わせて構築していけるよう，学年ごとの内容の扱いや観察の方法に工夫や配慮を要する。

（1）スケールを捉える

小学校で扱う地球領域では，数時間から数日間で現象が変化する様子を観察できるものもあれば，数千万年かけて変化した現象を資料等で推測するものもあり，時間スケールの捉えは単元によって異なる。

また，室内の空気中に含まれる水蒸気量のように限定的な空間もあれば，野外の水蒸気量といった空間を広げた捉えもある。さらには，地中に広がる地層や太陽と地球と月の位置関係など，断片的な観察，見かけ上の観察，モデル実験などを通して空間の全体像を推論していくものもある。しかし，こうした巨視的，俯瞰的な見方は子どもにとって実感をもたせにくく，指導に際して工夫が必要となる。

　例えば，第6学年「土地のつくり」は地球の内部と地表面の変動を取り扱う単元であり，時間的にも空間的にもスケールが大きい。よって，資料やモデルを中心にした探究活動を行い，実際の土地のつくりや広がり，変遷の様子を推論していく活動になる。地層が水中で形成される様子を調べる実験として堆積実験がある。川に見立てたとい（雨樋）から砂や泥を海に見立てた水槽に流し込み，水槽の中で土砂が積もる様子を観察する。流し込んだ土砂のうち，砂粒などは一瞬にして水槽の底に沈んでいき，比較的軽い泥は時間をかけて積もっていくものの，その時間は数分である。授業時間内で明確に結果が出せる実験としては有効であるが，地層は水槽程度の広がりで一瞬にして積もるイメージを子どもに与えてしまう。どのくらいの年月をかけて土地が形成されたのか。どのくらいの範囲まで地層が広がっているかなどは，この実験からは推測できない。そこで，図書資料や映像資料などを用いた調べ活動を行い，実験の結果と関係付けながら実際のスケールで推論していくことが大切とされる。

（2）段階的な空間の視点変換

　地球領域は空間的な位置を方位で表すことが多い。しかし，子どもを中心に広がった空間の現象の捉えは，その子どもの立ち位置によって動きの表し方が変わる。1日の星の動きで例えると，子どもが南を向いた場合の星は左から右へ移動するが，北を向いた場合の星は右から左（北極星を中心に反時計回り）へと移動する。このような空間を視点変換した現象の捉えは，発達や段階を追った指導が必要となる。

　例えば，第3学年で学習する「太陽と地面の様子」は地球と天体の運動，地球の大気と水の循環を取り扱う単元である。また，理科で最初の地球領域

を学習する内容であり，時間的・空間的な視点を初めて働かせることになる。学習では，いきなり太陽の位置を広い空間として観察するのではなく，身近な影の動きに着目しながら，影の動きを通して広い空間での太陽の動きを捉えられるよう，発達を考慮しながら順を追った探究活動を展開していくようにする。

　まずは，子どもたちと影踏み遊びを行い，影のでき方に決まりがあることを見いだす。子どもたちは鬼に捕まらぬよう，北側の線上に移動したり，大きな影の中に入ったりする。この活動を通じて，子どもは校庭にできた自分の影を中心に，友達の影，建造物や樹木の影など，観察対象となる空間を広げ，全ての影が同じ向きを向いていることや，時間がたつとその向きが変わっていくことを捉えていく。そして，影ができる反対の空間に太陽が位置していることを認識したり，1時間ごとの影の向きを方位磁針で調べたりして，1日の影の動き方を基に太陽の動きを方位で見いだすことができる。その際，子どもは影の動きを「西から東へ動く」と判断した上で，「太陽は東から西へ動く」と順序立てて結論づけていく。このように，視点変換しながら空間を捉えるという見方は，第4学年「月と星」，第6学年「月と太陽」でも必要な力となる。そして，中学校での「天体の動きと地球の自転」，「太陽系と惑星」では俯瞰的な視点に立って現象の様子を推論する力が求められる。

　地球の現象の変化を子どもの発達を考慮し，段階を追った時間的・空間的な視点で捉えられるよう指導することで，子どもに自然の雄大さを実感してもらうとともに，大地，大気，宇宙に対する美しさや力強さ，また時には厳しさについての興味・関心を広げていきたい。

参考文献

鹿園直建（2009）『地球惑星システム科学入門』東京大学出版会.

（三井寿哉）

Q5　部分的・全体的な視点について述べなさい

1．部分的・全体的な視点とは何か

　部分的・全体的な視点は，ルードヴィヒ・フォン・ベルタランフィの「一般システム理論」（ベルタランフィ，1973）を基底とした着眼点と捉えることができる。一般システム理論とは，ある対象を「システム」として捉え，構成要素間の相互作用や，それによって生じるシステムの働きに着目する理論である。一般システム理論は，当時支配的だった要素還元主義，すなわち，対象を分解して要素にし，その要素の性質を調べれば，その対象を理解することができるという考え方への対立理論として生まれたものである。すなわち，要素還元的アプローチから全体論的アプローチへの転換である。ベルタランフィの言うシステムは，各部の相互連関によって維持されている，原子から宇宙に至るまでのあらゆる実体を指し（デーヴィドソン，2000, p.22），システム内の構成要素は相互に作用しあう。さらに，システムは，自分より小さいシステムが集まって成立することもあり，逆に自分より大きなシステムの一部になることもある（デーヴィドソン，2000, p.22）。このような一般システム理論の考え方を基底としたとき，「部分的・全体的な視点で考える」とは，次のような視点で考えることを指す。

（1）包含構造を考える

　例えば，植物を「全体」としたとき，植物は根，茎，葉，花といった「部分」で構成されている。このように「部分的・全体的な視点で考える」ことは，対象そのものを要素単体で捉えるのではなく，ある対象の構成要素（部分）と，それらを包含する構造（全体）を考えることを意味する。

（2）階層性を考える

　ある「全体」は別の「部分」にもなる。上述した植物の例を用いる。植物を「全体」としたとき，植物は根，茎，葉，花といった「部分」で構成されており，さらに部分の1つである花は，花弁，おしべ，めしべ，がく，など

の「部分」で構成されている。このように，どこに着目するかによって，部分と全体の関係性は決まる。つまり，「部分的・全体的な視点で考える」ことは，システムの階層性に着目することを意味する。

（3）構成要素間の相互作用を考える

構成要素である部分は相互に作用して全体を形成している。例えば，ある川を「全体」としたとき，川に生息する様々な生物が「部分」となる。このとき，生物は食物連鎖という観点から相互に作用している。具体的には，一方の個体数の増減は，他方の個体数の増減に影響を及ぼしている。さらに，他方の個体数は，また別の個体数の増減にも影響を及ぼす。このように，川という全体は，部分となる生物間の相互作用によって，1つの生態系を作り出している。つまり，「部分的・全体的な視点で考える」ことは，ある対象を全体として仮定したとき，その構成要素である部分が，どのように相互に作用しているかを考えることを意味する。

2．部分的・全体的な視点を働かせる授業の例

角屋ら（2013）は，「生物学と地球科学は，共に『全体と部分の関係』という考え方が共通しており，前者は生命現象，後者は物質現象というようにそれぞれ対象が異なっている」と述べていることから，部分的・全体的な視点は，主に生命領域，地球領域の学習内容で働かせることができると考える。以下に，生命領域や地球領域の学習における授業の例について簡単ではあるが解説する。

（1）包含構造に着目し，追究する授業の例

包含構造に着目し，追究する単元としては，第6学年「植物の養分と水の通り道」がある。この単元では，植物について，根から取り入れられた水が植物のからだのどこを通って，全体に運ばれるかを追究する。この追究においてよく用いられる実験教材としては，色水に浸したホウセンカがある。このとき，ホウセンカは全体，ホウセンカの構成要素である根，茎，葉が部分である。子どもは，色水に浸したホウセンカの根，茎，葉の断面を観察して，根から取り入れられた水の行方について考察することになる。この実験

において，部分的・全体的な視点を働かせる場面は，実験を計画する場面，実験結果を考察する場面である。順に解説する。

　まず，実験を計画する場面では，ホウセンカが取り入れた水の行方を調べるために，「ホウセンカのどこを調べれば，水が通ったということがわかるか」といったことを考える。このとき，子どもは部分的・全体的な視点を働かせて考えている。つまり，「ホウセンカのからだ全体に水が通る道がある」ということを仮定したうえで，ホウセンカの全体から，その構成要素を考えている。

　次に，実験結果を考察する場面では，子どもは，色水が通った痕跡である着色された根，茎，葉の断面を観察する。そして，この実験結果から，子どもは，「ホウセンカのからだ全体に水が通る道がある」という仮定を受け入れ，その仮定を媒介として，根，茎，葉（部分）がホウセンカ（全体）を構成していることを改めて理解することになる。したがって，包含構造に着目させるためには，暗黙的な仮定を意識させ，何が全体で，何が部分かを意識させるような声掛けや支援が重要であると考えられる。

（2）階層性に着目し，追究する授業の例

　階層構造や構成要素間の相互作用に着目し，追究するような授業を考えるにあたっては，地球システム科学の考え方が参考になる。地球システム科学では，地球は，大気圏，生物圏，水圏，岩石圏などのサブシステムから構成される1つのシステムと見なされる（鹿園，2009）。このとき，サブシステムは相互に作用しあっている。小学校理科の学習内容では，これらのサブシステムの内容はそれぞれ独立して学習するため，階層性や構成要素間の相互作用に着目する機会はあまりないものの，「生物と環境」の目標は，次のように示されている（文部科学省，2018, p.87）。

> 　生物と環境について，動物や植物の生活を観察したり資料を活用したりする中で，生物と環境との関わりに着目して，それらを多面的に調べる活動をとおして，次の事項を身に付けることができるよう指導する。
> 　（ア）生物は，水及び空気を通して周囲の環境と関わって生きていること
> 　（イ）生物の間には，食う食われるという関係があること
> （後略）

　この（ア）については，生物圏と水圏，生物圏と大気圏の相互作用に着目

し，追究するような学習内容と捉えることができる。また，（イ）についても，生物圏の構成要素間の相互作用と捉えることができる。

したがって，階層性や構成要素間の相互作用に着目し，追究するためには，本単元において，地球システム理論の基本となる考え方を簡単に解説したうえで，それぞれのサブシステムの階層性や相互作用について考察するような学習活動を行うことが有効であると考える。

具体的には，まず，「地球は大気圏，生物圏，水圏，岩石圏などのサブシステムから構成される1つのシステムであること」や「それぞれのサブシステムは相互に作用していること」などを簡単に教示する。次に，例えば階層性に着目し，追究するのであれば，微生物→動物・植物→川→…といったように，着目する対象のスケールを徐々に大きくしていくことで，それぞれの構成要素が何に包含されているのかを考察するような学習活動が有効であると考える。具体的には，様々な構成要素（微生物，小さい魚，大きい魚など）が書かれたイラストを準備し，それらを階層性という視点から整理させるなどの学習活動が有効であると考える。

（3）構成要素間の相互作用に着目し，追究する授業の例

構成要素間の相互作用に着目し，追究する授業の例としては，前述した「生物と環境」の単元において，例えば，それぞれのサブシステム（例えば，生物圏と水圏，生物圏と大気圏など）が具体的にどのように影響しあっているのかを，動物や植物の生活を観察したり資料を活用したりしてまとめていくような学習活動が有効であると考える。より具体的には，「生物」と「水の循環」の関係性について考えたり，「生物」と「酸素や二酸化炭素の循環」の関係性について考えたりするような学習活動が有効であると考える。

参考文献

ベルタランフィ，L.（長野敬・太田邦昌訳）（1973）『一般システム理論 ── その基礎・発展・応用』みすず書房.

デーヴィドソン，M.（鞠子英雄・酒井孝正訳）（2000）『越境する巨人　ベルタランフィ ── 一般システム論入門』海鳴社.

角屋重樹・猿田祐嗣・松原憲治・後藤健一・五島政一・鳩貝太郎（2012）「理科教員養成のコア・カリキュラムのあり方に関する一考察 ── 教職専門と教科専門の架橋を中心に」『日本教科教育学会誌』35 (2), pp.11-18.

文部科学省（2018）『小学校学習指導要領（平成29年告示）解説　理科編』東洋館出版社.

鹿園直建（2009）『地球惑星システム科学入門』東京大学出版会.

（雲財　寛）

Q6　定性的・定量的な視点について述べなさい

1．定性と定量

　ある対象の性質を数量的にとらえることを「定量的（Quantitative）」と表現する。それに対して，数字を用いずに性質を区別することを「定性的（Qualitative）」と表現する。自然の事物・現象を捉える上で，学習者が性質の違いに着目したり，数量的な違いに着目したりする視点を持つことは重要である。これらの視点は4領域（エネルギー・粒子・生命・地球）のすべての問題解決過程において有用である。たとえば，第6学年「水溶液の性質」において，ある水溶液を匂いの有無によって分類しようとすることは，定性的な視点の表れと解釈できる。その一方で，pHを測定してその値に基づき分類しようとすることは，定量的な視点の表れと解釈できる。

　実験場面において，定性実験と定量実験にはそれぞれ表5-6-1に示すメリットとデメリットが存在する。

　定性実験では，実験の実施や解釈が定量実験と比べて容易である場合が多い。また，数値で表せない対象を扱えるというメリットがある。その一方で，結果の判断が実験者の感覚に依存することから，解釈に個人差が生じる可能性がある。例えば，水溶液の匂いの有無などは個人の感覚に依存する部分が大きい。

　定量実験では，結果を数量化して扱うため，定性実験と比べて，実験者に

表5-6-1　定性実験と定量実験の特徴

	定性実験	定量実験
メリット	・実験の実施や解釈が比較的容易 ・数値で表せない対象を捉えることができる	・実験者による解釈の個人差が少ない ・実験を繰り返すことで誤差を小さくできる ・情報量が多い（定性的な表現に変換可能）
デメリット	・実験者によって解釈に個人差が生じる ・情報量が少ない	・実験の実施や解釈が困難 ・精度が測定器具に依存する

（筆者作成）

よる解釈の個人差が生じにくいというメリットがある。また，実験を繰り返すことで誤差を小さくできるというメリットがある。例えば，小学校第5学年「振り子の運動」の単元では，振り子の一往復にかかる時間を繰り返し測定することで，誤差を小さくするよう工夫する。その他のメリットとして，定量実験の結果は定性的な表現に変換可能であることから情報量が多いということがある。例えば，pHとして測定された数値は，酸性・中性・アルカリ性という定性的な表現に変換可能である。デメリットしては，実験の実施や解釈が定性実験と比べて相対的に困難であることや，測定の精度が測定器具に依存することが挙げられる。小学校理科で扱われる主な定性・定量実験は表5-6-2に示す通りである。

　ここまで，定性的・定量的な視点を実験・観察場面を対象に論じてきたが，これらの視点はその他の問題解決場面においても有効である。例えば，問題を見いだす場面において，瓶の中のロウソクの火が消えたという事象を扱う場合，定性的な視点を働かせれば特定の気体の有無が問題となり，定量的な視点を働かせれば特定の気体の量や割合が問題となる。このように，どちら

表5-6-2　小学校理科で扱われる主な定性・定量実験

学年	定性実験	定量実験
3年	・物を振動させる実験 ・回路を作成する実験 ・電気を通すものを調べる実験 ・磁石につくものを調べる実験	・風の力で物を動かす実験 ・ゴムの力で物を動かす実験 ・物の重さを比較する実験
4年	・直列回路と並列回路を比較する実験 ・水のしみこみ方の違いを調べる実験 ・閉じ込めた空気と水を比較する実験 ・物の温まり方を調べる実験	・水の温度と状態を調べる実験
5年	・発芽の条件を調べる実験 ・植物の成長に関連する要因を調べる実験 ・流水の働きを調べる実験	・水温と溶解量の関係を調べる実験 ・電流の大きさと電磁石の強さの関係を調べる実験 ・振り子の周期に関連する要因を調べる実験
6年	・物を燃やす働きのある気体を調べる実験 ・植物内の水の通り道を調べる実験 ・光合成と葉のでんぷんについて調べる実験 ・電気とエネルギー変換に関する実験 ・水溶液の性質について調べる実験	・燃焼前後の気体の組成を比較する実験 ・呼気と吸気の組成を比較する実験 ・光合成と酸素について調べる実験 ・てこの規則性について調べる実験 ・電流の大きさと発熱量について調べる実験

(筆者作成)

の視点を働かせるかによって，成立する問題すら変わってくる場合がある。また，定性・定量の両方の視点を同時に働かせることが求められる場面も存在する。例えば，第6学年「月と太陽」の単元では，月の形の見え方について，月の形という定性的な視点と，周期的な変化という量的な視点を同時に働かせることが必要である。

　一般に，定性的な視点よりも定量的な視点の方が難易度が高いと考えられ，教科書においても定性的な表現が相対的に多いことが指摘されている（久田，1985）。一方，欧米では小学校高学年から定量的な扱いが系統的に指導されているという指摘もある（宮本，2007）。海外のカリキュラムも参考にしつつ，定性・定量の両方の視点を学習者が働かせられるよう指導していくことが重要だと言える。

2．定性的な視点を獲得させる指導

　定性的な視点を獲得させる初期の指導としては，対象を仲間分けする学習を通して，どのような性質に基づき分類ができるのか検討させることが有効である。例えば，第3学年「身の回りの生物」の単元では，身の回りの生物を仲間分けする学習を通して，生物が色，形，大きさといった性質に基づき分類できることを見いだしていく。その際，児童それぞれが分類した結果をクラス全体に示し，「〇〇さんは，どうやって仲間分けしたのでしょうか」と問うことで，定性的な視点を働かせるよう促すことや，働かせた視点を共有することができる。ここで働いている定性的な視点とは，ある生物種は個体にかかわらず共通した性質をもつという視点である。このような指導を繰り返す中で，児童は定性的な視点を獲得していく。

3．定量的な視点を獲得させる指導

　定量的な視点を獲得させる指導としては，第一に，どのような定量化が可能なのかを教える必要がある。例えば，小学校中学年では定規，温度計，電子てんびん，検流計といった実験器具を利用する中で，どのような定量化が可能なのかを経験していく。このような経験を通して，児童の中にはどのよ

うな器具を利用して量的な測定を行うかの選択肢が増えていく。第二に，定量化のメリットを学習者が認識できるよう指導する必要がある。例えば，小学校第6学年「てこの規則性」の単元では，てこを利用して重さの手応えの変化を体感するところから学習が始まる（定性実験）。そして支点・力点・作用点の位置関係によって重さの感じ方が異なることを見いだす。ここで学習者が働かせている視点は，てこの性質を捉えようとする定性的な視点である。しかし，「重さや距離の感じ方は人によって違いませんか」と問うことで，重さや距離を測り定量化を行うことで数値に基づいて比較が可能になることに気付く。このような指導を繰り返す中で，児童は定量的な視点を獲得していく。

　定量実験を通して多くの数値データが得られた場合，それらの値に対して可視化や要約の工夫を行うことも重要である。例えば，第5学年「物の溶け方」の単元では，一定量の水に溶ける食塩の量について，得られた数値データをグラフによって可視化し，整理することがある。また，第5学年「振り子の運動」の単元では，振り子が10往復するのにかかる時間を測定した後，平均値を計算することでデータを要約することがある。これらの指導は，理科の学習のみならず，算数の学習と関連付けて指導を行う必要がある。

参考文献

宮本直樹（2007）「小学校理科における児童の探究能力に関する研究 ── 数量化に着目して」『日本科学教育学会研究会研究報告』21（4），13-20.

（中村大輝）

Q7　問題解決の過程の中で用いる考え方の1つである「比較」について述べなさい

1．問題解決の過程の中の「比較」と比較により見いだされる問題

　小学校学習指導要領（平成29年告示）解説　理科編（文部科学省，2018）において，「比較」は，問題解決過程の中でも，差異点や共通点を基に，問題を見いだすための考え方の1つとして位置付けられている。そして，この「比較」という考え方を働かせることによって問題を見いだす力が，主として小学校第3学年で育成が目指されている問題解決の力である。このため，本稿においても問題を見いだすための「比較」について中心的に述べることにする。

　ここで本題に入る前に，比較によって見いだされる「問題」という用語について整理を行う。近年の理科教育に関わる多くの研究や実践において，「問題」は「疑問」と「問い」に区別されている。吉田・川崎（2019）によると，そもそも「疑問」とは，「なぜ」といった疑問詞に代表される，学習場面において新奇な事象や理解し難い事象に遭遇した際に生じる知的な葛藤のことを指し，問題解決が開始される初期の心理状態になることで生成するものとされる。一方，「問い」とは，「疑問」を設定すべき仮説や計画すべき観察・実験を方向付ける探究の見通しを含む形にしたものであると整理され，しばしば「何が」や「どのように」といった疑問詞を用いて示される。以上のことから，子どもの「問題を見いだす力」を育成するためには，子ども自身が疑問を見いだすことができる力と，疑問を問いへ変換することができる力の両者を育成することが必要となるということがいえる。なお，本稿においては「比較」が主に関わる「疑問を見いだす力」について中心的に扱う。このため，「疑問を問いへ変換する力」については，川崎・吉田（2021）等もしくは第5章Q8をご参照いただきたい。

２．比較により見いだされる疑問の種類

　疑問を見いだすためには，観察する現象について，現象どうしあるいは現象と既有知識の間の違いに気付くことが必要である（角屋，2019，p.52）。つまり，疑問は何かと何かを比較し，差異点や共通点を見つけることによって見いだされるといえる。そして，このように見いだされる疑問は，比較対象によって，表5-7-1のように３種に分類することもできる。

（１）「なぜ」という疑問とその具体

　「なぜ」という疑問は，たとえば，「なぜ，時間がたつと，かげの向きがかわるのか」（第３学年「太陽と地面」），「なぜ，水は上の方からあたたまるのか」（第４学年「もののあたたまり方」）等が挙げられる。前者は，例えば，１時間目に調べたかげの向きと４時間目に調べたかげの向きといった現象どうしの比較を通して，その違いに気付くことによって見いだされる疑問である。後者は，金属は熱したところから順にあたたまるといった既有知識と，水は上の方からあたたまるという現象を比較し，その違いに気付くことによって見いだされる疑問である。

（２）「どうすればよいか」という疑問とその具体

　「（〇〇するためには）どうすればよいか」という疑問は，例えば，「ねらったところにゴム車を止めるためにはどうすればよいか」（第３学年「風やゴムの力」），「音楽のリズムに合わせてふりこをゆらすためにはどうすればよいか」（第５学年「ふりこ」）等が挙げられる。前者は，教師の演示実験等により，ねらったところにゴム車を止めたという子どもにとっての理想的

表5-7-1　疑問の種類と比較対象

疑問の種類	比較対象例
なぜ	現象－現象 既有知識－現象
どうすればよいか	（理想の）現象－（現状の）現象
言われてみると よく知らないな	既有知識（知っているつもり）－現象（知らない） 既有知識（自分の仮説）－既有知識（他者の仮説）

（筆者作成）

な現象と，実際にやってみてもうまく止められないという現状としての現象
との違いによって見いだされる疑問である。後者も，友達のふりこは音楽の
リズムに合わせてゆれているという理想的な現象と，自分のふりこはリズム
に合ってゆれていないという現状としての現象の違いによって見いだされる
疑問である。

（3）「言われてみるとよく知らないな」という疑問とその具体

　「言われてみるとよく知らないな」という疑問は，例えば，「バッタの体の
つくりは，言われてみるとよく知らないな」（第3学年「こん虫の世界」）等
が挙げられる。これは，日常生活において何度もバッタを見てきた既有知識
から「知っているつもり」と子どもは思っているが，実際にバッタを見ずに
描いてみるとうまく描けないといった実際の現象を「知らない」という自分
の現状との違いによって見いだされる疑問である。また，この疑問は，自分
が描いたバッタと友達が描いたバッタを比べると，バッタの足の数は同じだ
が，足の生えている場所が違うといった自分の仮説・予想と他者の仮説・予想
の違いに気付くことによって見いだされる場合もある。

3．疑問を見いだす力の育成

（1）なぜ「考え方」を働かせるのか

　なぜ，「比較」といった「考え方」を問題解決の過程において働かせるこ
とが重要なのか，その理由についても簡単に触れる。

　これまで子どもに問題解決の能力を育成するためには，子どもに問題解決
に取り組ませることが重要であると考えられてきた。この考え方自体は間違
いではないが，このように子どもに問題解決に取り組ませるだけでは，子ど
もの問題解決の能力を十分に育成することはできない。これは，例えば，子
どもが疑問を見いだす際に，ただ単に子どもに考えさせるだけでは，子ども
は何をどのように考えてよいかわからず，独力で疑問を見いだすことができ
ないためである。このため，疑問を見いだす際に，何をどのように考えれば
よいかといった考え方（比較）を獲得し，子ども自身が「疑問を見いだすた
めに比較をしてみよう」のように，「考え方」をある種，意図的に働かせな

がら思考することができるようになることが重要なのである。

（2）疑問を見いだす力の育成方法

「疑問を見いだす力」を育成するためには，まず，授業の導入場面等において，何かと何かを子どもに比較させる学習活動を取り入れることが必要である。そして，このとき，教師はただ単に「どう思った？」や「疑問を見つけてごらん」といった言葉かけを行うのではなく，「何がどのように違うの？」のように比較を促す言葉かけを行うことが重要である（角屋，2019, p.64）。このような言葉かけにより，子どもは疑問を見いだすためには，何かと何かを比べるとよいという「比較」の考え方を獲得したり，その考え方を自ら働かせたりすることができるようになる。さらに，比較をする際には，形，色，大きさ等の比較をするための視点や，比較対象は何にするか，何と比較するかといった基準に基づいて行うことが重要となる。このため，児童に比較をさせる際には，視点や基準を明確にするような指導にも留意する必要がある。

参考文献

角屋重樹（2019）『改訂版 なぜ，理科を教えるのか ― 理科教育がわかる教科書』文溪堂.

川崎弘作・吉田美穂（2021）「科学的探究における疑問から問いへの変換過程に関する思考力育成のための学習指導」『理科教育学研究』62(1)，pp.83-94.

文部科学省（2018）『小学校学習指導要領（平成29年告示）解説　理科編』東洋館出版社.

吉田美穂・川崎弘作（2019）「科学的探究における疑問から問いへ変換する際の思考の順序性の解明に関する研究」『理科教育学研究』60(1)，pp.185-194.

（川崎弘作）

Q8　問題解決の過程の中で用いる考え方の1つである「関係付け」について述べなさい

1．問題解決の過程の中の「関係付け」と仮説

　平成29年改訂小学校学習指導要領解説　理科編（文部科学省，2018）において「関係付け」は，問題解決過程の中でも，既習の内容や生活経験を基に，根拠のある予想や仮説（以降，「仮説」と統一して表記）を発想するための考え方の1つとして位置付けられている。そして，この「関係付け」という考え方を働かせることによって根拠のある仮説を発想する力が，主として小学校第4学年で育成が目指されている問題解決の力である。このため，本稿においても仮説を発想するための「関係付け」について中心的に述べる。

2．なぜ「比較」と「関係付け」が重視されるのか

　そもそも，なぜ「考え方」として「比較」と「関係付け」が取り上げられることが多いのか。その理由は，人が何かについて思考するとき，その思考する目的に着目するならば，情報を整理するための思考と何か新しいことを考え出すための思考の2つに大別できるからである。そして，前者の思考は「比較」，後者の思考は「関係付け」を主として用いることになる。

　まず，情報を整理するための思考について述べる。情報を整理するとは，ある視点に基づき事柄どうしの違いを見つけたり，各事柄の特徴を見いだしたりすることである。例えば，目の前に2つの植物があるだけではまだ情報が整理されているとはいえず，「生育」という視点で植物を比較し，一方の植物は枯れているのに，他方の植物は枯れていないといった違いが明確になることによって，初めて情報が整理された状態になる。他にも，目の前にクリップ，スプーン，割り箸等があるだけでは情報は整理されておらず，磁石に付く／付かないという特徴に基づき分類されることで整理された情報とな

る。そして，問題解決の過程においては，このように「比較」によって違い
や特徴を見いだすことによって，問題が見いだされるのである（第5章
Q7）。

　次に，何か新しいことを考え出すための思考について述べる。人は何か新
しいことを考え出すとき，何か知っていることとつなげようとする。つま
り，無から有は生じないため，有を使って新たな有を生じさせようとするの
である。例えば，冷たい飲み物が入った容器の外側に水滴が付くという原因
が未知な現象について，空気中には水蒸気があること，水蒸気は冷やされる
と水になることといった既に知っていることを使って，その説明を新たに考
え出そうとすることがこれにあたる。そして，このように何か知っているこ
とを使って考えることを「関係付け」といい，その行為は問題解決の過程に
おいては「仮説」を発想することと同義である。このため，子どもが既に
知っていること，つまり既習の内容や生活経験を基に，根拠のある仮説を発
想するために「関係付け」が必要なのである。

3．どのように「関係付け」の考え方を働かせて仮説を発想させるか

（1）仮説の発想と「関係付け」

　仮説を発想するための「関係付け」とは，ある未知の事柄に対して既習の
内容や生活経験を基に説明したり，予測したりすること，つまり，「知って
いることを使って」考えるということであることは既に述べた。しかしなが
ら，「関係付け」だけでは仮説を発想することが困難な場合もある。

　例えば，第4学年「もののあたたまり方」において，水がどのようにあた
たまるかについて仮説を発想する際に，金属のあたたまり方で学習した内容
（既習の内容）を使って，「水もあたためた場所からあたたまるだろう」と
いった仮説を発想することになる。一方で，空気はどのようにあたたまるか
について仮説を発想する際に，子どもは，金属はあたためた場所からあたた
まる，水は上からあたたまるという知識をもっている。このため，金属のあ
たたまり方，水のあたたまり方のどちらの知識を関係付けるかの吟味が必要
となる。このときに重要となるのが「比較」である。具体的には，空気，金

属，水を比較したときに，空気と水はどちらも流動性をもつという点で水の方が金属よりも特徴が一致していることを見いだし，水のあたたまり方の知識と関係付けて，空気のあたたまり方に対する仮説を発想する必要がある。このため，単に既有知識と関係付けるだけでなく，どの知識と関係付けるか，既有知識の中で関係付ける対象との一致点等を比較によって見いだし吟味させることも重要となる。

（2）どのように「関係付け」を働かせて仮説を発想させるか

　仮説を発想させる際には，教師はただ単に「仮説を立ててごらん」や「よく考えてごらん」といった言葉かけを行うのではなく，「今まで学んだことは使えないかな」のように関係付けを促す言葉かけを行うことが重要である（角屋，2019，p.100）。このような言葉かけにより，子どもは仮説を発想するためには知っていることを使って考えるという「関係付け」の考え方を獲得したり，その考え方を自ら働かせたりすることができるようになる。また，前述したように，関係しそうな知識が複数ある際には，「比較」によりどの知識を使うかといったその吟味を行わせることも重要である。このため，場合によっては「なぜ，その知識を使ったの？」「知っていることと（仮説を発想する対象となる現象は）どこが似ているの？」といった言葉かけも必要となる。

4．「関係付け」を働かせて，いつ仮説を発想させるか

　最後に，問題解決過程の中で「関係付け」を働かせて，いつ仮説を発想させるかについて述べる。これまでの一般的な問題解決では，子どもは疑問を見いだし，問いを設定した後に仮説を発想することが多かった（「疑問」，「問い」の用語については第5章Q7を参照）。つまり，仮説は問いに対して発想されるものであるため，多くの理科の授業では「疑問→問い→仮説」の流れで問題解決が進められてきたといえる。一方で，近年の研究成果により，仮説は問いを設定する際にも重要な役割を果たすことが明らかになってきた。これは，「問い」は疑問を探究の見通しを含む形にしたものであるためである。このため，問いは疑問を見いだした後に仮説を発想し，その仮説

に基づき設定するという「疑問→仮説→問い」の流れで問題解決を行うことの重要性も指摘されている（川崎・吉田，2021）。具体的には，子どもが疑問を見いだした後，まずは疑問に対する仮説を発想させたり，子どもどうしで仮説について議論させたりすることで追究すべき対象を明確にさせる。そして，このような過程を経た後に，教師が問いの設定を促すことで，探究の見通しを含む具体的な問いを子ども自らが設定するという流れである。

　第3学年「太陽と地面」の授業において，「なぜ，時間がたつと，かげの向きがかわるのか」という疑問が見いだされた場合を例に挙げる。「疑問→仮説→問い」の流れでは，このような疑問が見いだされた後に，そのまま問いの設定を促すのではなく，子どもに仮説を発表させたり，子どもどうしで仮説について議論させたりする。このようにすることで，子どもは関係付けを行いながら「かげは太陽の光がさえぎられるとできる」，「太陽の向きがかわっているからではないか」といった議論を行い，追究すべき対象を明確にしていく。そして，その後，教師が問いの設定を促すことで，子ども自ら「時間がたつと，かげの向きがかわるのは，太陽の向きがかわるからなのだろうか」といった問いを設定するという流れになる。このように問題解決の中で「関係付け」を捉える場合は，いつ仮説を発想させるべきかについても併せて検討する必要がある。

参考文献

角屋重樹（2019）『改訂版 なぜ，理科を教えるのか —— 理科教育がわかる教科書』文溪堂.

川崎弘作・吉田美穂（2021）「科学的探究における疑問から問いへの変換過程に関する思考力育成のための学習指導」『理科教育学研究』62(1)，pp.83-94.

文部科学省（2018）『小学校学習指導要領（平成29年告示）解説　理科編』東洋館出版社.

（川崎弘作）

Q9　問題解決の過程の中で用いる考え方の1つで ある「条件制御」について述べなさい

1．小学校理科における条件制御

　小学校理科における「条件制御」について，『小学校学習指導要領（平成29年告示）解説　理科編』（文部科学省〔以下，文科省〕，2018）をもとに考えてみる。

　小学校理科の教科の目標において，「理科の見方・考え方を働かせ」と示されている。この各教科における「見方・考え方」については，資質・能力を育成する過程で児童が働かせる「物事を捉える視点や考え方」であること，更には教科等ごとの特徴があり，各教科等を学ぶ本質的な意義や中核をなすものとして全教科等を通して整理されている（文科省，2018）。

　「理科の見方・考え方」の「考え方」については，問題解決の過程において，どのような考え方で思考していくかという「考え方」であり，児童が問題解決の過程の中で用いる「比較」，「関係付け」，「条件制御」，「多面的に考える」などといった「考え方」として整理することができる（文科省，2018）。

　「条件制御」は，その「考え方」の1つであり，自然の事物・現象に影響を与えると考えられる要因について，どの要因が影響を与えるかを調べる際に，変化させる要因と変化させない要因を区別するということである（文科省，2018）。つまり，変化させない要因の条件（同じにする条件：制御する条件）を同じにして，変化させる要因（調べる条件）とその要因により変化すること（調べること）の因果関係で捉えることである。自然の事物・現象について，変化させる原因として考えられる要因（調べる条件）は独立変数と呼ばれ，その要因により変化すること（調べること）は従属変数と呼ばれる。

　観察，実験を行う際，変化させない要因（同じにする条件：制御する条件）については変化をさせず，変化させる原因として考えられる要因（調べる条

件）である１つの独立変数のみを変化させることにより，条件を制御して計画的に観察，実験を行い，その結果（調べたこと）を得る必要がある。つまり，観察，実験において，調べる条件が２つ以上ある場合には，２つ以上の条件を同時に変えて観察，実験を行うと，どの条件により違う結果となったかが不明となるため，調べる条件は１つにする必要があるということである。

２．小学校理科における条件制御の事例

小学校理科において，理科の「考え方」の１つである「条件制御」は，第５学年で重点が置かれている。第５学年の「エネルギー」，「粒子」，「生命」，「地球」の各領域に見られる「条件制御」の理科の「考え方」について考えてみる。

（１）振り子の運動（エネルギー領域）
振り子の運動の規則性を調べるには，振り子が１往復する時間に着目して，振り子の長さ，おもりの重さ，振れ幅などの条件を制御しながら，振り子が１往復する時間を変化させる条件を調べる。
①振り子の長さと振り子が１往復する時間の関係
振り子の長さと振り子が１往復する時間の関係について調べるには，おもりの重さと振れ幅を一定にして，振り子の長さのみを変化させながら，振り子が１往復する時間を調べる。
②おもりの重さと振り子が１往復する時間の関係
おもりの重さと振り子が１往復する時間の関係について調べるには，振り子の長さと振れ幅を一定にして，おもりの重さのみを変化させながら，振り子が１往復する時間を調べる。
③振り子の振れ幅と振り子が１往復する時間の関係
振り子の振れ幅と振り子が１往復する時間の関係について調べるには，振り子の長さとおもりの重さを一定にして，振り子の振れ幅のみを変化させながら，振り子が１往復する時間を調べる。

（２）物の溶け方（粒子領域）
物の溶け方の規則性を調べるには，物が水に溶ける量に着目して，水の量

や水の温度などの条件を制御しながら，物が水に溶ける量を調べる。

①水の量と物が水に溶ける量の関係

　水の量と物が水に溶ける量の関係を調べるためには，水の温度を一定にして，水の量を変化させながら，水に物を溶かしたときの，物が水に溶ける量を調べる。

表5-9-1　水の量と物が水に溶ける量の関係を調べる場合の例

調べること（従属変数）	水に溶ける物の量
調べる条件（独立変数）	水の量（50mL, 75mL, 100mL）
同じにする条件 （制御する条件）	水に溶かす物：ミョウバン 水の温度：（20℃）

（筆者作成）

②水の温度と物が水に溶ける量の関係

　水の温度と物が水に溶ける量の関係を調べるためには，水の量を一定にして，水の温度を変化させながら，水に物を溶かしたときの，物が水に溶ける量を調べる。

（3）植物の発芽（生命領域）

　植物の発芽の条件について調べるには，水，空気及び温度などに着目して，水，空気及び温度などの条件を制御しながら，植物が成長するのに必要な環境条件を調べる。

①水と植物の発芽の関係

　水と植物の発芽の関係について調べるには，水以外の空気や温度などの条件を同じにして，水あり，水なしといった条件を変えて，植物の発芽について調べる。

②空気と植物の発芽の関係

　空気と植物の発芽の関係について調べるには，空気以外の水や温度などの条件を同じにして，空気あり，空気なしといった条件を変えて，植物の発芽について調べる。

③温度と植物の発芽の関係

　温度と植物の発芽の関係について調べるには，温度以外の水や空気などの

条件を同じにして，室温と冷蔵庫の中といった温度の条件を変えて，植物の発芽について調べる。

（4）流れる水の働きと土地の変化（地球領域）

流れる水の働きと土地の変化について調べるには，流れる水の速さや量に着目して，水の速さや量といった条件を制御しながら調べ，流れる水の働きと土地の変化について調べる。

①流れる水の速さと土地の変化の関係

流れる水の速さと土地の変化の関係について調べるには，流れる水の速さ以外の流れる水の量などの条件を同じにして，水を流すところの傾きが大きいところ，傾きが小さいところといった傾きの条件を変えることで，流れる水の速さの条件を変えて，地面の様子の変化について調べる。

②流れる水の量と土地の変化の関係

流れる水の量と土地の変化の関係について調べるには，流れる水の量以外の流れる水の速さなどの条件を同じにして，流れる水の量が多い，少ないといった流れる量の条件を変えて，地面の様子の変化について調べる。

参考文献

文部科学省（2018）『小学校学習指導要領（平成29年告示）解説　理科編』東洋館出版社.

霜田光一・森本信也ほか（2020）『みんなと学ぶ 小学校理科5年』学校図書.

養老孟司・角屋重樹ほか（2020）『未来をひらく 小学理科5』教育出版.

（内海志典）

Q 10　問題解決の過程の中で用いる考え方の1つである「多面的な思考」について述べなさい

1.「多面的な思考」とは

「多面的な思考」は，『小学校学習指導要領解説　理科編』(2018) で述べられている問題解決の過程における「考え方」の1つである「多面的に考える」と同義であると考えられる。そして，「多面的に考える」とは，「自然の事物・現象を複数の側面から考えること」と記述されている。そして，「多面的に考える」ことを通して，より妥当な考えをつくりだす問題解決の力の育成が，主として第6学年に求められている。

2.　問題解決の過程における「多面的に考える」とは

『小学校学習指導要領解説　理科編』(2018) に，「多面的に考える」とは，「具体的には，問題解決を行う際に，解決したい問題について互いの予想や仮説を尊重しながら追究したり，観察，実験などの結果を基に，予想や仮説，観察，実験などの方法を振り返り，再検討したり，複数の観察，実験などから得た結果を基に考察をしたりすることなどが考えられる」と述べられている。

　このことから，「多面的に考える」とは，次の3点にまとめることができる。
①個々の児童の様々な予想や仮説を互いに尊重しながら追究する
②結果を基に，予想や仮説，観察，実験などの方法を振り返り，再検討する
③複数の観察，実験結果を基に考察する
　これら3点について，以下に詳細に述べる。

(1) 個々の児童の様々な予想や仮説を互いに尊重しながら追究する

　「多面的に考える」ことができるようにするためには，個々の児童が予想や仮説を発想し，話し合いを通してその考えを発表し，自分とは異なる他者

の考えを知り，互いに尊重しながら問題の解決を図ることが大切であると言える。

その際，「関係付ける」という「考え方」を用いて，自然の事象と既習の内容や生活経験を関係付けたり，自然の事象の変化とそれに関わる要因を関係付けたりすることで，予想や仮説を発想させることが重要になる。個々の児童が，思いつきの予想や仮説ではなく，根拠のある予想や仮説を発想するからこそ，その根拠を基に話し合いを行い，自分とは違う他者の考えを尊重することができるようになる。

個々の児童が，根拠のある予想や仮説を発想することができるようにするためには，「何がそのような違いを生んでいるのか？」と要因を見いださせたり，「今までに学んだことで考えられないか？」と児童の知識や経験を想起させたりする発問を行うことが考えられる（角屋，2012）。

このように，他者の様々な予想や仮説を互いに尊重しながら問題の解決を図らせることで，「多面的な思考」を育成することができると考えられる。

（2）結果を基に，予想や仮説，観察，実験などの方法を振り返り，再検討する

「多面的に考える」ことができるようにするためには，個々の児童が自分の発想した予想や仮説と観察，実験の結果を比べて，予想や仮説，あるいは観察，実験などの方法などについて振り返り，再検討させることが大切であると言える（図5-10-1）。

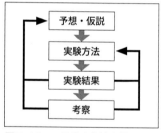

図5-10-1 予想や方法を振り返る
（筆者作成）

自分の発想した予想や仮説と観察，実験の結果を比べて一致したときは，自分の発想した予想や仮説が妥当であったと判断することができる。しかしながら，それらが一致しなかったときには，予想や仮説の根拠の何が間違っていたのか，あるいは自分の発想した観察，実験の方法の何が間違っていたのか，多面的に振り返り，再検討する必要が出てくる（角屋，2012）。

その際，前述した「関係付ける」といった「考え方」を用いて予想や仮説を発想させたり，「条件を制御する」といった「考え方」を用いて，制御す

216

べき要因と制御しない要因を区別しながら観察，実験の方法を発想させたりすることが重要となる。根拠を基に発想した予想や仮説だからこそ，根拠の何が間違っていたのか，結果を基に振り返り，再検討することができる。また，条件制御を意識しながら発想した観察，実験の方法だからこそ，制御すべき要因と制御しない要因の何が間違っていたのか，結果を基に振り返り，再検討することができるようになる。

　このように，自分の発想した予想や仮説と観察，実験の結果を比べて，予想や仮説の根拠，または観察，実験などの方法を振り返り，再検討させることで，「多面的な思考」を育成することができると考えられる。

（3）複数の観察，実験結果を基に考察する

　「多面的に考える」ことができるようにするためには，複数の観察，実験を行い，それらの結果を基に，考察させることが大切であると言える。

　このことについて，第6学年「燃焼の仕組み」を例として取り上げて以下に述べる。本単元では，燃焼の仕組みについて，空気の変化に着目して，物の燃え方を多面的に調べる活動を

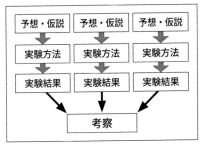

図5-10-2　複数の結果を基に考察する
（筆者作成）

ることが求められている。ここでの多面的に調べる活動としては，以下のものが挙げられる（文部科学省，2018）。

①植物体が燃えるときには，空気中に含まれる酸素の一部が使われて，二酸化炭素ができることを捉える活動
②酸素には物を燃やす働きがあることや，燃えた後の植物体の様子も変化していることを捉える活動
③空気には，主に，窒素，酸素，二酸化炭素が含まれていることを捉える活動

　そして，これら多面的に調べる活動を通して，物が燃えたときの空気の変化について，より妥当な考えをつくりだし，表現することができるよう指導する必要がある。

このように，複数の観察，実験を行い，それらの結果を基に，考察させることで，「多面的な思考」を育成することができると考えられる。

3.「多面的な思考」を育成するために

　以上述べたように，「多面的な思考」とは，「自然の事物・現象を複数の側面から考えること」であり，その育成を図る際は，「関係付ける」や「条件を制御する」などの「考え方」も併せて育成することが重要である。

参考文献

角屋重樹（2012）「小学校理科における観察・実験の意義と価値」角屋重樹・石井雅幸・福田章人編著『小学校理科　これでバッチリ！　観察・実験の指導』文溪堂，pp.8-12.

文部科学省（2018）『小学校学習指導要領（平成29年告示）解説　理科編』東洋館出版社.

（中山貴司）

第6章

理科の学習上の困難点

Q1 理科の知識・技能の獲得の困難点について述べなさい

　チンパンジーと人間はDNAレベルでは98％程度同じである。それにもかかわらず，チンパンジーは絶滅寸前，かたや人間は冷房の効いた建物の中で，プロジェクターに投影した自分の発見を遠く離れたところに住む人に伝え，議論を行っていたりする。明日の天気や接近中の台風の進路についても正確に予測し，対策を講ずることができる。人類は，知識・技能を発見，共有，集積することにより，他の動物と比べて類を見ないレベルの高度な文化を創造し，営んでおり，その発展には科学技術が大きく貢献している。

　20世紀の後半から，幼い子どもたちは我々が従来想定していた以上に有能であることが世界中で示されている。生後間もない乳児であっても，物体の永続性や簡単な数，物体の動きや生物について人間の知識体系の根幹ともいえる認知をしており，整合性を持った理解の枠組みとなっていることがわかってきた。ただし，日常的な理解としての「動物」に魚類や昆虫が含まれないように，生物に関する幼い子どもたちの理解は素朴生物学と言われ，科学者の理解とは有意に異なり，学校理科を通しても容易に修正されない困難点を持つ。

1．知識・技能の獲得に関する蓄積と質的転換の問題

　戸田山（2002）は，紀元前4世紀から20世紀まで2300年以上，知識とは「正当化された真なる信念（justified true belief）」として捉えられてきたことを紹介しながら，knowing-that的な「命題的知識」に加え，どうやってやるかの知（knowing-how），何であるかの知（knowing-what），どのようであるかの知（knowing-what-it-is-like）を挙げ，知識が包含する現象が広範囲であることを説明する。本稿では，主に命題的な知識（knowing-that）と手続的な知識（knowing-how）を取り上げ，知識については命題的な知識を中心に

広く拡張して考え，技能は主として手続的な知識で，意識的な処理を伴わない部分が多いものとする。それらの知識を体系的に統合したものを概念とする。そして，獲得過程については，特に言及しない場合は，知識と技能の両者を考える。

人が何かを学ぶとき，必ず既有の知識を利用する。そこで，既存の知識体系はそのままで新しい知識を追加することにより，その体系が拡大するという意味での知識獲得がある。これは私たちが一般的に知識を獲得するというときに指すものであろう。それに対して，既存の知識体系の基本構造自体が変化をするような質的転換を伴う知識獲得がある。これは概念転換を指す。科学史上のパラダイム転換のような状況が，子どもたちに起こることが想起されよう。ただし，アルフレッド・ウェゲナーの大陸移動説が，プレートテクトニクス理論の登場と，その後の地球物理学，地質学の発展によって，広く認められるまでにその提唱から60年以上を要したように，質的転換を伴うような知識獲得は，子どもにとって特に困難であることが多い。

従来の概念転換の理論は，既存の概念と新しい概念とを対比させたり，それらの間の葛藤を表出させたりしながら，より妥当で生産的な概念への転換を図るものであった。子どもたちが既に獲得している概念と授業を通して獲得を目指す（科学的な）概念との間に，いくつかの中間的な概念を想定し，その漸進的な変化を「ラーニング・プログレッションズ」として理科の教授学習に活かす提案もなされるようになっている（山口・出口，2011）。

2．熟達化と教育環境の問題

科学者を志す学生が専門家となるべく大学でトレーニングを受ける場合，特定の分野やトピックスに焦点化しながら，指導教員や研究室の仲間とともに，学部・大学院と長い時間をかけて学ぶ。そしてそのプロセスにおいて，身体的な反復訓練を通して，環境世界に有意味に対応できる体系的な知識・技能を協働的に体得している。理科で子どもたちが知識・技能を習得する際にも，長期的な視座から，何度も実際に使いながら学ぶことができるように，教育環境を整備する必要がある。

初学者と熟達者の問題解決を比較すると，熟達者は初学者が一つひとつ手順を追って考えることを無意識的に自動化して行っていたり，そもそも問題解決の手続き自体が異なっていたりすることもある。これは前述の命題的な知識の手続き化に関わるものでもある。ブランスフォード・ブラウン・クッキング（2002）は,熟達者の知識に関して以下の6つの原則を示している（p.29）。

原則1：熟達者は，初心者が気付かないような情報の特徴や有意味なパターンに気付く。

原則2：熟達者は，課題内容に関する多量の知識を獲得しており，それらの知識は課題に関する深い理解を反映する様式で体制化されている。

原則3：熟達者の知識は，個々ばらばらの事実や命題に還元できるようなものではなく，ある特定の文脈の中で活用されるものである。

原則4：熟達者は，ほとんど注意を向けることなく，知識の重要な側面をスムーズに検索することができる。

原則5：熟達者は，自分が専門とする分野について深く理解しているが，それを他者にうまく教えることができるとは限らない。

原則6：熟達者が新規な状況に取り組む際の柔軟性には，様々なレベルがある。

　柴田・遠山（2003）は，「技能」を「一定の制約条件を備えた環境（ないし状況）において特定の目的意識をもって遂行される実践的行為及びその能力」と定義する。そして，「からだで覚え」,「からだで反応する」といった身体知について検討する中で，教師が表出する「わざ言語」に着目している。熟達化において，初期段階の模倣であっても必ずしも容易ではなく，師匠やコーチなどの教育者の役割が重要である。そして長期間にわたるトレーニングを持続するためには，上達や向上を志向する意欲が求められる。ある「型」を獲得し，メタ認知を働かせ，いかなる状況においても自動的に自己調整できるようになることにより，熟達者のレベルに到達する。

3.「文化」として理科を学ぶ

　人間は，コトバの使用，模倣，教育の欲求と実行によって，自分たちの知

識や技能を拡げ，それらが他者によって微修正され，最適化されるのであり，多くの世代をかけて文化資本を蓄積している。ホドソン（2000）は，科学教育の文化的側面に着目する。そして，レイヴの「認知的徒弟制」やロゴフの「誘導的参加」の考え方を援用しながら，「互恵的教授法（reciprocal teaching）」を提案する。互恵的教授法は，「民族的知恵（folk wisdom）」に基づくもので，教師がモデル化し，援助し，足場づくりを行う初期段階に，他の子どもに対して教師の役割を担わせる。そして質問，説明，まとめ，予測など，様々な段階において子どもを積極的に参画させることにより，望ましい学習が促進され，自ら考え，メタ認知的自覚を促したことを報告している。

　文化化（enculturation）として理科を学ぶことは，多様性を認めつつグループ学習を促進し，科学学習のコミュニティを構築するものであり，理科の学びが学校に閉じたものではなく，地域社会や家庭との連携も含めて拡張される。文化として理科を学ぶことは，科学の概念的理解に関わる知識・技能に加えて，それらの正当性や限界について判断するような科学の認識（epistemic）に関する知識・技能の重要性を問いかけるものであり，理科における知識・技能の新しい統合の可能性を切り開くであろう。

参考文献

デレック・ホドソン（小川正賢監訳）（2000）『新しい理科教授学習論』東洋館出版社.

ジョン・ブランスフォード，アン・ブラウン，ロドニー・クッキング編著（森敏昭・秋田喜代美監訳）（2002）『授業を変える』北大路書房.

柴田庄一・遠山仁美（2003）「技能の習得過程と身体知の獲得 ── 主体的関与の意義と『わざ言語』の機能」『言語文化論集』24 (2), pp.77-94.

戸田山和久（2002）『知識の哲学』産業図書.

山口悦司・出口明子（2011）「ラーニング・プログレッションズ ── 理科教育における新しい概念変化研究」『心理学評論』54 (3), pp.358-371.

（隅田　学）

Q2　問題解決的な学習を進める上での困難点について述べなさい

1．ここまでの章から

　第5章までの内容で，問題解決的な学習を指導する上での重要な要素が見えてきたことと思われる。特に，第3章Q2からQ5では，問題解決の各々の局面での指導法について，第5章では，問題解決で必要となる理科の見方・考え方について，それぞれまとめられている。以下では，理科において問題解決的な学習を進める上での現実的な困難点について考えてみたい。

2．問題解決活動の形骸化

（1）その問題解決的な学習は何をねらいとしているのか

　小学校理科での基盤となるのが，問題解決的な学習である。観察，実験を行うこと等を通して，問題を科学的に解決するために必要な資質・能力を育成することが小学校理科の目標であり，理科授業では当然のように，問題解決の活動が行われている。しかし，これから授業で行おうとする問題解決活動は，何のために行うのか，目的がはっきりしているだろうか。

　理科授業で問題解決活動を行ったとして，ある教育目的の下では適切な方法であっても，別の教育目的の下では不適切であった，という場合もあり得る。知識を身に付けさせるために，実物を見たり実際にやってみたりした方がわかりやすいから，ということなのか。問題解決を行うのに必要なスキルを身に付けさせたいから，ということなのか。あるいは，興味・関心をもたせたいから，ということなのか。等々，問題解決的な学習には様々な目的をもたせることができる。これらのどこに重点を置き，具体的に何ができるようになるための学習活動であるかがはっきりしないまま，「典型的な理科は実験や観察を通して問題解決していくから」といって問題解決的な学習を進めようとすると，授業はうまくいかず，その原因を探ることすらできない。

（2）問題解決的な学習を児童はどう捉えているのか

　2018（平成30）年全国学力・学習状況調査では，「理科の勉強は好きですか」という質問に対し，「当てはまる」または「どちらかといえば，当てはまる」と答えた児童生徒の割合は，小学校第6学年で約84%，中学校第3学年では約63%という結果であった。つまり，少なくとも小学校では多くの児童が理科好きなのである。

　しかし，この結果は，問題解決的な学習の成果といって良いのか，と問われれば，その回答には慎重にならざるを得ない。単に「観察や実験で手を動かしたり，外に出たりすることができるから」という理由で「理科が好き」と答えている児童も一定数含まれている可能性があるためである。観察や実験等の活動を問題解決の活動として捉えていない，あるいは，問題解決についてはよくわからないが理科は楽しい，という層の存在を無視するわけにはいかない。教師が問題解決的な学習のために行おうとした観察や実験は，当に，児童にとっても問題解決的な学習となっているか，常に問う必要がある。

3．観察や実験の失敗を恐れすぎる

（1）教科書通りの実験結果を得ることは本当に重要なのか

　問題解決的な学習を進めるうえで行う活動は，教科書に記載されている観察や実験がベースになるはずである。確かに，教科書に記載されている観察や実験は，比較的うまくいくよう設計されている。また，安全面にも配慮されているため，教科書に記載されている通りに行えば，安全に展開できるはずである。

　安全面での失敗はあってはならないが，一方で，教科書通りに観察や実験を進めたつもりでも，得られたデータが思わしくなかった，という失敗はあり得る。理科授業において，授業の進行上思わしくないデータが生じた時に，そのデータをいかに処理するか，というのは，問題解決の過程で直面する課題の1つだろう。このとき，教師の対応としては，「本当はそうじゃなくて，こうなるはずなのだけれども」等と言って，教科書通りの，期待されるデータを教えてしまうことが多いのではないだろうか。そうすれば授業は進行するかもしれないが，果たしてそれで良いのだろうか。

（2）一見思わしくない実験結果こそ問題解決の過程が生まれる

上記のケースは，その観察や実験で得られたデータを別の期待されるデータに差し替えているわけで，厳しい言い方をすれば，データをねつ造，あるいは改ざんしていることにほかならない。これは，科学の信頼性に関わるものであり，科学者であれば，どんな理由があっても絶対に行ってはいけない行為である。時間が限られているとはいえ，それほどのことをしてまで，クラスの全員が教科書通りの結果を得ることは重要なのだろうか。

例えば，身近な液体の液性を調べる活動を行ったとする。教師は中性の液体として水の液性を調べたいと考え，児童に水道水の液性を調べさせてみると，アルカリ性を示してしまった。すると教師は慌てて，これは中性のはずだと修正する。しかし，目の前のデータは確かにアルカリ性なのである。アルカリ性を示した原因があるはずなのに，データを差し替えてしまった。

実は，厚生労働省による水道水の水質基準は，pH5.8以上8.6以下であるため，厳密に中性というわけではない。それならば，その教師は純水を使えば良かったのではないかという指摘もあり，確かにその通りである。しかし，むしろ，問題解決的な学習を行ううえでは，水道水がアルカリ性を示したことでその原因を探る機会が生まれ，好都合だったと捉えるべきである。

苦労して得たデータを理想的なデータに差し替えるくらいなら，最初から，観察や実験を行わずに教科書で整理すればよかったのではないか。基本的な概念や知識を身に付けさせるだけなら，実はそれで十分なのかもしれない。いや，そうはいっても，やはり問題解決の過程は重要である。せっかく観察や実験を行うのであれば，どんな結果になろうとも，その場で得られた生（ナマ）のデータを大切にしたい。一見思わしくないデータが得られても，それをきっかけにして，本当の問題解決が始まるはずである。

4．考察に十分な時間がとれない

（1）理科授業における時間配分の難しさ

問題解決的な学習を小学校理科の授業で行う場合，授業内の時間配分は非常に難しい。一定の授業時間のなかで，問題を見いだし，仮説や予想を立

て，観察や実験を計画・準備・実行し，データを整理し，考察し，結論を得る
というプロセスをこなすのは，容易なことではない。問題解決の一つひとつ
の場面は，どれもそれなりに時間が掛かるのである。その結果，授業前半で
観察や実験を手早く進めたいと考えていても，実際には思うようにいかず，
重要な考察の時間がほとんど取れなかった，ということが多い。

（2）問題解決的な学習におけるカリキュラム・マネジメントの重要性

　当然のことながら，予備実験を繰り返したり，実験器具を事前に配付した
りすることによって，観察や実験までの時間を節約することは可能である。
しかし，それにも限界がある。したがって，その一連の学習は本当に 1 回の
授業で完結させなければならないのかを吟味する必要がある。理想的には，
理科の全ての問題解決活動についてじっくり時間をかけ，児童の思考に合わ
せて授業を進めていきたい。ところが，現実には，年間授業時数の範囲内で
理科の内容を網羅する必要があり，全てに時間をかけることは不可能である。

　そこで，1 回の授業だけではなく，単元や年間の計画の中で，時間をかけ
る内容とそうでないものを適切に組み合わせる必要がある。ある授業では教
師が主導で進めておき，ゆとりができた何回分かの授業を活用してじっくり
問題解決的な学習を行う時間を取るのである。この考え方は，カリキュラ
ム・マネジメントに関わっている。詳しくは，第 2 章 Q 6 を参照されたい。

5．今後の課題

　問題解決的な学習のきっかけとなる「問題」をどのように見いだすか，問
題解決の方法はどれくらい提示するか，協同的な活動では一人ひとりがしっ
かり活動しているか，等々，問題解決的な学習を効果的に行うために乗り越
えるべき困難点は，数多く存在する。理科授業の基盤となる活動だからこそ，
困難を解消する方法を明らかにし，その成果が体系化される必要がある。

参考文献

J. J. Schwab & P. F.Brandwein（1962），The Teaching of Science, Harvard
　　　University Press.（佐藤三郎訳）（1970）『探究としての学習』明治
　　　図書出版.　　　　　　　　　　　　　　　　　　　　　　（石﨑友規）

Q3 「エネルギー」領域における誤概念について述べなさい

　理科の学習を通して学習者に科学概念を獲得させる過程における課題の1つとして，素朴概念や誤概念といった科学的には正しくないとみなされる概念の存在が明らかにされている。例えば堀（1998）は，子どもが学習前や学習後にもっている科学的に精緻化されていない概念を「素朴概念」と呼ぶとともに，類似の用語としてミスコンセプション（誤概念）やプリコンセプション，子どもの科学を挙げている。このように，文脈によって使用される用語は異なることがあるものの，子どもたちは学習前から（教師が獲得させたいと考えている）科学概念とは異なる概念をもっていたり，科学的に正しい概念を学習した後であっても，学習前にもっていた概念に戻ったりするケースがあることについて，教師は理解しておく必要がある。本稿では小学校理科のエネルギーを柱とした領域（以下，エネルギー領域）に見られる子どもの誤概念について概説する。

1. エネルギー領域で見られる誤概念

（1）学習前，後に見られる誤概念
　第5学年「振り子の運動」では，導入時に振り子の様子を観察させながら「振り子が1往復する速さの要因」について問うと，子どもは「おもりの重さの違いが関係しているのではないか」，「振り幅の違いが関係しているのではないか」といった要因を予想することがある。このような，初学者が学習を始める以前からもっている物体の運動に関する素朴概念は，習熟した者からは通常正しくないと見なされる誤概念である。
　また，第4学年「電流の働き」では，乾電池の数やつなぎ方を変えると，電流の大きさや向きが変わり，豆電球の明るさやモーターの回り方が変わることを学習する。電流の大きさや向きは直接体験ができず，実体がつかめな

いため，子どもが電流の様子を理解するのが難しいとされている。このため，「電流は乾電池の両極から流れ，豆電球やモーターなどの抵抗器具でぶつかるために明かりがついたり動いたりする」，「＋極から流れた電流は豆電球で明かりに変換されて消滅してしまう」といった様々なイメージをもつ。これは，結果的には学習を契機として表出する子ども特有の素朴概念であり，習熟した者からは通常正しくないと見なされる概念である。

（2）生活から獲得された誤概念

エネルギー領域の学習展開において，子どもが問題を見いだしたり，予想や仮説を立てたりする活動では，これまで学んだことや経験してきたことを思い起こしながら考えることが多い。経験とは学校の授業で獲得した知識や技能だけでなく，生活で得られた知識や体感も含まれている。ヴィゴツキー（1934）は，子どもが日常の生活の中で自然に学習した概念を「生活的概念」という用語を用いて説明している。

先の「振り子の運動」の学習例において，「おもりの重さが関係している」と予想した子どもは，「体つきが違う友達によってブランコが1往復する速さが違うから」という生活経験から得られた概念を基にした発想が根拠として挙がる。また，「振り幅の違いが関係している」と予想した子どもは，「ブランコをこぎ出す位置が高い時と低い時で勢いが変わるから」という体感から得られた概念を基にした発想である。このように，エネルギー領域における子どものもつ誤概念は体感による生活的概念が多くみられる。

（3）子どもの持つ頑強な誤概念

子どもは新しい科学的概念を理解するときに，自分の既有の概念の枠組みと関連させて考えている。Ausubel（1978）は，この自分の既有の概念の枠組みをプリコンセプション（前概念）という用語を用いて述べている。プリコンセプションは驚くほど頑強で消去することに対して抵抗を示すことがある。子どもは彼ら特有の自然観の中で，多くの科学に関する言葉の意味を作り出してきている。このような概念は子どもの科学とよばれ，エネルギー領域でも体感や情報から得られた誤概念が含まれている。これらは，たとえ間違っていたとしても彼らにとっては理論的な一貫性をもっているため，その

概念は堅固であることが多く，以後の理科学習に影響されないまま概念として残ったり，予期しない方法で影響したりする。

例えば，振り子の学習で，1往復する速さは振り子の長さが関係しているという結論を得たとしても，ブランコでの体感による経験が抜けきれていない子どもは，「振り子が1往復する速さは少しばかりおもりの重さが関係している」と，学習前の概念が保持されてしまうことがある。また，第3学年「電気の通り道」では，「金属は電気をよく通すことはわかったが，あらゆる物も電気を通す」と解釈している子がいる。これは，アニメ等の情報から得られた電流に対する誤概念が働き，学習後も既有の概念を修正しきれない表れである。

（4）指導から得てしまう誤概念

小学校教員を志す学生自身が，小学校の頃に獲得していた素朴概念を現在も保持したまま教師となり，授業を行うことがある。つまり，理科においては，教師が科学とは異なる誤概念を子どもたちにもたせてしまうことがある。

例えば，振り子の実験結果から「振り子が1往復する速さは，糸の長さが関係している」と結論づけた子どもは，「複数のおもりを縦1列につるした場合と，糸の先端1点に集めてつるした場合の振り子の1往復は，糸の長さが同じだから変わらない」と考える子が多い。教師が実験の際に，おもりの中心までの振り子の長さを考慮した指導をせず，糸の長さに着目した操作を指示したため，子どもは1往復する速さの要因は糸の長さと判断してしまうからである。振り子が1往復する速さは振り子の長さが関係しているという科学的な概念を教師が捉えていない場合，子どもは誤った知識として誤概念を持ってしまうことになる。

2．段階を追った概念形成

（1）発達や単元に沿った概念構築

小学校の理科で学習するエネルギーの変換と保存に関する内容は，電気単元を中心に，対象の特性や子どもの構築する考えなどに基づいて整理されて

いる。第3学年の「電気の通り道」をはじめ，第4学年「電流の働き」，第5学年「電流がつくる磁力」，第6学年「電気の利用」といった段階的な配置がなされている。

（2）科学的な概念への更新

第3学年「電気の通り道」では，子どもが電気を通すつなぎ方を見いだす活動がある。豆電球に明かりをつける際にソケットを使用する。すると，子どもは，「豆電球に電気を通すにはソケットが必要」と判断する。これは間違った概念ではない。しかし，ソケットの周囲はプラスチックで覆われており，内部構造をうまく見ることができない。よって，子どもは「電気を通す物は金属である」と結論づけても，ソケットは例外であると判断してしまい，「豆電球はプラスチックのような特別な物を取り付けることで電気が通る」といった誤概念を得てしまうことがある。このように，「電気を通す物は金属である」と正しい知識を獲得していても，目の前で起きている現象を説明するために，獲得した知識は矛盾する説明をしてしまうことがある。このような場合は，ソケットを用いず，乾電池，豆電球，導線だけで豆電球の明かりをつける活動を行い，ソケットの構造や役割について考え，より確かな科学的な概念を持たせる活動が考えられる。

3．まとめ

教師は，授業を立案する上で，子どもが保持している科学的に精緻化されていない知識や概念を事前に把握し，科学的な概念を獲得させるために発達段階を考慮した授業を行うことが求められる。また，子どもたちの体感から得られるエネルギーの捉えを基に科学的な概念をもたせてあげたい。

参考文献

堀哲夫編（1998）『問題解決能力を育てる理科授業のストラテジー ── 素朴概念をふまえて』明治図書出版，pp.12-34.

（三井寿哉）

Q4 「粒子」領域における誤概念について述べなさい

1. 「粒子」領域における概念とは

　「粒子」領域における概念は，「粒子概念」と言われる。まずは，小学校理科の学習を通して獲得できる「粒子概念」にはどのようなものがあるか，菊池・高室・尾崎・黄川・村上（2014）と川崎・中山（2018）の実践を基に以下に述べる。

（1）菊池ら（2014）の実践における「粒子概念」

　菊池ら（2014）は，第4学年「水と水蒸気」の授業を通して，教師側から，①物質は全て目に見えない小さな粒でできている，②粒の大きさは変わらない，の2つの「粒子概念」を教授した。そして，第5学年「もののとけ方」（14時間）の授業を通して，それら2つの「粒子概念」を活用する授業を行った結果，③粒は消滅しない，④粒の質量は変わらない，⑤粒の大きさは変わらない，⑥粒は熱運動している，⑦粒は互いに引き合う性質があるといった「粒子概念」を獲得することができたと報告している。

（2）川崎・中山（2018）の実践における「粒子概念」

　川崎・中山（2018）は，第3，4学年の主に「粒子」領域における6単元（53時間）の授業において，「理論」の構築過程に基づく学習指導法を行った。その結果，児童自ら，①物質は目に見えない小さな粒で構成されている，②粒は消滅しない，③粒自体の大きさは変化しない，④粒は温められると四方に動く，⑤粒と粒の隙間や粒の動きの違いにより状態（三態）の違いが生まれる，の5つの「粒子概念」を発想し，獲得することができたと報告している。

2. 「粒子」領域における誤概念の事例

　これらの実践から，小学校理科の学習を通して，物質は目に見えない小さな粒でできている，粒は熱運動している，粒の大きさは変わらないなど，い

くつかの「粒子概念」を児童に獲得させることは可能であると言える。

　上述した「理論」の構築過程に基づく学習指導法（川崎・中山・雲財，2017：川崎・中山，2018）では，現象を見て児童自ら複数の考え（誤概念も含めた「粒子概念」）を発想し，実験や話し合いを通してそれらを棄却，修正，選択させる学習を行う。よって，その学習過程において，児童から様々な誤概念が発想されたことを報告している。「粒子」領域における誤概念の事例について以下に述べる。

（1）物質は粒子で構成されていない

　「粒子概念」を獲得させる際，物質が小さな粒（粒子）からできていると捉えさせることは，最も重要であると考えられる。

　菊池ら（2014）は，「粒子概念」を根拠をもって予備知識のない子どもから引き出すのは難しいなどの理由から，物質は全て目に見えない小さな粒でできている，という概念を教師から教授している。一方，川崎・中山（2018）は，第3学年「物と重さ」の学習でレゴブロックを取り入れた学習を行うことで，物は小さな粒でできている，という考えが発想されたと報告している。

（2）粒子になると質量が変わる（軽くなる）

　第5学年「ものの溶け方」の学習において，食塩を水に溶かす前の「食塩と水の重さ」に比べて，食塩を水に溶かした後の「食塩水の重さ」の方が軽くなると予想する児童がいる。この予想は，もの（食塩）が目に見えないほどの小さな粒になると，質量が軽くなる，という誤概念から発想されたものだと考えられる。

　この誤概念は，食塩を水に溶かす前の「食塩と水の重さ」と，食塩を水に溶かした後の「食塩水の重さ」が同じであることを確かめることで，科学的な概念へと変容させることができると考えられる。

（3）粒子と粒子の間の隙間には空気が入っている

　粒子と粒子の隙間は空気が入っていると考えている児童は多いと思われる。この誤概念について，川崎・中山（2018）の実践では，粒と粒の隙間について検討する必要性が生まれなかったため，これを発想する児童はいな

かったと述べている。粒子と粒子の間の隙間は，真空であるといえる。

（4）粒子は温められると膨張する

第4学年では，空気や水，金属を温めると体積が増える現象について学習する。そのため，同じように粒子も温められると膨張する，という誤概念は児童から発想されやすいと考えられる。

川崎ら（2017）は，第5学年「ものの溶け方」の学習において，水の温度を上げるとものの溶ける量が増えたという現象について説明させた際，温度が上がることによって水の粒が膨らみ，その結果，隙間が広がり，ものの溶ける量が増えたという考えが発想されたと述べている。しかしながら，考察での話し合いの中で，温度が上がることによって水の粒が膨らむのであれば，温度を上げれば上げるほど粒がどんどん膨らみ，水の体積は増え続けると考えられるため，この考えはおかしいのではないか，という意見が出て，棄却されたと報告している。

（5）温められた粒子は上昇する

川崎・中山（2018）は，第4学年「ものの温度と体積」の学習において，水を入れた丸底フラスコにガラス管を取り付けたゴム栓をはめて，フラスコを温める実験を行った。その結果，ガラス管の中の水が上昇していき，この現象を見た数名の児童が，粒子は温められると上昇するという誤概念を抱いたと述べている。

その後，空気を温めると体積はどうなるだろうか，という課題に対して，容器の上と下に風船をつけて容器の真ん中を温めるという実験を行った。その結果，上と下の風船がほぼ同時に膨らみ，その現象について話し合う中で，粒子は温められると上昇するという誤概念が棄却され，粒子は温められると四方へ動く，という概念に変容したと報告している。

3．「粒子」領域における誤概念の変容

粒子を直接見ることはできず，前述したように児童は，「粒子」領域において様々な誤概念を抱くことが考えられる。しかしながら，いくつかの「粒子概念」を教授した後，それらを活用して「粒子概念」を系統的に積み上げ

ていくことができる学習を行うことで誤概念が生じないようにしたり，現象を見て児童が発想した誤概念も含めた複数の考えを，実験や話し合いを通して棄却・修正・選択させることで，科学的な概念へと変容させたりすることが可能になるといえる。

参考文献

川崎弘作・中山貴司・雲財寛（2017）「『理論』の構築過程に基づく小学校理科学習指導に関する研究 ― 粒子領域固有の認識方法の獲得と人間性の育成に着目して」『日本教科教育学会』40（3），pp.47-58.

川崎弘作・中山貴司（2018）「『理論』の構築過程に基づく学習指導による粒子概念の変容に関する研究 ― 小学3・4年生を対象とした6単元に渡る継続調査を通して」『科学教育学研究』42（4），pp279-289.

菊池洋一・高室敬・尾崎尚子・黄川田泰幸・村上祐（2014）「小学校における系統的物質学習の実践的研究 ― 粒子概念を『状態変化』で導入し『溶解』で活用する授業」『理科教育学研究』54（3），pp.335-346.

（中山貴司）

Q5 「生命」領域における誤概念について述べなさい

1．「生命」領域における誤概念

（1）誤概念の捉え

　小倉（2000）によると，「誤概念」の意味は2通りに分けて捉えられるべきとされている。1つは，文字どおり「誤った理解」で，学校で習うべき考えに対する誤解であって，修正されるべき認識という意味合いが強い。もう1つは，いわゆる構成主義的学習論を背景とした「子どもが，学校の理科で科学的な概念を学習する以前に構成している科学とは異なった理論」であり，子どもなりの合理性を伴った一種の信念体系とされている。問題解決学習を通して，子どもの素朴な考えを科学的な概念へと変容させることを目指す小学校理科学習の特質を鑑みて，本稿では，「誤概念」を後者の立場で捉え論じることとする。

（2）生命領域の特性

　2017（平成29）年改訂学習指導要領では，生命領域として取り扱われる内容として，「人体に関するもの」，「植物に関するもの」，「人以外の生物に関するもの」等が挙げられている。生命領域で取り扱われる内容の特徴の1つとして，学習前に経験的に子どもが獲得している知識の多さが挙げられる。学習前に子どもが獲得している知識としては，「自分の体に関する経験」や，「栽培経験」，「飼育経験」等の日常生活を通して得られた知識が考えられる。それらの知識は科学的な概念ではなく，子どもなりの素朴な考えである場合が多い。

　しかし，それらの子どもの素朴な考えを発端に，それぞれの考えの相違点や共通点を授業の中で表出させることにより，児童の問題意識を喚起し，子どもが自分なりの問題解決学習を行うことができると考える。

　よって，本稿では小学校で取り扱われる生命領域の内容に関する，児童が抱きやすい誤概念について，いくつかの事例を紹介していくこととする。

２．小学校理科における誤概念（生命領域）の事例

（1）第３学年「身の回りの生物」に関する誤概念

　第３学年「身の回りの生物」では，「昆虫見つけ」として昆虫の住みかを探す活動が取り入れられることが多い。その際に子どもが見つける生物として，ダンゴムシやバッタ，蜘蛛（くも），蝶（ちょう）等が代表的なものではないだろうか。しかし，実はダンゴムシは甲殻類，蜘蛛は鋏角類（きょうかく）の仲間であり昆虫ではない。これは，子どもが日常生活で用いる「虫」という言葉が影響していると考える。生物の分類学上「虫」という分類は存在しないのだが，ダンゴムシや蜘蛛，バッタ等を総称して子どもたちは「虫」という言葉を用いて日常的に生物と触れ合っている。このように，生命領域では，子どもの生活経験を起因とした誤概念がよく見られる。

　また，子どもの誰もが知っている昆虫の１つとして，「蝶」が挙げられる。誰もが知っている蝶であるが，子どもにその絵を描かせると，それぞれが考える「子どもなりの蝶」の多様さに驚かされる。羽が２対のものや１対のもの，からだが「頭」「胸」「腹」の３つに分かれているものや，２つにしか分かれていないもの，足があるものやないもの等，多様な「子どもなりの蝶」が見られる。正しい蝶の描き方は，からだが「頭」「胸」「腹」の３つに分かれており，胸から足が３対，羽が２対でるような描き方であるが，そのような描き方ができる児童は少ない。

　「蝶」は子どもたちにとって身近な昆虫の１つであるが，「体のつくり」に着目して観察した経験はほとんどないと考えられるので，多様な「蝶」の描き方になるのは当然といえば当然である。それらの多様な「子どもなりの蝶」の共通点や相違点を授業内で表出させ，様々な視点で分類することにより，「羽は何枚あるのだろうか」「足はどこについているのだろうか」「体はいくつに分かれているのだろうか」といった，子どもの問題意識の喚起につながり，結果として，児童の素朴な考えを基に「観察の視点」を導出することが可能になると考える。

（2）第5学年「植物の発芽，成長，結実」に関する誤概念

　植物に関する子どもの素朴な考えの多くは，これまでの栽培経験によるものであろう。本単元の中で見られる誤概念の1つとして，「受粉」に関するものが挙げられる。子どもたちは生活科で行った栽培経験から「種→発芽→成長→開花→結実」という植物の成長の流れに関する知識は多くもっていると考えられる。しかし，「カボチャの苗を植え，水や肥料を与えるだけで実ができる」という誤概念を抱く子どもが見られる。このような子どもは，結実するための受粉の必要性に着目することができていないといえる。子どもが経験する栽培活動は，「水をあげること」「肥料を与えること」が主な活動であり，「受粉」に関する活動経験がないことが影響していると考えられる。「受粉」という作業を直接行わなくても，蜂や蝶等が自然に受粉を行っているからである。蜂や蝶等が花の蜜を吸うことを経験的に知っている子どもは多いが，植物の成長と関連付けることができている子どもは少ない。このように，植物に関する内容の場合，子どもの栽培経験に起因する誤概念が多く見られる。

　また，本単元の中で，多様な子どもの素朴な考えが出る内容として，「発芽の条件」と「成長の条件」が挙げられる。2017年改訂学習指導要領では，発芽の条件として「水」「空気」「適当な温度」の3つが示されており，成長の条件として「日光」と「肥料」の2つが示されている。

　子どもたちが考える「植物の種子が発芽するために必要なもの」として，水，空気，適当な温度の3つの条件以外に，「土」や「日光」「肥料」など多様な考えが挙げられる。このような考えは，発芽の条件と成長の条件を混同している場合が多く，「種を植えた時に土に植えたから」や「光を十分に当てないと植物が枯れたから」等，これまでの栽培経験を基にした考えが多い。

　本単元を指導する際に重要なのは，これらの子どもの素朴な考えを授業の中心に据えつつも，児童が考えた条件の全てを，実験を通して検証するのではなく，それぞれの考えの妥当性を事前に吟味することにあると考える。

　例えば「発芽には日光が必要」という考えについては，土の中に埋めて光

が当たらない種子が発芽するという事例を挙げることにより，条件としては不適当なことを判断することができる。子ども一人ひとりの考えを尊重しつつも，それぞれの考えの妥当性を吟味し，実験を実施する条件を焦点化することが重要だと考える。

（3）第6学年「植物の養分と水の通り道」に関する誤概念

小学校理科の学習において，子どもが仮説を設定する際の根拠として，日常経験や，既習事項が用いられることが多い。既習事項を根拠とする考え方は理科のみならず，他教科においても重要視される思考方法である。しかし，既習事項の影響により，予期せぬ子どもの誤概念が形成される場合がある。

その事例として，第6学年「植物の養分と水の通り道」を挙げる。本単元の中で，「根が取り入れた水は，どこを通って植物の体に行きわたるのか」という問題について子どもが仮説を設定する場面がある。その際，既習事項である「ヒトや動物の体」を根拠にして，「ヒトは，全身をめぐる血管の中の血液を通して酸素や二酸化炭素を運んでいる。なので，植物も同じように血管のような管が全体にあり，その中を水が通っているのではないか」というように，ヒトと植物を比較しながら思考する児童の姿が多く見られる。一方で，「ヒトの血液は心臓に集まって循環しているから，植物も心臓のように水が1カ所に集まる所があり，そこを起点として循環しているのではないか」といった誤った考えをもつ子どもが見られる。これは，「ヒトや動物の体」を学習したがゆえに生じる誤概念であろう。しかし，このような子どもの考えは，「既習事項を基に思考している」という点で評価できる。仮説の妥当性を吟味する際は，「正しい考えかどうか」という視点ではなく，「主張（仮説）」と「根拠（日常生活や既習事項等）」の論理構造の妥当性を吟味することが最も重要であると考える。

3．子どもの素朴な考え（誤概念）を中心に据えた授業

紹介した誤概念の例は，授業の中で見られやすい代表的なものであり，これら以外にも様々な素朴な考えをもって，子どもは授業に臨んでいると考え

られる。授業を通して，これらの考えを科学的なものに変容することは容易ではなく，科学的なものに変容した後も，時間がたつと元の素朴な考えに戻ってしまう場合も多くある。では，子どもの素朴な考えを科学的な概念へと変容させるために重要なことは何であろうか。それは，子どもが自身の考えの不足点や修正点について，実感を持って理解することだと考える。そのためには，子どもの素朴な考えを授業内で表出させ，それらの考えを中心に据えて授業を展開することが1つの解決策になるのではないだろうか。一見科学的ではない子どもの考えでも，子どもなりの根拠や理由を基に論理を構築している場合が多い。それらの根拠や理由を授業内で表出させ，子ども同士の考えの共通点や相違点を比較し，互いの考えの妥当性を吟味するとともに，観察・実験を通して自身の考えを検証することが，科学的な概念を構築するうえで重要になってくると考える。

参考文献

Campbell, N. A. & Reece, J. B.（小林興監訳）（2010）『キャンベル生物学』丸善株式会社.

甲斐初美（2018）「生物・生命概念」森本信也・森藤義孝編著『小学校　理科教育法』建帛社.

小倉康（2000）「ミス・コンセプション」武村重和・秋山幹雄編『理科　重要用語300の基礎知識』明治図書出版.

山下浩之（2018）「深い学びをさそう授業づくり（生命編）」山下芳樹・平田豊誠編著『新しい教職教育講座　教科教育編4　初等理科教育』ミネルヴァ書房.

（古石卓也）

Q6　「地球」領域における誤概念について述べなさい

1．本稿における誤概念

　理科における誤概念（または素朴概念など）に関しては，様々な先行研究がなされている。「地球」領域においても，地質・地史や地形，気象分野，天文分野においても多くの誤概念が報告されている。

　地質・地史，地形の分野においては，「地球のすべて（地球の奥深くにいっても）が堅い固体でできている（実際：地球内部には液体の部分も存在する）」，「自分の住んでいる土地はずっと高さが変わらない（実際：土地は隆起や沈降がある。または，侵食などもある）」などの誤概念が存在し，気象分野においても，「雲全体は固体でできている（実際：細かな粒の集まり）」，「上空に行くほど太陽に近いので温度が高い（実際：気温は地表が一番高い）」などの誤概念がある。

　上記のように多くの誤概念が存在するが，中でも，これまで多くの先行研究がなされている天文分野の誤概念を中心に本稿で扱うこととする。

2．天文領域における誤概念

　ここからは，天文領域における，これまでの研究を概観することにする。基本的な天文現象に関する児童・生徒の理解度の調査には，Baxterの研究がある。9 〜 16歳の児童・生徒100人に対し，質問紙法と面接法を用いて調査を行っている。質問の内容は，地球の形，日夜のサイクル，季節の変化といった現象についてで，どのような概念をもっているかを調査しその回答を分類している。地球の形については，低年齢ほど地球が平らという素朴概念が多い。また，地球上に人間がどのように存在しているかについては，各年代ともに，北を上にし南を下にして存在するという回答が多数を占めている。科学的に妥当な概念を抱いている児童・生徒もいるが，その数はかなり少ないという結果が得られている。また，児童・生徒の自然観の移り変わり

を調査したVosniadouの研究がある。この研究では，「低学年の児童は，天文現象に関する科学的な学習を受けていないため，日常生活に基づいた自然観を抱いている。これに対し，児童・生徒は徐々に地球が丸いことを示す画像や本，テレビなどによって科学的な宇宙観に接するようになる。こうした抽象的な宇宙観と以前から抱いていたナイーブな自然観が児童・生徒の心の中に同居し，それらを折衷した宇宙観（synthetic model）を抱くようになる」と結論づけている。さらに，Brianは，アメリカの9歳から12歳の児童を対象に，太陽・月・地球の形や大きさ，ならびにこの三者の相対的な運動に関して調査している。この学年段階での児童の三者の運動の理解には，①「地球は中心で動かず，太陽や月が不規則な運動をしている」，②「地球は中心で自転のみを行い，太陽や月は動かない」，③「地球を中心とし，太陽と月が同一軌道を公転している」，④「太陽を中心とし，地球と月が同一軌道を公転している」，⑤「太陽を中心として地球が公転し，その地球のまわりを月が公転する」という5つのタイプが存在することを述べている。9歳の児童は，天体の観察から①の「地球は動かず太陽や月が運動する」とする認識が一番多く，①から③の地球を中心とした考えが80％を超えると報告している。その後学年段階と共に，⑤の科学的に正しい認識の割合は増加するが，12歳になっても，⑤の「太陽を中心として地球が公転し，その地球のまわりを月が公転する」と回答した児童はわずか20％にとどまり，天文分野における基礎的な空間認識が未発達である実態を指摘している。Brianはこの要因を，「児童は，学校での学習前に様々な情報源から，天体運動に関して地球中心のイメージをもつことがあり，その概念は強固で変化しにくい」と述べ，その解決方法を「実際的な経験や学校教育における学習，ならびに日常生活における様々なメディアからの情報を密接に関連づける必要性がある」と結論づけている。加えてSharpは，イギリスの10歳から11歳の児童を対象に，太陽や月の形や大きさ，太陽－月－地球の相対運動，月の満ち欠け，ならびに太陽系の構造について調査を行い，児童の太陽系の構造についての理解を8つに分類し，その認識を分析している。太陽のまわりを地球をはじめとした惑星が，公転運動をしているという正しい認識はわずか25％

にとどまり，地球を中心とした認識や，同一軌道による公転運動の認識が数多く存在することを述べている。この研究の中でSharpは，公転運動など相対的な運動の認識に乏しいことを指摘している。2つ以上の惑星が関係する相対運動の認識をもたない児童が約半数にのぼり，天体現象における基本的な認識である相対運動の理解に乏しい実態から，多くの児童の宇宙における空間認識が，直線的または平面的であり，三次元的な立体空間としての把握がなされていない問題点を報告している。Trumperは，イスラエルの13歳から15歳の生徒を対象に，基本的な天文現象に関する調査を行っている。この研究においては，多くの生徒に，太陽や月，地球などの天体それぞれの相対的な大きさや天体間の距離の認識が欠如していることが報告されている。

　次に，具体的な天文現象に関しては，月の満ち欠け現象と空間概念の形成についての研究が数多く存在する。その代表的なものとして，宮脇らの研究がある。この研究では，小学3年生から6年生までの子どもたちのもつ月の満ち欠けの概念について調査を行い，「子ども達は，それぞれに独自に科学的に適切なモデルとは異なった概念を持っていた。子ども達は月の満ち欠けの学習後もそれらの概念を保持していると考えられる。視点移動能力やその他の科学的知識の影響が子ども達の概念の形成に関わると考えられ，このような概念を持つことをふまえた学習指導を行う必要がある」と結論を述べている22)。さらに川上は，月の満ち欠け現象に関連した，児童・生徒の理解度のアンケート調査，天文現象の理解度調査と理科教育におけるカリキュラムの考察，自作天体望遠鏡を使用する月の観察を通じた探究心を育む授業の構築の研究を行っている。小・中学校における天文分野のカリキュラムの変更で，児童・生徒の天文現象の理解度がどのように変わるかを長期的に調査することを目的とした研究である。月の満ち欠けの理解に関しては，「あなたが知っている月の形をすべて書いてください」，「月がちがう形に見える理由を答えてください」，「月について，どこで学習していますか」という，3つの質問を240名に対し行っている。月の形が変わる理由としては，小学3年生では雲に隠れるからという回答が最も多い。その誤概念は年齢を重ねるに従って少なくなり，科学的な考え方が徐々に増加していくが，中学3年生

になっても，地球の影に入るからといった月食と混同したミスコンセプションも数多く存在していた。太陽・地球・月の位置関係，月の公転で形が変わるという正しい認識がある生徒は，中学３年生において３割弱にとどまっていた。カリキュラムのあり方に関しては，小学４年生と中学３年生にだけ天文分野の内容が存在することに大きな問題があるとし，難解な天文現象を集中して扱うのではなく，児童・生徒一人ひとりの観察体験を重視して，それまでに抱いている宇宙観から科学的な宇宙観へと導いていくような指導が望まれるとしている。また，小学４年生で月の満ち欠けのしくみをしっかり学習していないために，現象に対する解釈に１人ずつ差が出ていることが指摘され，せっかく観察された事象が，科学的理解や知識へと消化吸収されていない児童の姿を浮き上がらせる結果だとしている。

　また縣は，2001年から2004年にかけ，全国の小学４年生から６年生約1500名を対象に天文分野における児童の空間認識の実態を調査している。太陽と地球の問題で，「地球は太陽のまわりを回っている」，「太陽は地球のまわりを回っている」の２つの文章から正しいものを選択させたところ，前者を56％，後者を42％の児童が回答した。また「人工衛星と同じように地球の周りを回っている天体は」との問いに，月と回答した児童は39％にとどまり，火星が27％，太陽が24％であった。また，月の満ち欠けの理由を回答させたところ，正しい回答を行った児童は約30％にとどまる結果となり，残りの70％の児童は月の満ち欠けに関して誤った概念をもつか，もしくは概念そのものが形成されていない実態が明らかとなった。「太陽は地球のまわりを回っている」と考える児童が４割を超えることをはじめとするこの調査結果は，新聞・雑誌等のメディアでも，天文現象に関する基本的な認識能力が多くの児童に未発達である実態として大きく取り上げられた。

参考文献

柳本高秀（2007）「天文分野における空間概念に関する研究」『筑波大学大学院教育研究科修士論文』.

（柳本高秀）

第7章

理科の教材研究の視点

Q1　教材・教具の意義について述べなさい

1．理科における教材・教具とは

　小学校において理科授業を行う上で，教材や教具は欠かせないものである。どのような授業スタイルであれ，学習内容であれ，そこには必ず様々な教材や教具が介在している。理科授業における教材や教具はどのような意義や働きをもっているのだろうか。

　まず，教育における教材とはどのように定義されているのだろうか。学校教育法第34条によると，教科用図書およびそれ以外の図書，その他有益適切な教材とされている。この定義によれば，学習指導要領に基づいて作成され検定を受けた教科書が主たる教材となる。日本の教科書は，時代とともに様々な工夫を取り入れて編集・編纂され，児童が1人で読んで学習できる教材となっている。しかし，学校で展開される理科授業では教科書のみを用いて理科の授業を完結させることは少ない。理科の学習を有意義かつ効果的に実施するために，教科書以外にも，その他有益適切な教材が用いられている。

　改めて理科における教材を定義すると，教師が教育目標を達成するために，自然の事物・現象の中から適当・適切と思うものを取捨選択し，これを指導に適するように構成した具体的な情報的内容となる。ここでの具体的な情報的内容としては，実際の事物や現象といった具体物だけでなく，教科書等の書籍における記載内容，観察・実験の計画や方法，様々なメディア素材等あらゆるものが含まれる。

　理科の学習では自然の事物・現象すべてが学習対象となり得るため，学習内容に関連する事物・現象がそのまま教材であると捉える人も多く見られるが，必ずしもそうではない。その事物・現象を通して，学習者に対して何を学ばせようとしているのか，といった教育目標があって初めて教材となるのである。そのことは注意しておくべき点である。

　一方，理科授業においては，観察・実験における実験器具を代表とする

様々な器具や道具といった物的資料を用いている。このような授業を進める
うえで必要な物的資料が教育的用具であり，一般に教具と言われる。

　理科授業では他の教科でも共通して活用される液晶プロジェクターや大型
のディスプレイ，タブレットやスマートフォンのような提示や情報交換に用
いられるICT関連の機器の他に，観察・実験で用いる実験器具，観察機器・測
定装置等が用いられる。これらの観察・実験に用いられるガラス器具や実験
道具，試薬，機器等は学習内容を理解するために用いられ，そのもの自体を
学習の目的としていないため，教具と見なされる。しかしながら，小学校理
科では，学習する単元によっては，観察・実験に関する技能の習得に関連し
て測定機器や実験器具の使い方自体を学習することも期待される。そのよう
な場合，これらの教具自体が学習の対象となるため，教材となることもある。

　このように理科授業においては，様々な教材や教具が用いられる。教材は
授業目標を達成するために用いられるものであり，その意義は学習者が自然
科学に関する概念を理解するために，学ぶべき科学概念を構成する事物の性
質や現象を，直接，知覚したり，観察したりできるように助けることであ
る。また，科学概念の中には直接，知覚・観察できないものもあるため，こ
れを間接的に視覚化したり，擬似的なものとして置換したりすることで，理
解を容易にすることもできる等，様々な効果がある。

２．教材の機能

　文部科学省では，新学習指導要領の趣旨を踏まえ，児童生徒の「生きる
力」を育成する観点等を重視しつつ教材整備が図られるよう，教材の機能を
大きく次の４つに分類し，示している（文部科学省：教材機能別分類表）。①
発表・表示用教材：児童生徒が表現活動や発表に用いる，又は児童生徒が見て
理解するための図示・表示の機能を有する教材。②道具・実習用具教材：児童
生徒が実際に使って学習・実習の理解を深める機能を有する教材。③実験観
察・体験用教材：児童生徒の実験観察や体験を効果的に進める機能を有する教
材。④情報記録用教材：情報を記録する機能を有する教材。

　これらの機能について，理科授業において児童が主体的，対話的で深い学

びを展開するために，②や③のように，児童が実際に手を動かし実験観察等を体験する教材を用いることや，①や④のように，児童の考えを表現したり，交流したりすることで学習が展開される授業において，教材を活用することが考えられる。

3．理科教材の種類

理科授業で用いられる教材は，活用される学習環境や学習内容によって以下のようなものに分類することができる。

（1）直接体験教材

①観察教材：

・様々な生きた動・植物，各地から採集・収集した地質試料（岩石・化石等），様々な物質・材料

・各種標本（生体標本，乾燥標本，樹脂標本，骨格標本等），観察用プレパラート（一時的・永久的いずれの場合も含める）

・野外において観察するために必要な教材（観察機器・採集用具・保存容器等を含む）

②実験教材

一般的な実験器具を含めた様々な観察・実験教材が含まれる。小学校では，主にA区分（物質・エネルギー）に関する内容，B区分（生命・地球）に関する内容でそれぞれ取り扱われる実験教材がこれに該当する。また，小学校理科では，一般的な実験器具の他に，市販される実験キットや自作のものが用いられるが，これらもこの範疇（はんちゅう）と見なされる。

③ものづくり教材

小学校理科A区分においては，学習した成果を基に，ものづくり，おもちゃづくりの活動が推奨されている。3年生「風やゴムのはたらき」や5年生「電流の働き」等を代表に，おもちゃづくりが行われている。このように，ものづくりのために試行錯誤するための素材や材料，器具等を含めて，ものづくりの教材と見なすことができる。

④飼育・栽培教材

　小学校理科Ｂ区分においては，動物・植物の飼育・栽培が推奨されている。小学校では，児童一人ひとりが植物を栽培し，その活動を通して，植物の学習を進める。また，５年生ではメダカの飼育を通して，卵が成長する様子，稚魚が生まれる様子等を観察しながら学習する。このときの飼育・栽培に関する用具や装置，観察機器等がこれにあたる。

（2）間接経験的教材

　理科で学習する事象は，児童が直接体験したり，観察したりすることができないものも多い。そのような事象を可視化したり，疑似体験したりするために用いられるのが，間接経験的教材である。それらには，以下のようなものがある。

①模型・モデル教材

　すべての物質は，粒子から構成され，児童は物質が粒子から成り立っていることを学習していくが，それらは目に見えないほど，小さいものであるため，可視化できるように模型やモデルとして示すものであり，様々な原子・分子模型等がある。一方，太陽系や宇宙等捉えきれない大きなものや時間的に長いものを簡易化したり，小型化したりして示すような太陽系の惑星模型やモデル等もある。一方，電気や磁力等，目に見えない現象を理解させるためにモデル化した電流回路モデル，磁力線を示す模型といったものもこれに含まれる。これらの模型やモデルは，学習の理解を容易にするために，特徴のみを捉えることもあるため，活用する際には，注意が必要である。

②活動型・疑似体験型教材

　児童が，対象や科学概念を擬似的に体験することを通して学ぶ体験的な活動。児童が動物や植物に扮して生態や機能を疑似体験したり，電流や光等の性質や機能を疑似的に理解したりすること等がこれにあたる。

　この教材は，児童にとって目に見えない事象を身近な体験とすることができる反面，正確なものでないため，誤った理解に導くことも想定されるために，使用する場合には注意することが必要である。

③ICT機器関連教材

　新学習指導要領で推進されるプログラミング教育を実施するためのプログ

ラミング教材，可視化できない現象をパソコンやタブレットで視聴するような動画やシミュレーションソフトといった教材がこれにあたる。こちらも上記の体験型の教材同様，直接体験できないものを可視化したりすることで理解を促すが，時間的，空間的な理解が追いつかないこともあるため，使用する場合には児童の発達を考慮して用いる必要がある。

また，学習内容と関係なく，児童がお互いの科学的な意見や思考を表現するために用いるタブレットやボード等も，使用場面によってはこれらに含まれる。

④学外施設を活用した教材

理科の学習では，教室や理科室にとどまらず，地域の博物館や科学学習センター，植物園，動物園，水族館，プラネタリウム等の施設や設備を活用することが推奨されている。このような社会教育施設等の展示物や設備がこのような教材にあたる。地域ごとに施設の種類や展示内容が異なるため，それぞれの施設の特徴を活かして用いるとよい。

このように，理科授業においては，様々な種類の教材や教具が存在し，それらを学習内容や学習場面に応じて使い分けたり，組み合わせたりすることで，児童の学習を促進することが可能となる。

教材には学習内容の理解を容易にする反面，児童にとっては誤概念を生みやすいものも見られる。理科学習においては，学習内容について十分な教材研究を行って，よりよい教材の活用を図ることが求められる。

参考文献・URL

井出耕一郎（1988）『理科教材・教具の理論と実際』東洋館出版社.

一般社団法人日本図書教材協会『授業と教材』http://www.nit.or.jp/iframes/images/jugyoutokyouzai_kaiteiban.pdf（2020年4月19日閲覧）.

文部科学省『教材機能別分類表』https://www.mext.go.jp/a_menu/shotou/kinou/（2020年4月19日閲覧）.

（大鹿聖公）

Q2　学習内容と教材の関係について述べなさい

1．小学校理科の学習内容

　2017（平成29）年改訂小学校学習指導要領における理科の学習内容は，「A物質・エネルギー」，「B生命・地球」の2つから構成されており，それぞれ中学校理科における第1分野，第2分野に対応している。また，「A物質・エネルギー」はさらに「エネルギー」と「粒子」という2つの柱から，「B生命・地球」は「生命」と「地球」という2つの柱から成っており，それぞれが高等学校理科における「物理」「化学」「生物」「地学」に対応している。このことから，小学校理科の学習内容は，中学校や高等学校の理科，さらにはその背景となる親学問との系統性を考慮して整理されていることがうかがえる。

　また，理科においては従来から「理科の見方・考え方」を育成することが重要視されており，『小学校学習指導要領解説　理科編』では第3学年から第6学年の各学年において重点的に育成すべき「考え方」が示されている。具体的には，第3学年は「比較」，第4学年は「関係付け」，第5学年は「条件制御」，第6学年は「多面的思考」や「より妥当な考えの創出」であり，各学年にはそれぞれ目指す「考え方」の育成に適していると考えられる内容が割り当てられている。

　以上のように，小学校理科の学習内容は，親学問との系統性や，育成すべき「考え方」を踏まえて整理されている。

2．理科の教材

　山路（2005）は理科における教材という言葉について，日常的には①電気教材や光教材というように学習内容を指す場合，②学習対象・学習手段（自然の事物・現象，標本類等）を指す場合，③教科書や掛け図などの資料を指す場合等，多義的に用いられる言葉であるとし，「学習者を教育目標に到

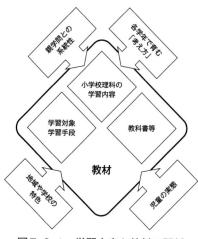

図7-2-1　学習内容と教材の関係
（筆者作成）

達させるために用いられるものである」とまとめている。このことから，理科教材を選定する際には，まず学ばせたい教育目標を明確にした上で，効果的だと考えられるものを選んでいく必要がある。具体的には，前項で示した学習内容の他に，地域や学校の特色，児童の実態等を踏まえながら，最適と考えられる素材や手法を選定していく必要がある。以上，学習内容と教材の関係について整理すると，図7-2-1のようになると考えられる。

３．教育内容と教材解釈の具体例

　本節では，教材解釈（重視する側面や学習させる手段の選択等）の考え方について，具体的な単元を取り上げながら例示していく。その際，特徴的な事例として，学習指導要領改訂に伴い，扱い方が変化することとなった内容を中心に取り上げることとする。

（１）「てこの規則性」の単元

　てこの規則性についての学習内容は，1989（平成元）年や1998（平成10）年改訂学習指導要領では第５学年で扱われていたが，2008（平成20）年改訂学習指導要領以降は第６学年で扱われている。このことが教材解釈に与える影響について考えてみよう。

　前述の通り，第５学年で重点的に育成すべき考え方は「条件制御」である。1998年改訂学習指導要領解説理科編の第５学年の目標には「ものの溶け方，てこ及び物の動きの変化をそれらにかかわる条件に目を向けながら調べ（中略）見方や考え方を養う」とあり，内容には「てこを使い，力の加わる位置や大きさを変えて，てこの仕組みや働きを調べ，てこの規則性につい

ての考えをもつようにする」とある。このことから，当時の学習指導要領に基づくと，実験用てこを教材として用いる際には，「左のうでのおもりの数や位置は変えずに，右のうでのおもりの条件を 1 つずつ変えて調べないといけない」ということに気付かせる場面を重点的に扱うこととなるだろう。

　一方で，第 6 学年で重点的に育成すべき考え方は「多面的思考」や「より妥当な考えの創出」である。2017（平成 29）年改訂学習指導要領の第 6 学年の内容には「てこの規則性について追究する中で，力を加える位置や力の大きさとてこの働きとの関係について，より妥当な考えをつくりだし，表現すること」とある。このことから，改訂された学習指導要領に基づくと，実験用てこを教材として用いる際には，「得られた実験結果からどのような規則性を見いだすことができるのか。また，その規則性が正しいか確かめるためにはどうすればいいのか」といったことを考える場面を重点的に扱うことになるだろう。

（2）「雨水の行方と地面の様子」の単元

　表記の単元は 2017 年改訂学習指導要領の第 4 学年に位置付けられており，その中で，土の粒子の大小と水の浸透速度の関係について学習することが示された。この学習内容は，1989 年改訂学習指導要領の第 3 学年に位置付けられていた内容を一部引き継いでいると考えられることから，ここでは両者の教材解釈の違いについて述べたい。

　第 3 学年で重点的に育成すべき考え方は「比較」である。当時の第 3 学年の目標には「地面の石や土（中略）を比較しながら調べ，（中略）見方や考え方を養う」とあり，内容には「土は，場所によって手触りや水の滲み込み方に違いがあること」とある。このことから，当時の学習指導要領に基づくと，地点ごとの土と土の比較を行い，違いがあることを見いだすまでの活動に重点が置かれることになろう。

　一方で，第 4 学年で重点的に育成すべき考え方は「関係付け」である。2017 年改訂学習指導要領の第 4 学年の目標には「（中略）雨水と地面の様子（中略）について，追究する中で，主に既習の内容や生活経験を基に，根拠のある予想や仮説を発想する力を養う」とあり，内容には「水のしみ込み方

253

は，土の粒の大きさによって違いがあること」とある。このことから，改訂された学習指導要領に基づくと，地点ごとの水の浸透速度の違いをまず観察した上で，その違いについて根拠のある仮説を立てさせる活動に重点が置かれることになろう。この仮説を確かめるためには実験教材が必要になり（例えば土に水をかけ，何秒で浸透するか計測できる装置等），第3学年に位置付いていた時とは異なる展開になることが予想される。なお，同内容は自然災害との関連もあるため，地域の環境や児童の実態に応じて扱いの深さを変えることも考えられる。

5．おわりに

以上の例のように，同一の学習内容であっても，指導目標によって教材解釈が変化し，学習手段や重点の置き方も異なってくる。学習指導要領はあくまで最低限の基準を示したものであり，実情を踏まえながら教材研究を深めていくことが望ましい。

参考文献

木下博義（2011）「小学校の内容構成の考え方」角屋重樹編著『新しい学びを拓く理科授業の理論と実践　小学校編』ミネルヴァ書房，pp.54-60.

山路裕昭（2005）「教材研究と授業の構想」野上智行編著『理科教育概論 ― 理科教師をめざす人のために』大学教育出版，pp.127-144.

（山中真悟）

▌Q3　教材開発において重視する点について述べなさい

1．理科の教材開発

　理科において，自然の事物・現象のすべてが教材になる可能性を秘めた素材であり，その素材に教育学的意味を付与あるいは教育学的意義付けをしたものが教材である（磯﨑，2020）。この理科の教材となり得る素材には，いわゆるありのままの自然の事物・現象のみならず，それらに人の手が加えられた人工の事物・現象も含まれる。理科の教材開発とは，これらの素材に教育学的意味を付与あるいは教育学的意義付けをして開発することであると言える。

2．理科の教材開発において重視する点

　理科の教材開発において重視する点として，学習目標や学習内容を念頭に置くこと，子どもの視点に立つこと，地域性を生かすことなどが挙げられる。この3点について，以下に述べていく。

（1）学習目標や学習内容を念頭に置くこと

　大前提として，教材は，学習内容を具体化し，学習者を学習目標に到達させるために用いられるものである。よって，例えば，学習目標を達成するには不十分なものや，学習内容の難易度をはるかに超えたものなど，学習目標や学習内容を考慮していないような教材は適切とは言い難い。もちろん，学習目標を段階的に達成するために一次的に用いられる教材や，発展的な学習内容の教材を否定するわけではない。それらの教材は，特定の学習におけるすべての学習者（例えば，特定の学級のすべての児童）が到達すべき学習目標や習得すべき学習内容に合わせて，複数の教材と組み合わせることが必要である。教師は，特定の学習におけるすべての学習者が到達すべき学習目標や習得すべき学習内容を常に念頭に置いて，教材開発に臨むことが重要である。

学習目標や学習内容を念頭に置いて教材開発をする上で，子どもたちが理科の見方・考え方を働かせられるように意図することも重要である。理科の見方については，理科を構成する領域ごとに整理されており，主として「エネルギー」を柱とする領域では量的・関係的な視点，「粒子」を柱とする領域では質的・実体的な視点，「生命」を柱とする領域では共通性・多様性の視点，「地球」を柱とする領域では時間的・空間的な視点で，自然の事物・現象を捉えること，とそれぞれの領域における特徴的な視点が示されている（文部科学省，2018）。また，理科の考え方としては，児童が問題解決の過程の中で用いる，比較，関係付け，条件制御，多面的に考えることなどが挙げられている。例えば，第4学年の「季節と生物」の単元における植物の成長と季節についての学習では，子どもたちが植物を共通性・多様性の視点で捉え，植物の成長と季節の変化を関係付けて，植物の成長は暖かい季節，寒い季節などによって違いがあることを理解できるように，サクラとツルレイシなど季節による成長の変化が明確な複数の植物を教材として選ぶ必要がある。

（2）子どもの視点に立つこと

　教師は，教材開発において，子どもの視点に立つことが必要である。そのために，学習者である子どもたちの既習内容，既有知識，興味・関心などを確認することが重要である。

　既習内容については，ある内容を学習するまでに，関連する内容としてどのような内容を学習しているかを学習指導要領等で確認することが重要である。また，その既習内容で，子どもたちがどのような知識・技能を身に付けているかを確認すべきである。新しい学習内容で用いる教材は，子どもたちが既習内容で身に付けている知識・技能を活用して扱うことができるもの，また，新しく身に付けるべき知識・技能を合わせて扱うことができるものであることが望ましい。子どもが扱う上であまりにも難解で複雑なものなどは，教材として適さないと考えられる。事前に子どもの視点に立って予備実験を行い，開発した教材が子どもたちにとって本当に適切かなどの点を検証することも必要である。

　既有知識とは，ある内容を学習する際にその学習以前の経験や学習に基づ

いて獲得している知識のことである（松浦，2020）。既有知識には科学的知識と矛盾する内容が含まれていることがあるので，特にそれを確認することが重要である。優れた教師は，まず子どもが学習に持ち込んでくる既有知識について把握し，その既有知識と新しい学習内容である知識とのつながりを持たせるように橋渡しを工夫するとされている（ブランスフォード・ブラウン・クッキング，2002）。このとき，科学的知識と矛盾する既有知識については，子どもが自らそれを修正するように支援する必要がある。このことから，教師は，子どもたちが既有知識を働かせられるような教材，そして既有知識に矛盾があることに気付くことができるような教材を開発することが望ましい。子どもたちの既有知識を把握するにあたっては，すでに実施されている既有知識に関する調査の結果を参考にしたり，その調査紙を活用して学習者の既有知識を調べたりすることもできるだろう。

　子どもの興味・関心については，子どもたちの普段の生活の様子や子どもたちとの会話などから，今子どもたちが興味・関心を抱いている自然の事物・現象などを把握することができる。それらの中に，教材として取り入れられるものがあれば，積極的に取り入れていくことが望ましい。そうすることで，子どもたちの主体的な学びを促すことが期待できる。

（3）地域性を生かすこと

　教材開発をする際に，教科書を参考にすることは多いだろう。教科書には，それぞれの学習内容において標準的な教材の例が示されており，その教材を用いた観察や実験の例も示されている。しかし，その教材が必ずしも日本の全ての地域で身近なものとは限らない。特に，動物や植物，川，岩石，地層，天気などは，地域によって見られるものに違いがある。よって，それぞれの地域にある自然の事物・現象から適切に素材を選び，開発することが望ましい。その場でしか見られないような特徴的な自然の事物・現象がある場合には，野外での学習活動を計画し，現地でそれらを教材として扱うことも重要である。また，それぞれの地域にある博物館や動物園，植物園，プラネタリウムなどの施設に赴き，そこにある自然の事物・現象を教材として活用することも考えられる。地域性を生かし，地域の特徴的な自然の事物・現

象を扱うことによって，子どもたちが興味・関心を持って観察や実験に取り組み，自然の事物・現象についての理解を深めることや，自然を愛する心情を養うことなどを促すことが期待できる。

　地域性を生かすことは，季節性を考慮することにもつながる。日本は南北に長く，地域によって気候が大きく異なる。特に動物や植物などは，季節による影響を大きく受ける。教科書に示されている，ある植物の花を教材として扱おうとしたとき，その地域ではすでに散っていたり枯れていたりして，手に入らないということがあるかもしれない。それぞれの地域でそのときどきに活用できる自然の事物・現象を適切に選び，教材として開発することが重要である。

参考文献

磯﨑哲夫（2020）「小学校理科の基礎知識（地球）と教材研究」磯﨑哲夫編著『初等理科教育法 ── 先生を目指す人と若い先生のために』学校図書，pp.76-85.

ジョン・ブランスフォード，アン・ブラウン，ロドニー・クッキング編著（森敏昭・秋田喜代美監訳）（2002）『授業を変える ── 認知心理学のさらなる挑戦』北大路書房.

松浦拓也（2020）「理科における認知論 ── 理科における生徒の学びを理解する」磯﨑哲夫編『教師教育講座　第15巻　中等理科教育　改訂版』協同出版，pp.97-122.

文部科学省（2018）『小学校学習指導要領（平成29年告示）解説　理科編』東洋館出版社.

　　　　　　　　　　　　　　　　　　　　　　　　　　（山田真子）

Q4　観察・実験器具の整備・自作について述べなさい

1．観察・実験における教材，教具とは

　授業には教材が欠かせないが，教材，教具という区別をした場合，それぞれ何を指すのであろうか。井出（1988）は次のように定義している。

　〇教材：教師が教育目標を達成するために，自然の事物・現象の中から適当と思うものを選択し，これを指導に適するように構成した具体的な情報的内容

　〇教具（教育的用具）：教育に必要な物的資料

　また，井出（1988）は，生物の実験で使う動物や植物，化学薬品，地学で扱う岩石や鉱物などは通常教材といわれるが，これは観察や実験の材料であり，広い意味で教具に入れるべきであろう，と述べている。両者については，一応の区別はできるものの，同じものでも見方によって，教材になったり教具になったりするととらえればよいであろう。

　観察や実験の器具という場合，例えば，電流計や電圧計，ガラス器具，顕微鏡などがすぐに思い浮かぶように，測定等に用いられる各種の機材をさすことが多い。上の分類でいえば，教具と同じとらえ方になる。

2．環境の整備，安全への配慮

　小学校学習指導要領（平成29年告示）解説　理科編（文部科学省，2018）には，環境の整備に関連して，事故防止と薬品などの管理について次のように述べられている（p.103）。「観察，実験などの指導に当たっては，事故防止に十分留意すること。また，環境整備に十分配慮するとともに，使用薬品についても適切な措置をとるように配慮すること。」　この解説に続いて，実験は立って行うことや，状況に応じて保護眼鏡を着用することなども示されている。さらに，予備実験を行うこととともに，安全上の配慮事項を具体的に確認しておくことなどが述べられている。環境の整備において事故防止に

努めることは，最も重視されるべきことである。

　安全に配慮しながら理科室の環境を整備することには，理科室を児童が活動しやすいように整理整頓すること，児童に実験器具等の配置を適切に知らせることなどが含まれる。整理棚のどこにどのような器具が配置されているかを児童に示す方法には，教師の創意工夫が求められる。例えば，各学年の学習内容に対して，個別のコンテナで必要なものを収納する方法が考えられる。また，物理・化学・生物・地学という分け方に沿って，使用する物を収納したりすることもあろう。児童が一目でわかるように，収納場所に名称だけでなく写真や絵図を掲示することも大切であろう。

　理科室の環境の整備に関する内容や方法は，書籍やホームページ等で，教員の優れた経験やノウハウとして公開されている。例えば，本多（2019）は，必要な実験器具を児童自身に選ばせたり，顕微鏡などの実験器具を正しく使用できるように資料を整え，児童が実験を主体的に進められるような工夫を行っている。また，木内（2019）は，児童の興味・関心を高める理科園を整備したり，拡大観察容器を使用してチョウの観察をさせるコーナーの充実をはかったりしている。

　環境の整備には，器具等の整理整頓に加えて，理科の学習を支える様々な情報の提示も含まれる。理科室内の掲示物の充実，実物の展示がこれにあたるが，その充実のためのアイディアも枚挙にいとまがない。環境の整備は，児童の主体的な学習を支える重要な基盤であることを，教師は十分に理解しておくことが大切である。

3．実験器具や模型の自作

　児童が実験器具や模型を自作する例を考えてみたい。第3学年の「電気の通り道」において，物質が電気を通すか通さないかを調べるために，テスター作りが行われることが多い。例えば，ティッシュペーパーの空き箱や小型のプラスチック容器などを使い，乾電池，豆電球，導線を使って回路を組み立てる。導線の先には，先端や切り口を滑らかにした金属製の棒や板などを付ける。容器の代わりに割り箸や棒などを使っても，同様に作ることがで

きる。児童一人ひとりが自分用のテスターを自作することで，愛着をもって使い，実験に積極的に取り組むことが期待できる。第4学年の「人の体のつくりと運動」では，骨や筋肉の模型を作ることが想定される。伸び縮みするゴムを使い，筋肉のつながり方や動きをモデルとして表現するものである。第6学年の「土地のつくりと変化」においては，地層に含まれる礫，砂，泥等の特徴，層の重なりや広がりについて学習する。ここでは，児童がベニヤ板等に，粒の異なる物を貼り付け，地層を模型として作る活動などが考えられる。

　このように，事象の理解を確かなものにするために，児童が実験器具や模型を作ることは，理科授業の中で大切な位置付けとなる。ねらいを明確にして単なる工作とならないように留意することは，言うまでもない。

　一方，実験器具や模型の自作は，教材研究の一環として教師が行うことも多い。市販の教材や器具には，改善が繰り返されて，使いやすくなっているものが多い。しかし，授業での使用を考えたとき，同じ単元や学習内容であっても，個々の授業に込める指導上の意図は教師一人ひとりで異なる。意図を実現しようとするとき，市販の教材や器具の使用では足りない部分が生じることがある。その場合，教材や器具の自作によって補わなければならない。教材や器具を教師が自作することの重要性がここにある。

4．実験器具を自作することの価値

　観察，実験のための器具が十分に整っていなかった時代には，数を補ったり質を向上させたりするために，教師や児童が自作することも必要であったと思われる。しかし，現在はどの学校においても，実験器具が十分に整備されるとともに，いろいろな教材，教具が安価で入手できるようになった。かつてのように，自作をする必要性は少なくなったと思われる。

　では，実験器具を自作することの価値まで減退したかといえば，そうとは言い切れない。むしろ，便利になった時代であるからこそ，器具を自作することの価値は増したという見方もできるであろう。価値の1つ目は，物のしくみの理解に寄与することである。例えば，現在は温度センサーにより温度

を瞬時に読み取れるようになったが，センサーの登場以前は，アルコールや水銀を使った棒状温度計による計測が主流であった。そこには，温度変化による液体の膨張と収縮という性質が活かされている。第4学年の「空気と水の性質」の学習では，小型の容器とそれに接続した細い管の途中に着色したゼリーの少片を置き，容器を湯や氷水に浸して，管の中のゼリーの上昇や下降を読み取る実験が行われる。このような容器は，簡易なものであれば児童の自作も可能である。この実験に使う器具をもし児童が自作することになれば，棒状温度計のしくみをしっかりと理解できるようになるであろう。

　価値の2つ目は，様々な工具を使うことで技能の習得が期待され，創造性や巧緻性の向上に寄与することである。これは，児童とともに教師に対してもいえることであろう。価値の3つ目として，自作する過程で科学技術のすばらしさを気付くことが挙げられる。また，科学史的な視点を導入することで，科学技術にかかわってきた先人の努力を伝えることも可能となる。このように，実験器具を自作することには，多くの価値が含まれている。

参考文献

本多　響（2019）「子どもが生き生きと学習する『理科室』とは」『理科の教育』（日本理科教育学会）68（1），pp.13-16.

井出耕一郎（1988）『理科教材・教具の理論と実際』東洋館出版社，pp.22-24.

木内康一（2019）「生物分野における子どもの主体的な学びを支える環境づくり」『理科の教育』（日本理科教育学会）68（1），pp.9-12.

文部科学省（2018）『小学校学習指導要領（平成29年告示）解説　理科編』東洋館出版社，p.103.

（人見久城）

[編著者]

片平克弘　筑波大学特命教授，博士（教育学）。
　著書：（単著）『粒子理論の教授学習過程の構成と展開に関する研究』（風間書房，2015年），（編著）『今こそ理科の学力を問う —— 新しい学力を育成する視点』（東洋館出版社，2012年）。

木下博義　広島大学准教授，博士（教育学）。
　著書：（共著）『教師教育講座第 15巻　中等理科教育　改訂版』（協同出版，2020年），（共著）『小学校新学習指導要領ポイント総整理　理科』（東洋館出版社，2017年）。

[執筆者]（50音順）

石﨑友規　　（常磐大学准教授）
泉　直志　　（鳥取大学准教授）
板橋夏樹　　（宮城学院女子大学准教授）
伊藤哲章　　（宮城学院女子大学准教授）
稲田結美　　（日本体育大学教授）
内ノ倉真吾　（鹿児島大学准教授）
内海志典　　（岐阜大学准教授）
雲財　寛　　（日本体育大学助教）
遠藤優介　　（筑波大学助教）
大鹿聖公　　（愛知教育大学教授）
大嶌竜午　　（千葉大学助教）
角屋重樹　　（日本体育大学教授）
川崎弘作　　（岡山大学准教授）
郡司賀透　　（静岡大学准教授）
後藤みな　　（山形大学講師）
小林和雄　　（福井大学准教授）
清水欽也　　（広島大学教授）
鈴木宏昭　　（山形大学准教授）
隅田　学　　（愛媛大学教授）

玉木昌知　（広島県教育委員会主任指導主事）
寺本貴啓　（國學院大學教授）
中村大輝　（広島大学大学院生）
中山貴司　（広島大学附属東雲小学校教諭）
野添　生　（宮崎大学教授）
人見久城　（宇都宮大学教授）
平野俊英　（愛知教育大学教授）
古石卓也　（広島大学附属東雲小学校教諭）
堀田晃毅　（広島大学大学院生）
三井寿哉　（東京学芸大学附属小金井小学校教諭）
柳本高秀　（北海道滝川高等学校教頭）
山崎敬人　（広島大学教授）
山田真子　（長崎大学助教）
山中真悟　（福山市立大学講師）
山本容子　（筑波大学准教授）

装幀：奈交サービス株式会社
DTP：片野吉晶

新・教職課程演習　第14巻

初等理科教育

令和3年12月25日　第1刷発行

編著者　片平克弘 ©
　　　　木下博義 ©
発行者　小貫輝雄
発行所　協同出版株式会社
　　　　〒101-0054　東京都千代田区神田錦町2-5
　　　　　　　　電話　03-3295-1341（営業）　03-3295-6291（編集）
　　　　　　　　振替 00190-4-94061
印刷所　協同出版・POD工場

ISBN978-4-319-00355-6

新・教職課程演習

広島大学監事 野上智行 編集顧問
筑波大学人間系教授 清水美憲／広島大学大学院教授 小山正孝 監修
筑波大学人間系教授 浜田博文・井田仁康／広島大学名誉教授 深澤広明・広島大学大学院教授 棚橋健治 副監修

全22巻　A5判

協同出版